当代中国农村改革论丛

主　编　张德元
副主编　陈　勇　贾艳敏

为了衣食父母

一位农口干部的行与思

■ 吴昭仁◎著

当代中国出版社
Contemporary China Publishing House

图书在版编目(CIP)数据

为了衣食父母：一位农口干部的行与思 / 吴昭仁著 . 北京：当代中国出版社，2024. 7. -- ISBN 978-7-5154-1409-6

Ⅰ. F320

中国国家版本馆 CIP 数据核字第 2024Y84827 号

出 版 人　王　茵
责任编辑　刘文科　沈秋彤
责任校对　贾云华　康　莹
印刷监制　刘艳平
封面设计　李默涵
出版发行　当代中国出版社
地　　址　北京市地安门西大街旗勇里 8 号
网　　址　http://www.ddzg.net
邮政编码　100009
编 辑 部　(010)66572156
市 场 部　(010)66572281　66572157
印　　刷　中国电影出版社印刷厂
开　　本　710 毫米 × 1000 毫米　1/16
印　　张　19 印张　1 插页　278 千字
版　　次　2024 年 7 月第 1 版
印　　次　2024 年 7 月第 1 次印刷
定　　价　78.00 元

目　录

总序：认真记录当代中国的农村革命

——“当代中国农村改革论丛”总序

安徽大学创新发展战略研究院着力于当代农村问题研究，成绩斐然。近期打算出版“当代中国农村改革论丛”，这是值得赞扬的好事。

以党的十一届三中全会为起点的当代改革开放，毫无疑问是以农村改革为先行和突破口的。我记得20世纪80年代，曾经有两句话非常形象地指明了改革的意义：“改革是一场革命”“改革是农村包围城市”。风起云涌的包产到户和各种责任制，调动了农民的生产积极性，释放了农业生产力，彰显了改革的实效，鼓舞了城市的改革。也许，这就是所谓的“农村包围城市”。“改革是一场革命”，则不仅仅指农村改革，还包括城市改革、企业经营制度的改革、价格体系改革、流通领域改革、政府机构改革，甚至包括文艺改革、干部制度改革和政治体制改革的复杂内容。显然，它们已经构成了一场全面的社会变革。完成这场变革当然必须经过一场革命。1978年以来的四十多年的历史，充分证明了这场革命的艰难程度。

退回到当代农村改革的范畴里来说，这场改革是不是革命呢？答案是肯定的。

以邓小平在十一届三中全会含蓄地提倡“责任制”为起点，推行以包产到户为中心的责任制，破除人民公社集体经济体制，花了差不多整整四年时间。其中经过了多次的会议，多次的讨论，多次的反复，最终通过中央自上而下的强力推动才得以成功。这个过程深刻地证明了改革的确是一场革命。

四十多年的历史证明，以包产到户、包干到户、大包干等为主题的农村改革是正确的。它给了农民以实惠，调动了农民的生产积极性，激发了社会的活力，改善了农民的生活，受到了农民的欢迎。当然，今天这样肯定这场改革，丝毫不是说农村改革到此为止，完全无须继续努力。人类迄今以来的所有社会改革，都不是改革家主观想象出来的东西，而必定是企图克服某种社会弊端的产物。从来没有一个没有弊端的社会，也从来没有一个没有弊端的时代，更从来没有一个克服特定弊端后就不再有弊端发生的社会和时代。实际情况是，一个问题解决了，另一个问题又出现了，需要用新的改革的方法去解决它；或者说，一定阶段的改革释放了能量，促进了特定目标的实现，而当新的发展目标出现之后，又必须用新的改革去实现它。

早在 1980 年，邓小平同志对推行包产到户等政策的改革就有过十分中肯的要求。他说："我们在宣传上不要只讲一种办法，要求各地都照着去做。宣传好的典型时，一定要讲清楚他们是在什么条件下，怎样根据自己的情况搞起来的，不能把他们说得什么都好，什么问题都解决了，更不能要求别的地方不顾自己的条件生搬硬套。"

在这里，邓小平同志明确地告诉我们，包产到户等改革政策绝不是手到病除的灵丹妙药。事实上，农业现代化的艰难任务是不可能通过包产到户、大包干等政策一蹴而就的。小农经济时代的农民虽然不是家家户户都拥有足够的土地，但家家户户都拥有完全的生产经营权是没有疑问的。如果实行包产到户、大包干就可以实现农业现代化，那中国农民岂不是早就应该实现农业现代化了？实际情况证明了以上逻辑判断的正确性。早在 1992 年，江泽民同志就指出："对我国农业问题，必须有一个清醒的认识。改革开放十四年来，农业和农村发展确实很快，成绩巨大。但是，对农业和农村经济的实力，对农民群众的富裕程度和承受能力，切不可估计过高……我国现在人均粮食占有量还不到 400 公斤，即使到本世纪末，全国粮食总产量达到 5000 亿公斤，按那时 13 亿人口计算人均仍然不到 400 公斤。这不仅远远低于经济发达国家，而且比有些发展中国家也低不少。”

1996年9月，江泽民宣布，从1978年到1995年，全国农村贫困人口从2.5亿减少到6500万人。同时，全国农村还有2000多万人刚刚解决温饱问题，收入低而不稳。根据有关专家的权威研究，截至2019年，全国有546万人没有任何收入；以家庭为单位月平均可支配收入1090元以下者有6亿人，中部地区占36.2%，西部地区占34.8%。其中，来自农村者达75.6%。虽然2020年完成了脱贫攻坚任务，但农业现代化的任务仍然任重道远。

农民拥有生产自主权和充分发挥个体经济积极性，是实现农业现代化的重要条件，但不是全部条件。它还需要一些其他条件，甚至更重要的条件的配合，包括农产品价格的合理化、农业科技水平、国家的农业补贴和国内外市场支持的政策、农村吸纳人才资金的能力、城市反哺农村而不是像抽水机一样从农村提取资源，等等。所有这些条件都不是农民自己能够决定和提供的，它们都和国家宏观政策有关。也就是说，决定农业能否实现现代化的主要条件，在于国家宏观政策的调整，甚至，在于城市的改革和国家上层建筑的改革，是否能给农业提供以上政策支持。从这个意义上说，中国农业的现代化，正热切地期待着一场新的革命。

把过去已经发生和今后将要发生的事关农村现代化的革命真实地记录下来，是当代人文社会科学工作者义不容辞的责任。

是为序。

李良玉

2020年12月1日

序言：矢志不渝三农情

认识吴昭仁先生，还是17年前我们开始做中国农民调查的时候。那时，他已卸去了安徽省农村经济委员会的领导职务，虽离职却没有离岗，依然是省农经学会理事长、省政府咨询委员会咨询员、省人大常委会立法咨询员、安徽省省情研究会副会长和安徽省城乡劳动力资源研究会副会长，还兼任国家农业部软科学委员会的委员，并且刚刚被农业部授予“全国农村改革试验区先进工作者”的荣誉称号。

记得他是在原安徽省委办公大楼一楼的一间办公室接待我们的。他是我们第一个采访对象。他态度和蔼，十分谦虚，谈到中国的农村改革，特别是安徽的“三农”工作，不管多久远的事情，他都能将当时的时间、地点、其间的是非曲直以及大量的细节，娓娓道来，而且条分缕析，提纲挈领，言简意赅，如数家珍。既实事求是，又坦率直言，给我们留下很好的印象。从那以后，我们和他就成了真正意义上的朋友。

他这一生，可以说与中国的农村、农业和农民结下了不解之缘。他出生在安徽省安庆市锡麟街一所租居的民宅里，童年时为抗日回到祖籍枞阳县一个叫雁形地的农村，并在那儿读书。日本投降后他重返安庆。新中国成立后他从事过电报员的工作，还当过邮政局的共青团书记，但“文化大革命”开始后不久，他就被下放到太湖县凉亭公社当了农民。只是当了一个月的农民便做了公社的秘书，此后，他就由公社秘书而至省委书记秘书，前后32年，就再也没有离开过“三农”工作。

1970年安徽省革命委员会成立了生产指挥组，回到省城的吴昭仁被分配到农业小组任秘书，从此就在有着丰富的农村工作经验的王光宇手下工作。在中国的省部级领导干部中像王光宇这样了解中国农民，几十年如一日地把自己的一生几乎都献给农村工作的，确也不多。早在 1954 年他就出任安徽省委的农工部长，1955 年成为主抓农村工作的副省长；1956 年他担任省委书记处书记，依然负责农村工作。1977 年为加强农村工作，万里调任安徽省委第一书记，已是省委书记的王光宇还兼任了省农委党组第一书记。

众所周知，中国的改革是从农村开始的，农村的改革又是从安徽开始的。而在安徽农村改革的历次重要节点和关键时刻，吴昭仁无不处在一个举足轻重的位置。

1978 年，肥西县山南的农民在省委作出允许借地抗旱抢种保命麦的决定后，率先搞起包产到户，接着，凤阳小岗村也闹起“大包干”，拉开中国农村改革的序幕。这一年，吴昭仁调进安徽省委办公厅，出任省委书记王光宇的秘书。

1984 年，中国改革的重心转移到了城市，城市改革的启动意味着一切社会资源将向城市倾斜；同时随着人民公社体制转为乡镇体制，乡镇政权开始重建，行政事业人员一时恶性膨胀，这种体制转轨的最后负担就转移到了农民身上，农民问题终于演变成了“三农”问题，此时吴昭仁正担任安徽省委农村政策研究室的副主任。

1987 年，包产到户的改革已取得全国性成功，乡镇企业异军突起，民工潮开始出现，流通领域的问题越来越多，农村改革势必要向纵深发展；如何发展？为稳妥起见，中央决定建立农村改革试验区，阜阳当时是全国最大的一个地区，又被认为是中国传统农区的一个典型缩影，因此，阜阳就成为由中央书记处农村政策研究室直接领导和直接参与的农村改革试验区时，吴昭仁担任这个试验区领导小组的副组长。

无论是在省委农村政策研究室，还是在后来改称的省农村经济委员会、省农村经济办公室，由党委序列调整为政府序列，吴昭仁都依然担任副主任，依然一如既往地倾注极大热情，始终站在改革第一线，从事农村经济政策研究、农地承包经营管理和农民负担监督管理等农村生产关系方面的工作。诚如安徽大学农村改革与经济社会发展研究院执行院长张德元教授所评价的："在安徽历次农村改革中，吴昭仁先生都是亲历者、推动者，为农村改革与发展作出了诸多贡献。"国务院原总理温家宝也曾坦言："事关农村的改革问题，我就想到安徽来听听意见。因为这里有许多熟悉情况、又敢于发表意见的同志，我每次来都有收获。"吴昭仁在职期间，温家宝 10 次到安徽农村走访，他陪同了 7 次。温家宝所说的这些同志，吴昭仁无疑就是其中一位。在我接触过的中高级干部中，他给我留下的印象也是最深刻的。他从不讲穿金戴银，平易近人，视野开阔，思想新锐，敢讲真话，又敢于担当，对农民更是有着与生俱来的深厚情感，与他交往的时间越久，我们对他就越是敬重。

他工作极其认真，对自己要求又极为严格。大量的课题研究、调查报告以及经验总结，他不但亲自主持，甚至亲自操笔。工作之余还常常会将调查研究时的一些思考与见解写成文章。他的这些生动活泼又启人心智的文字不断散见于各地的报刊。即使他安度晚年了，仍牵挂着"三农"工作，兼任省农经学会、省劳研会和省老科技工作者协会农业分会的顾问。数十年间，他写出的方块字当以亿计，变成铅字者恐怕也不止百万了。"文化大革命"前的剪报因他被打"五老保"而被查封、付之一炬。十年浩劫中他不便投稿成为空白，但改革开放之后他的文字留下来了。这些极有价值的长文短篇，他在位时从没想过运用职权由单位或找企业给自己出本书。倒是他退休之后，抽空收集起来择出一些文稿并自费印成了两个小册子。其本意一是自我回忆过往的踪迹；二是留给子女，让他们知道乃父都干了些什么；三是送给"生前好友"。没想到张德元院长是个有心人，收到了其中的《我的三农印记》，在他的帮助下已于 2017 年正式出版。我们早年就读过吴昭仁自编的《为了衣食父母》的小册子，便冒昧给张院长去信，希望也能在他的帮助下让这本书公开问世。

今天，我们已经进入了一个新的时代，中国的改革，尤其是中国农村的深入改革，各种挑战仍将是十分严峻的。我们仅具有穿越风雨的勇气和决心是不够的，还需要智慧，理性的回顾也是必不可少的。且不说，不忘初心，反思与总结历史的经验乃至教训，会让我们前行的脚步变得坚定而自信，更何况中国的明天也只能取决于我们今天的认知和努力。读一读吴昭仁先生在中国“三农”工作上的这些心得与感悟，他这些从实践中获得的真知灼见，会让我们更加清醒地投身到工作和生活之中；并相信一切关心中国农村未来的人，或是说希望中国真正强大起来的人，也一定将从他的书中有所收益。

这本书的书名——《为了衣食父母——一位农口干部的行与思》，我们就很喜欢。因为它让人见了眼前一亮，同时会为之心动。吴昭仁一生都在为之践行，这已成为他铭心刻骨难以忘怀的座右铭，其实，这对于我们每个人来说不都是一种最好的警示吗！

值此改革开放 40 周年之际，此书的出版应该是一件十分有意义的事情，谨向吴昭仁先生表示敬意与祝贺！

是为序。

陈桂棣

春　桃[①]

① 陈桂棣、春桃，著名作家，著有《中国农民调查》一书，本序言写于 2018 年。

不要怕农民富 *

我们共产党人闹革命归根结底，就是为了解放生产力，极大地提高人民生活水平。可是前些年，在林彪、“四人帮”的棍棒下，谁要讲这个话就是犯罪，似乎社会主义就是大家都过清贫生活，都当穷光蛋。现在林彪、“四人帮”垮台了，但他们的流毒还在继续毒害着我们队伍中的一些人。

《宪法》明确规定要给社员自留地，有的人就是不愿按规定办事，说什么这样会减少集体耕地，会争肥争劳动力，影响集体生产，“理由”多得很。在上一级一再督促下，在群众一再要求下，他们仍采取“步步为营”的办法来消极抵制：先是给得很少，只准种菜不准种粮；后来又规定“统一”种。实在不行了，才分点边远瘦地，等你把地种肥了，又借口“重新调整”，以孬换好。总之，“不能让私字冒尖”。

为了发展养猪，省革委会最近通知划给饲料地，养母猪每头 1—2 分地，育肥猪每头 5 厘至 1 分地。在没有实现机械化，饲料还有困难的情况下，有几户农民能养 3 头母猪，得 6 分饲料地？如果真是每户能养十头八头猪，大家都有肉吃，既节省粮食，又能肥田，还可出口换外汇，有什么不好？难道猪多了就是“资本主义”？

去年秋天为了战胜严重干旱，发动群众抗旱种麦，省委规定生产队超过计划种植的午粮，由生产队自己支配，不计征购。这个规定大得人心，大旱之年全省超计划种植了 400 多万亩。但有的人也有不同认识，觉得吃“大锅饭”好。

省委《六条规定》贯彻后，集市贸易兴旺起来，城乡人民拍手称快。现在又有人有不同意见。实际上，市场上果真如此兴旺，价格一定会大大

---

* 本文原载《安徽日报》1979 年 2 月 6 日。

下降，有得卖又吃得起，岂不是天大好事！

这类例子还能举出很多。有些同志过于担心会发生“两极分化”。什么叫作“两极分化”？不占有生产资料（土地），不雇工，不放高利贷，由于劳动好，会当家理财，收入比别人多一点，这正是社会主义按劳分配原则的体现。

近一二十年来，有一条很深刻的教训：每当经济情况不大好时，人们往往比较谨慎；一旦生产形势好转，就有些人忘乎所以，直到弄得不可收拾，再去落实政策。群众说，就怕变来变去。

目前我们国家还很穷，群众生活水平还不高。必须关心群众物质利益，让农民富裕一点，才能调动他们的积极性，加快农业现代化的步伐。大家都应该好好学习党的文件和政策，跟上时代的发展。农业搞好了，农民生活提高了，对早日实现四个现代化是大有好处的。

政策出粮食

——从我省今年夏粮丰收谈起*

在党的十一届三中全会精神鼓舞下，我省今年夏粮又获得大丰收，总产量超过历史最高水平。据各地汇报统计，全省夏粮总产量比去年增长三成，平均亩产比去年增长一成半。去年秋种时旱情最重的定、凤、嘉三个县，今年夏粮增产1.2亿斤，比去年增长四成以上。淮北地区历来多灾低产的泗、五、灵、固四县，今年夏季粮食产量也比去年增长两成以上。全省小麦单产历来较高的淮北市，今年更上一层楼，4万多亩小麦，平均亩产近600斤。潘村湖、寿西湖、方丘湖等国营农场的近10万亩小麦，平均亩产450斤。至于高产社队、田块那就更多了。

知道去年秋种及去冬今春旱情严重的人，更知今年夏季好收成来之不易。在一些地方的社员座谈会上，好几位七八十岁的老农说，没有见过去年秋种时那样的大旱，也没有见过今年夏粮这样好的收成。什么原因呢？最主要的是因为批判了林彪、“四人帮”的极“左”路线。坚决贯彻了三中全会精神，党的农村经济政策落实了，极大地调动了农村的社会主义积极性。归结为一句话就是：政策出粮食。

规定夏粮起购点，提高了种小麦的积极性。在“四人帮”横行的那些年，由于党的农村经济政策遭到破坏，我省淮北地区年年“主攻小麦”，结果面积年年减少，产量从未达到历史上的最高水平。有的地方“鞭打快牛”，哪个地方小麦增产了，征购任务就跟着加码。有的社队完成征购任务后，没有多余的小麦分给社员，或者分得很少，有的连种子也留不够，甚至出现买高价小麦交征购的奇怪现象。社员说：“小麦是‘女儿’，长得

---

* 本文原载《安徽日报》1979年9月1日。

再好也是人家的；山芋干才是‘儿子’，孬好是自己的。”社员多收不能多吃，收细粮、吃杂粮，因而影响了生产小麦的积极性。“四人帮”垮台以后，中央又解决安徽省委的领导问题。新省委拨乱反正，及时制定了农村经济政策的《六条规定》；去年午收时又规定社员口粮不到 75 斤小麦的，夏季不征购；夏粮征购任务同样是一定 5 年不变。阜阳地区有些社员听到这个消息后，高兴地燃放鞭炮，他们说：“毛主席的政策又回来了。”群众亲身感受到增产小麦能多吃细粮，“女儿”变成了“儿子”，因而大大提高了种植小麦的积极性。

落实经济政策，抗旱种麦成绩巨大。去年我省遭到了百年不遇的大旱，库塘干涸，河道断流，许多地方的秋种简直无法进行。在这样严重的情况下，省委当机立断，下达了抗旱打井造墒种麦的紧急通知。省委负责同志分赴各地，省直机关抽调了 1000 多名干部到干旱最严重的 18 个县，带领群众突击抗旱抢种。地、县、区、社干部除留少数人在机关值班外，大部分战斗在秋种第一线。省委提出抗旱种麦是压倒一切的头等重要任务，凡有水源的地方，工业用电抗旱抽水；沿长江、淮河、巢湖几个地方，临时增设了大型抽水站；没有水源的地方，千方百计打井造墒。省委决定，生产队超过计划扩种的午粮不计征购，四旁空地谁种谁收，有条件抢种而不积极抢种的，次年午收后国家不供应口粮，并在冬季对干部实行评比奖惩。这些正确及时的政策措施，极大地调动了农村干部群众抗旱种麦的积极性，全省迅速掀起突击抢种的高潮。淮北地区去年一年打井配套数相当于历年的总和，没有打井灌溉习惯的淮河以南地区，去年入秋以来也打了机、砖、土井 26 万多眼。广大社员挑水种麦，确有一些地方是“千里百担一亩苗”。干旱最严重的定凤嘉、宣朗广、寿六霍，以及歙县、长丰、肥西和肥东县北部地区，广大干部群众硬是用积存起来的洗脸水、涮锅水，一瓢瓢、一勺勺地浇地点种小麦。全省不仅按时完成了秋种计划，还超过了 400 万亩（社员自留地和四旁种麦未计在内），是近 20 年来从未达到过的。种植面积的扩大，为今年夏粮丰收打下了基础。现在夏粮增产多，但征购任务不变，生产队多卖的余粮，一律以“超购”形式，由国家加价收购，坚决政策兑现，受到干部群众的热烈拥护。

狠抓救灾措施，安定人心。在干旱严重，群众生活困难，人心浮动的关键时刻，以华主席（华国锋，原名苏铸）为首的党中央亲切关怀安徽人民，四面八方大力支援灾区。抗旱经费和救灾粮款源源拨给灾区，人民子弟兵把寒衣送到灾民手中，机关、团体、部队、学校组织汽车为灾区运送吃用水，省内许多城市给灾区送去了新鲜蔬菜，卫生单位派出许多医疗队给灾民免费治病。首都人民也伸出友谊之手，派来打井队帮助丘陵地区找水打井。许多老年社员激动地说："历史上任何朝代遇到这样的大旱，无不外出逃荒要饭，饿殍遍野；只有共产党领导下的新中国灾民，才能安居家室，免受冻饿。"由于党的救灾政策措施正确，灾区人心安定，社会秩序正常，生产进行顺利。春节期间，省委负责同志去灾区看望群众，在肥东县八斗区、定远县张桥区、五河县小溪公社和固镇县磨盘张公社等重灾区与社员座谈时，许多人热泪盈眶，他们说："午收前按月供应的口粮证发到了户，安心；过春节国家照顾得这样好，称心；看到小麦长势不错，有了盼头，放心。"所以，虽然是大灾之年，但由于全省安定团结，生产不但没有受到影响，而且极大地增强了群众生产抗灾的信心和决心。

严格生产责任制，坚决实行按劳分配。三中全会关于农村工作的两个文件，彻底批判了林彪、"四人帮"的极"左"路线，制定了发展社会主义农业的一系列正确政策，深得民心。遵照中央相关文件规定，我省农村根据群众的意愿，分别实行了按定额记分，按时记分加评议，以及在生产队统一核算和分配的前提下，包工到作业组，联系产量计算报酬，实行超产奖励等多种形式的计酬方法，加强了生产责任制，极大地调动了群众的积极性。五河县过去对小麦很少灌溉和锄草，今年大部分麦子灌了两次水、锄了两遍草。各地反映，过去需要两天干的活，现在半天就能干完。今年夏粮田管理得比哪一年都精细。干部省心，群众称心，大多数人满意。有一段时间，有些人怀疑党的农村政策的正确性，造成了思想混乱。省委坚持党的既定政策不动摇；指出即使出现个别问题，也不要大惊小怪，要分清主流与支流，加强领导，做好工作。省委主要负责同志亲赴农村调查研究，召开座谈会，发现问题解决问题，给基层以具体帮助，为广大干部群众撑腰。因而我省农村执行党的经济政策一直比较稳定。滁县地区有些作业组超产较多，有的人想增加原定的包产任务，地委主要领导同志当即明确表态："是金娃娃也要让人家抱回去，决不能'眼红'，坚持说话算话。"从而使群众对党的政策更加信任。

此外，省委在化肥供应上还采取了坚决措施，保证重点产麦区计划内面积每亩有氮肥 30 斤和适量的磷肥，全部在春节前投入田块。对于受灾的穷队，银行及时发放贷款，使他们能把肥料买到手，按时追到麦地。小麦底肥这样充足，也是我省从来没有过的。

1978 年我省小麦产量超过了历史上的最高水平，今年比之去年有较大增长。当然，要夺取农业高产更高产，还有很多工作要做。要进一步大搞农田基本建设，实现机械化、现代化；国家要从财政上、物资上给农业以极大支援等。但是，最主要的还是要靠安定团结的政治局面，靠正确的农村经济政策。因为任何事都要靠人去做，不把人的积极性调动起来，就什么事也办不成。这就要求在给农业以经济上支持的同时，需要加强政治思想工作，用正确的政策去提高农民的社会主义积极性。实践已经并将继续证明，符合现阶段实际情况，适应大多数群众利益、愿望和正确政策，只要能够顺利地贯彻执行，就一定能够多出粮食。

让农民尽快地富裕起来*

我最近看了一些“冒尖”队、户的材料，很受鼓舞。据去年全省150多个不同类型生产队的分配试点统计，去年人均分配收入比前年增长两成，绝对值在15元左右。家庭副业发展更快，一般人均五十元以上，有的高达数百元，一户两三千元。除了灾区，各地农村普遍出现社员存款增多、商品销售额增多、盖新房子户增多的“三多”景象，党和人民长期以来所盼望的农民高兴、农村兴旺的局面，在一些地方开始出现了！这是三中全会精神的伟大胜利，是狠批林彪、“四人帮”极“左”路线、落实党的农村经济政策的光辉成果。可以预期，通过这些“冒尖”队、户的带动和引导，整个农村富裕起来的步伐一定会大大加快。

一、劳动致富光荣

前些年由于林彪、“四人帮”的极“左”路线猖獗，许多人都忌讳一个“富”字；害怕富了挨批，担心露富惹人眼红。现在，党中央号召让一部分农民先富裕起来，省委负责同志登门看望“冒尖”户，县委专门开会表扬“劳动致富”的先进人物，有的地方还给这些富裕户发奖品、戴大红花。社员群众高兴地说：“这是农村工作中根本性的拨乱反正。”

我们共产党人干革命的根本目的，就是解放生产力，极大地提高劳动人民的物质文化生活水平。只有创造了比资本主义更高的劳动生产率，使广大人民群众的生活都富裕起来，才能显示社会主义制度的优越性，才能最终战胜资本主义。目前城市知青不愿到农村，农村青年向往城市，参军、招工“走后门”没有绝迹，从物质第一性的观点出发，根本原因在于

---

* 本文原载《安徽日报》1980年2月28日。

农村生活还比较贫困，城乡差别还比较大。只有迅速改变农村面貌，让农民群众尽快富裕起来，才能彻底扭转这种状况。因此，国家的巩固，社会的安定，在很大程度上取决于农村现状的改变，取决于农民生活的改善。

当前，我们全党、全国的中心工作是实现“四化”。怎样才能实现农业现代化呢？农民群众说得好：“要想化起来，先要富起来。”如果社队集体经济薄弱，群众手头不宽裕，拿什么来买机械、化肥、农药？单纯依赖国家支援是不行的，我国是以农业为主的大国，靠百分之十几的城市人口来使 80% 以上的农民“现代化”，是办不到的。只有农业发展了、农民生活水平提高了，整个经济才能活起来，实现“四化”才有希望。

我国农民自古以来就能吃大苦，耐大劳，生活上善于精打细算。只要政策对头，调动了积极性，农民群众会当家理财，会劳动致富。我们不要忌讳一个“富”字。不仅要在思想上不怕农民富，而且要在政策上保证农民富，在措施、方法上帮助农民富，使那些条件较好、劳动力强的队、户先富裕起来，然后带动整个农村走向共同富裕。

二、继续狠批极“左”

林彪、“四人帮”横行十年，把穷和富的关系完全搞颠倒了。“穷光荣”“富挨批”已经成为他们的不成文的规定，影响许多干部思想上怕富，措施上防富，门路上堵富，分配上卡富。社员群众也被迫怕讲富、怕露富、怕把自己当作“暴发户”。大家都绑在一块儿穷，似乎是越穷越光荣。经过粉碎“四人帮”三年来的工作，这种状况有所改变，但有的地方还未彻底解决问题。要使农民尽快富裕起来，必须继续狠批极“左”思想，消除干群“谈富色变”的恐惧心理。

富不等于修，也不是资本主义。叶剑英同志在国庆 30 周年讲话中，对修正主义道路下了明确的定义：对内压迫人民，对外追求霸权。资本主义的最本质特征，就是生产资料私人占有，资本家剥削工人的剩余价值。社会主义的基本点有两条：一是生产资料公有制；二是按劳分配。只要抓住了这两条，就是坚持了社会主义的方向和道路，就同资本主义以及一切剥削制度有了根本区别。现在的农村，土地是集体所有，不准放高利贷，不准雇工剥削，不准搞投机倒把，我们提倡的富是劳动致富，多劳多得，这与修正主义、资本主义有根本的区别。

鼓励“冒尖”不会出现两极分化。所谓两极分化，是指阶级关系的变化，有的人终日劳动而不得其饱，穷困破产而变成赤贫，有的人不劳而获，依靠剥削、掠夺、无偿占有别人的劳动果实而成富翁，这才叫作两极分化。在社会主义条件下，由于各户劳动力情况不一样，群众在生产上有先进和后进之别，他们从集体分配和家庭副业所得收入也就必然有多有少，这是符合经济规律的，也是社会主义按劳分配的具体表现。这种差别，不仅不是两极分化，而且有利于鼓励先进，鞭策后进。同时由于坚持生产队统一核算，有公共提留，对困难户有能力给予照顾，也就避免了旧社会那种严重贫富不均的现象。党的政策允许一部分人先富，是为了带动和引导周围群众，最后达到共同富裕的目的。担心两极分化毫无根据，也没有必要。

长期贫穷不是光荣而是耻辱。有些后进队，至今仍然是吃粮靠回销、花钱靠救济、生产靠贷款，这是极不正常的，对国家、对集体、对个人而言都是一种灾难。我们应当“送穷”而不应当“颂穷”。每个共产党员和每个国家干部，对自己领导的地方，如果不能限期改变贫穷面貌，使群众生活富裕起来，就是失职，应当感到羞愧。广大干群要齐心协力，积极发展生产，把我们现在还很落后的乡村变成繁荣昌盛的乐园。

三、广开生财之道

要使农民生活尽快富裕起来，必须发挥各方面积极性，国家、集体、个人一起上，多找门路，广开生财之道。

在国家方面，最主要的是坚决落实党的农村经济政策，保证农民富。关键是两条：一是按劳分配；二是尊重生产队自主权。从去年年终分配情况看，群众自愿采取的各种形式责任制，都极大地调动了生产积极性，粮食产量都大幅度增长，社员收入有很大提高。我们要进一步解放思想，在坚持四项原则的前提下，根据群众的意愿，大胆地实行体现按劳分配的各种形式的生产责任制。

对生产队的所有权和自主权，一定要切实保障和坚决维护。生产队的事要由他们自己定，上级不要包办代替。目前除棉花等主要经济作物，由于种种原因，仍须下达种植计划外，粮食生产可以只下达产量指标和征超购包干任务，不必具体安排作物茬口。国家可以提倡或推广一些东西，但搞不搞，最后决定权在生产队，上面不要管那么细。生产队可以因地制宜，根据自然条件、技术水平、群众习惯、经济价值等因素，决定自己的种植计划。国家需要或不需要什么产品，尽量通过合同的方式，利用价值规律、市场调节来发挥作用。

在集体方面，关键是学会经营管理，加强经济核算。从一些“冒尖”队的经验看，主要有四点。一曰人尽其才。队里把各种人才合理分工，会农的务农，会副的搞副，会商的经商，充分发挥个人的专长，为集体创造财富。二曰地尽其利。农业生产一定要因地制宜，充分利用当地自然资源。特别是注意开展多种经营，种植经济作物，增加收入。亳县肖庄生产队，在不适宜种粮的荒地种植泡桐树，现已成材 4000 棵，全年收入 1 万元。肥东县不少穷队翻身，靠的是花生大发展。滁县去年人均收入增加，20% 来自农副产品提价，70% 多是由于多种经营大发展。三曰大力发展社队工副业。充分利用自然资源，兴办养殖场、种植业、四坊和各种小工厂，城镇周围和交通要道的社队，还可兴办旅社、饭馆等等。逐步做到工副业产值高于农业产值。四曰当家人要会当家理财。队长不仅在生产上是内行，而且要会算账，既讲究高产量，又讲究低成本，能够多挣钱。

在个人方面，要在积极参加集体生产的前提下，经营好自留地和家庭副业。国家要按规定给足自留地、饲料地，有些小水面集体放养不合算的，也可责任到户。对家庭副业只要不妨碍集体生产，不搞投机倒把，不巧取豪夺，就要打破一切条条框框的限制，让群众各显神通。对一些困难户，购买种畜、种苗有困难的，国家和集体应采取措施，予以扶持。

尽快改变穷队面貌*

三中全会以来，随着党的农村经济政策的落实，我省农业生产发展较快，农民生活有了较大改善。特别是有些长期低产后进的地方，变化很大。全省著名的泗五灵固、定凤嘉、宣郎广三大片，去年粮食产量比上一年增长35%，人均分配收入增加20多元，各地都出现了一批劳动致富的“冒尖”队、“冒尖”户。党和人民盼望已久的农民富裕、农村兴旺的景象，在一些地方开始实现了！形势确实喜人。

事物发展总是不平衡的。由于林彪、“四人帮”极“左”路线的干扰破坏，自然灾害频繁，加之我们工作还存在薄弱环节，应该说，整个农业发展速度还不快，还不能适应“四化”的需要。全省还有20%左右的生产队办得不好，大约有10%的农民生活还相当贫困。我们一定要做好工作，在帮助那些自然条件好、劳动力强的队、户先富裕起来的同时，下大力促进穷队尽快改变面貌。

（一）尽快改变穷队面貌的重要性

这里所指的穷队，是指群众生活还没有达到“吃得饱、穿得暖、有房子住”的要求，也就是说还没有实现“温”“饱”二字。这主要有三点原因。一是错误路线破坏深重，有些地方三年困难时期人畜损失很大，林彪、“四人帮”横行期间又遭浩劫，至今没有恢复元气。二是自然灾害频繁，“屋漏偏逢连阴雨”，老是不得翻身。三是穷乡僻壤和深山区，土质瘠薄，交通闭塞，文化落后，干部去得少，生产长期上不去。

尽快改变穷队面貌是阶级感情问题。穷队群众生活非常困苦。例如，1975年大水，临泉、界首、阜南、阜阳等县灾区人民，房屋倒塌，财产

---

* 本文原载《安徽日报》1980年4月18日。

冲走。前两年又遭大旱和严重涝灾，群众生活困难。耳闻目睹者，无不为之热泪盈眶。

穷队增产潜力大，现在全省粮食亩产，高的已达吨字粮，低的不到200斤，如果低产地区的亩产量能达到现在的全省平均水平，则一年可增产粮食50亿斤以上。而且，穷队有很大一部分是人少地多的地方，只要产量上去了，商品率就高。例如宿县地区被称为“中间地带”的低产片，130多万亩土地，40万人口，过去年年吃回销粮。这两年他们下大力抓，去年不仅不要回销，还交售征超购粮1亿多斤，油脂600多万斤。交售的油脂量相当于全地区的统购任务数。

改变穷队面貌有利于加快“四化”步伐。国家拨出的支援穷队款和救灾款相当可观，仅以近五年为例，救灾款用了3亿多，支援穷队无偿投资2亿元。这表明了党和国家对人民的关怀，体现了社会主义制度的优越性。但是，我们国家底子还薄，如果能迅速改变穷队面貌，把这笔钱用到建设上，岂不是能够促进“四化”的早日实现！

省委负责同志最近指出：共产党人立志为共产主义事业而奋斗，共产主义事业是我们的伟大目标。但是，眼前要实事求是，脚踏实地，首先解决好穷队群众的温饱问题，这就是“高标准、低要求”。新中国成立30年了，粉碎“四人帮”也已3年多，如果我们不能带领群众尽快改变穷队面貌，把被林彪、“四人帮”耽搁的时间夺回来，实现群众温饱生活的低要求，那就是有愧于党的希望，对不起人民群众。

（二）关键是发动群众，自力更生

唯物辩证法认为，外因是变化的条件，内因才是变化的根据。改变穷队面貌，国家给予适当支援是必要的，但首要的是发动群众，依靠自己的力量发展生产。如同家庭烧煤炉子，群众是“煤球”，国家支援是“引火柴”，只有把煤球燃烧起来，才能产生巨大的热量。

要鼓舞群众劳动致富的信心。当前穷队存在的一个突出问题，是群众信心不足，生产积极性不高。越穷越不想干，越不干越穷，造成恶性循环。各级党委要以极大的热情，加强穷队的思想政治工作，使群众树立改变穷困面貌的信心和决心，鼓足干劲搞生产。

要帮助群众选好当家人。一般地说，穷队差不多有个共同特点，就是没有好队长。要通过实践，物色热心为群众办事、生产在行、会当家理财的人当队长，选准后再进行必要的培养和帮助。有个好当家的，就能因地制宜地安排作物种植，因人制宜地安排各种活路，做到人尽其力、地尽其利、广开生财之道。

要帮助穷队制订生产规划。穷队的科学文化水平较低，这方面尤其需要进行帮助。各地情况不同，自然条件千差万别，要通过科学考察，用其所长，避其所短。比如，山区要提倡停垦还林，保持水土。造林又要长短结合，以短养长，既顾长远利益，又解决眼前的实际问题。人少地多的贫瘠土地，要帮助制订用地与养地相结合的计划，还可划定适当地块种草放牧。水旱灾害频繁的地方，要帮助制订农田建设计划，先小治后大治，量力而为，逐步减轻乃至控制灾害。总之，要使群众事半功倍，扩大劳动果实。穷队的人民也有两只手，他们不甘心贫穷，有强烈的进取愿望，向往美好生活。在正确路线指引下，一旦把他们内在的积极因素调动起来，肯定会产生巨大的物质力量。

（三）国家的支援是必不可少的

前面讲到烧煤炉。诚然，只有煤球燃烧了才能产生巨大热量，但没有引火柴是点燃不了煤球的。从某种意义上说，穷队的“煤球”更“潮湿”一些，需要的“引火柴”更多。要使穷队尽快改变面貌，国家必须给予额外照顾，采取一些特殊措施。

第一，要加强领导。现在有些干部“嫌贫爱富”，不愿到穷队去，下乡往往是沿着三条线：公路线、高压线、电话线。群众批评这些同志是“属鸟的——哪里亮往哪里飞”。先进社队当然要去总结提高，但更应到后进社队去帮助改变面貌。这就是说，锦上添花应该，雪中送炭更需要。领导干部要多到穷队去了解群众疾苦，帮助指导工作。还可考虑派些优秀干部到穷队去“包干”，制订奖惩措施，定期改变面貌。实践已经证明，只要加强了领导，穷队改变面貌是很快的。

第二，要给生产队更多些自主权，给农民更多些“小自由”，着重休养生息。要从“穷”这个实际出发，哪怕是采取一些短时间的权宜之计，让群众先翻翻身也好。比如，可以根据群众意愿，实行各种形式的联系产量的生产责任制。多年失耕的荒地，可以分给社员种植，规定几年后收回。

第三，经济上要多给点支持。农业贷款，特别是无息和低息贷款，不要平均分摊，对穷队要给点“偏食”。农田水利经费，对穷队要额外照顾，先安排他们的项目，增强他们的抗灾能力。支援穷队无偿投资的用途不要限得过死。

第四，各行各业都要支持穷队。农业和外贸部门在安排作物种植计划时，有些花工夫较多、成本较大、经济价值不高的作物，最好少安排或不安排给穷队；对那些能多挣钱而又限制种植的经济作物（如薄荷、留兰香、某些中药材等），最好多安排给穷队。粮食和商业部门在分配征购和派购任务时，对穷队要适当订低些，让他们有产可超，多卖超价，得点儿实惠。去年国家提高农副产品收购价格，有些粮食和商业部门的基层单位压级压价，拒绝收购，限制加工销售，妨碍农民得到全部提价实惠，要很好纠正。供销部门除了做好购销工作，还要扶持穷队生产，想方设法为穷队提供加工原料，使他们多得加工费，以增加收入。穷队企业困难大，有关部门要多关心，帮助他们办一些投资少、有原料、有销路的工副业。

第五，要帮助穷队搞好计划生育。现在有些地方，生产发展的速度还没有人口增长快。这是人均口粮低、人均收入少的重要原因之一。特别是有些困难户，困难的原因就是小孩子多、劳动力少，群众称为“软腿子多”。要改变穷队面貌，做好计划生育工作，控制人口增长，也是不可忽视的。

为什么想不到一起*

很长时间以来，农村就流传这样的话："干部想的是方向，群众想的是产量。"为什么有的干部和群众想的不一样呢？原因是极"左"路线的干扰和破坏，有些干部也有错误认识。

农民是讲实际的，他们一不拿工资，没有铁饭碗；二不像干部职工那样"旱涝保收"，不论地里收多收少，粮站按月供应口粮。"方向"再正确，肚皮填不饱，有什么用？因此，他们首先想的是产量。

三中全会以后，批判了极"左"路线，实行了多少种形式的联系产量责任制，农民积极性高涨，农业生产发展了，农村出现了多年来未有的一派生机。多么好啊！可是，偏偏有些地方又在胡乱折腾。

中央的精神很明确，思想要解放，极"左"要批透，政策要放宽，经济要搞活。实践是检验真理的唯一标准，能够增产增收增积累增贡献，能让多数社员满意的，我看就是好政策、好办法，应该坚决稳定。即便有争议的形式，也应允许试验，让群众在实践中比较鉴别，不能随意变来变去。传统戏曲中的唐知县尚且说："当官不为民做主，不如回家卖红薯。"我们共产党人的精神境界当然要比那些封建官吏高得多。要真心实意为人民谋利益。有了这种精神，我们的干部就会自然而然地和群众想到一起了。

---

① 本文原载《滁州报》1980 年 7 月 21 日。

抗灾斗争的重大胜利

——江淮地区人民奋战秋汛述评*

50 年不遇的晚汛安全渡过，今年长江第三次洪峰已被征服，内河湖泊水位日趋降落，全省抗灾斗争取得了重大胜利。现在，江淮地区广大农村干部和群众正在密切注视着气候的变化，随时准备迎战万一再出现的大汛情；与此同时，正奋力加强晚秋作物的田间管理，夺取全年农业好收成，力争把洪涝灾害造成的损失减少到最小限度。

今年我省气候反常，自然灾害十分频繁。汛期延续时间较长，长江、淮河反复出现洪峰，内河湖泊水位多次上涨。有关部门把今年汛情概括为：1931 年的时间（9 月初仍在涨大水）；1954 年的态势（江河湖泊，南方北方，先后都发大水，而且持续时间长）；1969 年的水量（很多地方水位接近或超过 1969 年），但灾害损失却比那三年轻得多。在全省人民的共同努力下，今年江河大堤无一处决口，大中小水库都没有垮坝，万亩以上的大圩全部安全度汛，铁路运输一直畅通无阻，主要干线公路除个别低洼地段一度上水外，基本上正常通车。这是历年同样灾害时未曾有过的成绩。

抗灾斗争的重大胜利，首先是由于党的政策极大地调动了广大农民的积极性。三中全会以来，本着“思想要解放，政策要放宽，经济要搞活”的精神，我省农村坚决贯彻中央两个农业文件，实行了多种形式的农业生产责任制，有力地促进了农业生产的发展。当涂、桐城等县多数社队实行不联系产量的责任制，发挥集体经济优势，统一调度人力、财力和机械设备，战胜了自然灾害。当涂县今年水灾比 1931 年、1954 年严重得多，

---

* 本文原载《安徽日报》（特约记者评述）1980 年 9 月 19 日。

但在那两年里，全县 25 个圩都破了，今年只破了 2 个小圩。无为、肥西等县实行多种形式的联系产量的责任制，同样调动了社员抗灾积极性，抵御了多次洪涝威胁。不久前，省委负责同志到长江大堤险段的无为县凤凰颈以及巢湖之滨的肥西县和合肥市郊区义城公社，在防汛抢险第一线与县区社队干部和社员群众交谈时，干部、群众一致反映，“联产如联心”，涨水就是进军令，家家户户踊跃上堤，青壮劳力全部投入抗灾第一线，日夜奋战。肥西县滨湖联圩的许多村庄，为了加固堤坝，社员把自留树几乎砍光；有的社员包产田在堤下，为了取土固堤，废弃了庄稼。

抗灾斗争的重大胜利，是广大干部与群众一道，努力奋战的结果。在新党章（草案）和《准则》的教育下，干部作风有了很大改善，党的优良传统开始得到了恢复和发扬。汛区各级党委和政府的负责同志日夜奋战在第一线，哪里有险情，哪里就有负责干部在。各地普遍实行了干部岗位责任制，分段分片包干。无为县外江、内河防汛任务都很重，县委有位负责同志心脏病复发，稍事治疗好转后立即上堤；另一位负责同志高烧至 40 度，拔下盐水针又奔赴第一线。8 月 29 日宁国、广德等县降雨 100 多毫米，洪水直泻，当涂县境水位顿时陡增 4 米，地县负责同志连夜赶赴现场指挥战斗。原预计可能淹没农田 30 万亩，经过全力抢救，损失减少到 2.8 万亩。许多民工激动地说：“有干部在，我们心里踏实，战胜洪涝的劲头更大。”

抗灾斗争的重大胜利，反映了我省水利建设取得了一定成绩，治水经验比过去丰富。这些年来，由于兴修大量工程，江河堤防不断加固升高，水库防患能力不断增强，排涝泄洪能力不断改善。万里长江险段之一的安庆地区同马大堤，1954 年曾数处崩溃，经过多年冬修，这次持续近一个月超过警戒水位，全线安然无恙。早在今年 4 月，水文、气象部门的同志就指出，根据历史资料和科学预测，在连续两年大旱之后，今年可能出现大水。省委对这个预报极为重视，今年防汛会议开得早，抗大灾的宣传教育工作抓得及时，准备工作也做得较为充分。在战斗紧张时刻，水利技术人员坚守第一线，成为党委和政府领导防汛斗争的得力参谋，使各级负责同志能够及时正确地进行指挥。

抗灾斗争的重大胜利，是与中央大力支持，省委加强领导，各行各业协同配合分不开的。为了支援我省抗灾斗争，中央及时拨给经费、物资。中央领导同志多次询问我省灾情和抗灾斗争情况，听取汇报，给予指示和鼓励。省委、省政府经常及时研究抗灾部署，发出“全力以赴，抗灾夺丰收”的战斗号召，几乎所有负责同志都先后亲临灾区了解汛情、指导工作、慰问干部群众。抗灾斗争需要大量资金，省财政预备费用大部分拿出使用。木材、毛竹、草袋等防汛物资，源源不断调往工地。工业部门基本上保证了防汛、排涝用电需要。交通部门对防汛器材突击抢运。邮电部门对防汛电报、电话保证迅速传递，畅通无阻。人民解放军驻各地部队，也都从人力、物力上积极支持当地人民的抗灾斗争，作出了重要贡献。

这次抗灾斗争，也暴露了我们工作中一些弱点。我省内河向外江排涝能力相当薄弱，如果有江苏省那样450个流量的排水站，今年内涝损失还会减轻。有些湖洼地带乱圈新圩，打乱了水系，减少了蓄洪面积；有些河流阻水障碍多，清障工作做得不好，都是教训。

秋种很快就要开始，灾区人民还要继续作战，奋力排涝，迎接秋种。秋种时节风调雨顺，或旱或涝，都还难以预料。但是，只要我们再接再厉，抱定抗灾到底的决心，就一定能取得更大胜利。

联产如联心*

刚实行联系产量的农业生产责任制时，有的同志说："这种办法在风调雨顺的情况下能增产，但是不利于抗大灾。"今年我省自然灾害十分频繁，早春低温烂秧；午收时多雨，小麦霉变；早稻收获期遭连阴天，发生芽稻；夏季又降大雨，江、河、湖水一涨再涨。这对联系产量责任制是一场严峻考验。结果如何呢？

麦收时节，我到过长丰县农村。实行联系产量责任制的社队，男女老少齐上阵，冒雨日夜抢收小麦。家家户户连床上、灶上都堆满了麦穗头。有的人家硬是用手搓、用锅烤，及时进行脱粒烘干。而那些继续实行大呼隆的生产队，有的麦子未割，遇连阴雨不能下田；有的割倒在地，被雨水冲得七零八落；有的垛在场上，受潮生蛾、霉变。

抗洪紧张时，我又到了市郊义城公社。这里实行的是"定产到田、责任到人"的责任制。那天风急浪大，许多女社员在搬石头、运草袋加固堤坝，男社员手挽手在水里挡浪。我问队干部，组织防汛有困难吗？许多人争着说："联产如联心。今年家家田里都下了大本钱，买了很多肥料。你瞧庄稼长得多好，哪个不拼命保堤啊！"群众想了很多办法，按照一定比例，要人，强劳力去；要木材，大家出；要钱买防汛物资，大家凑。家家户户踊跃上堤，用不着干部多操心。

联产如联心，抗灾斗争的胜败与社员切身利益息息相关。实践已证明，那种担心联系产量责任制不利于抗御自然灾害的观点，是没有根据的。为群众所欢迎的政策，不仅能调动社员的生产积极性，也同样能调动社员的抗灾积极性，因为抗灾是为了生产，抗灾是为了丰收，

---

* 本文原载《合肥晚报》1980年9月22日。

抗灾与生产是一致的。至于种种具体问题，群众自有解决办法，完全用不着杞人忧天。解放思想，把心放宽，坚定地执行中央两个农业文件吧！

全靠党的政策好

——访凤阳县“冒尖”户吴凤启及其所在的雁塘头生产队*

4月中旬的一天，笔者随中央农业部和省委负责同志一起到凤阳县，访问了家有3万多斤粮的“冒尖”户吴凤启。

吴凤启是一位40多岁的社员，复员军人，家住梨园公社雁塘头生产队，妻子38岁，夫妻俩都是壮劳力。老母亲年近70岁，操持家务。去年实行包干到户，他家10口人包了58亩地，又开荒12亩。

主人知道我们来意后，爽朗地说开了：他1961年刚从部队回家时，正值困难时期，一天两餐稀的也顾不上，全村110多人，留在庄上的不到70口人，土地大片荒芜。一直到1978年，日子仍然十分艰难，是个老三靠队。吴家“软腿子”多，不仅口粮少，年年还要透支一二百元。1978年大旱，他一家就吃回销粮2500斤。几个孩子，没有一个有两条裤子的，真是穷啊！

三中全会后，1979年实行包产到组，日子开始变好，当年全队家家有余粮。去年包干到户，吴凤启一家人苦做苦累，收15100斤小麦、13500斤水稻、2500斤黄豆、12000多斤山芋（折粮2500斤），总共收粮33600斤，赶上过去全生产队收的。另外还收2000多斤花生，以及少量棉花、油菜等。整数卖粮站的有10000斤小麦、3000斤稻子、1800斤黄豆、1400斤花生、零星卖的未统计。他家还养了4头牛，其中1头当力牛用，卖了3头小的，净赚1000元，又买了2头小牛喂养；养了3头肥猪，春节前卖两头收入540元；喂了80只鸡，自食的不算，卖禽、蛋收

---

* 本文原载《安徽日报》1981年5月11日。

入约 200 元。县委政策研究室的同志帮助算了一笔账，家里留粮按提价前的平价计算，吃掉的禽、蛋、蔬菜不计价，全年纯收入 10300 元，人均 1030 元。

这么多钱怎么用呢？去年他家盖了四间水泥地坪的大瓦房，用去 4800 元；买了缝纫机、手表、自行车、平板车；大人和小孩都添置了衣衫；与弟、妹家合伙买了一部小四轮拖拉机；准备了今年的肥料。他反复讲：“我每次进家，见了这四间大瓦房就想笑。要不是党的政策好，做梦也梦不见这样的大瓦房哟！”

“70 亩地你忙得过来吗？太累吧？”我们问。老吴沉思了一会儿答道：“我并不感到比大呼隆干活时紧多少。那时是出勤不出力，干不干都要去顶数，白天在地里陪站，晚上在屋里陪会，为争工分一吵就是大半夜。现在仅仅是种、收两个季节大忙一阵子，一天干活的效果胜似那时 10 天，平时就轻松多了。自去年种罢麦，至今 5 个月了，除了卖粮、施肥、民兵训练，没忙多少活呢！”

他告诉我们：现在最得劲的是全家大小劳动力都用得上。以前只有他夫妻两人和 19 岁的大孩子，3 个有“底分”的人能出工，现在老母亲看场、喂猪、做家务；农忙时 10 岁以上的孩子一起上，10 岁以下的小孩也能帮着拾棉花、拣山芋、收花生和放牛。

讲到这里，他似乎猜出我们的心思，自问自答地说：“有人可能要怀疑：你家种那么多地，收那么多粮，会不会有雇工剥削？我是党员，向各位领导保证，除了栽秧时最后请 8 位亲友互助一天，割麦时最后请 7 位亲友帮忙一天外，都是自家人干的。”他笑着说：“今年有了拖拉机，工效会提高。家底也厚些，化肥多些，产量会比去年增加。”

在场的人证实老吴讲的是实话。其实，整个雁塘头生产队都翻了身。这个队 16 户人家，78 口人，1978 年总产 34000 斤，1979 年大包干到组，总产增到 10.5 万斤，1980 年包干到户，总产又增到 20.8 万斤。全队人均有粮 2700 斤，人均收入 526 元。除了征购超额几十倍，还第一次留了公共积累。去年有 12 户粮超万斤，其中两户超 2 万，一户超 3 万。但是上报时，有一户怕露富，不敢报万斤。后来看到县里给“冒尖”户发奖，一家一张缝纫机票，夫妻俩互相抱怨起来，男的怪女的小心眼，女的怨男的没有主心骨。上海下放女知青徐翠珍，在这里安了家，她家一共 6 人在一起生活，收粮超万斤，除了留足口粮，过春节杀了猪，光是卖农副产品就收入 2000 多元，生活比她在上海退休的工人妈妈还好。

梨园公社，是个出名的穷地方，我过去多次来过，每次都是为了救灾。记得最后一次是 1978 年的腊月二十七，那天雪花纷飞，我们在县委书记陈庭元同志的陪同下，看望困难户和刚刚外流回家的灾民，决定发给每人 3 斤面粉和 1 斤猪肉。使他们春节能吃上饺子，大年初一不要再出去讨饭。每到一家，见到的都是一张张愁苦面孔。仅仅两年，就有这样大的变化。如今家家屋内都是一囤囤粮食，一袋袋化肥。人们见到我们，笑逐颜开，又泡茶又拿花生。有的还又喜又不好意思地递上一纸报告，要求县委书记给批点砖瓦，好盖新房子。此情此景，真令人感慨万千！人还是那些人，地还是那些地。为什么实行联产责任制后变化那么大呢？在座谈会上，县区社队干部和社员群众讨论非常热烈。归结为一句话：政策的威力。党的三中全会提出的路线、方针、政策，像春风吹遍神州大地，温暖着千家万户农民的心。雁塘头生产队的社员自发地搞起了包干到户：保证国家的，留足集体的，余下都是自己的。大家齐声说，这个政策实在好，它使国家扔掉了发救济的包袱；干部再不用为社员外流操心，每年可以安安稳稳过春节；社员也不愁吃和穿，还可以为“四化”做贡献。社会风气好了，团结状况好了，一片喜气洋洋。

所见所闻，使我们感触很深。同来的领导干部和一般同志，都认为是听了一堂生动而又深刻的清理“左”倾思想课。有的同志以前读新华社记者写的皖豫农村见闻《历史性的转折》《巨大的吸引力》，感到不好理解。这次亲见亲闻雁塘头和凤阳县的一些穷队的变化，也认为是“历史性的转折”，包产到户责任制有“巨大的吸引力”了。

言谈中，群众流露出的唯一忧虑是怕政策变。农业部负责同志再三表示，共产党是全心全意为人民服务的，社会主义就是让人民过好日子的，能够促进生产发展、为广大群众所欢迎的政策，只能引导它更加趋于完善，没有理由去硬性改变。中央决心坚持三中全会的方针，决不改变既定的政策。省委负责同志也明确表示：群众不要求变就不变！这下子群情更为振奋，都说再这样干几年，许多人家都能住上吴凤启那样的好房子。他们欢迎领导同志以后再来看真正的社会主义新农村。

要更多地关心山区建设*

党的十一届三中全会以来，我省农业生产有了飞跃发展，农民生活显著改善，一部分农民开始走上了富裕的道路。但是，不容置疑，一些高寒山区和水库淹没区，人民生活仍然困难，还有相当一部分农民的温饱问题没有解决，群众对此很有意见。

山区许多地方是革命老区，在战争年代付出过重大牺牲。拿金寨县来讲，早在30年代初期就建立了苏维埃政权，献出了十万英雄儿女的性命。50年代治淮修建水库，又有十万群众离开了自己繁衍生息的土地。他们对社会主义革命和建设事业作出了重大贡献。当然，党和政府对山区人民是关怀的，新中国成立以来，山区各项事业有了很大发展，近几年，中央还拨出专款，支援老根据地建设。但也应看到，山区的发展速度比起平原地区要慢得多。特别是边远山区，交通闭塞，干部去得少，具体帮助也少，影响了山区工作的进展。

解决山区问题的关键，在于采取合乎山区实际的政策。例如，既然年年都要发生活救济款，可不可以下决心挤挤，集中资金，近年内多支援一些，变生活救济为生产扶持？水库建设、电站送电，可不可以从水电费中多提留一些，补偿给淹没区人民用于生产和生活？一些比较赚钱而又限量的产品，可不可以优先安排给山区人民生产？在林业生产特别是竹木及其制成品销售方面，政策上要进一步放宽。财政税收和工矿企业上缴利润方面，要给山区以较多照顾，以充实其地方财政。考虑到山区的经济文化比较落后，许多生产治穷致富门路必须有优秀人才去组织指导，要动员大批有志之士去参加，并制订相应的优惠政策。有关业务部门，尤其是商

---

* 本文原载《安徽日报》1984年6月22日。

业、交通；文教、卫生等部门，要帮助山区建设。要给山区的县级政府更多的财经自主权，让他们放手实行有利于当地由穷变富的政策措施。

农村干部比城市干部工作条件差得多，山区干部比一般农村的干部更辛苦。在“振兴中华、建设安徽”的斗争中，各级干部应给予山区以更多的关心。既要允许一部分山区、一部分农民由于辛勤努力成绩好而先富起来，更要重视帮助后进地方尽快脱贫，进而共同致富。上级机关的领导要多到山区走走，听听那里干部的意见，听听那里群众的呼声。用城市的先进生产力支援山区、帮助山区，建设社会主义的新山区。

“致富不封顶，大富更光荣”
——安徽省委农村政策研究室负责人明确回答专业户 *

安徽省委农村政策研究室负责人对那些至今仍有顾虑，想“留一手”的专业户给了一个十分响亮的回答：“革命战争年代，战场上不怕牺牲的是英雄模范；和平建设年代，带头勤劳致富、对国家贡献大的就是英雄模范！致富不封顶，大富更光荣！”

元旦前夕，安徽省《富农报》编辑部专门邀请合肥地区的著名专业户座谈致富经验和新年打算。由于这些专业户都有着坎坷经历，因而在畅谈个人致富体会时，对党的十一届三中全会以来各项富农政策充满感激之情，但同时仍然流露出一些“只敢小富，不敢大富”、想“留一手”的思想。

专业户代表“蛋糕大王”周刚谈到，他原是靠 14 元钱起家的老救济户，生产蛋糕以来，由于实行薄利多销，产品供不应求，仅合肥市就有八九十家商店成了他的老主顾。但他怕生意做大了挨整，1984 年整整关门停产 5 个月。以后经各级政府领导登门做思想工作，才又重新开张。他光添置各种设备就花了 3 万多元，每月流动资金已达 7 万元，收入早就超过万元了。但他担心万元户早晚要倒霉，一直向外说收入只有八九千元。现在，他的生产车间已扩大十多倍，每月交税金两千多元。他说：“生产再扩大个三四倍不成问题，但我不敢……”在他之后，“养鸡司令”任家美、“养猪状元”王宏泉、养奶牛能手韦典鳌、摄影专业户陆刚元等在发言中都流露出类似情绪。

专程赶来参加座谈会的中央安徽省委农村政策研究室的负责同志听

---

* 本文原载《新华社新闻稿》第 5453 期。

了发言后，进一步宣讲了中央和省委的最新文件精神，明确地表示，富民是我们党的目标，时间就是金钱，就是财富，大家千万不要再犹疑、“留一手”了。说不变是相对的，但只会越变越好，越变越顺应人民求富之心。

会场上，群情振奋。专业户们一致表示：在新的一年里，一定要使出全身的本领。放开手脚迈大步，发展生产，致富更上一层楼。

发展户办企业的关键在于落实政策*

王郁昭省长在全省乡镇企业先代会上指出，发展乡镇企业力量的源泉在于千家万户，这是完全正确的结论，要使我省乡镇企业产值在1984年比上年增长1.4倍的基础上，1985年再翻一番，关键的就是继续大力发展户办和联户企业。这不仅是由我省经济情况和当前生产力水平、管理水平所决定的，同时也是由我省乡镇企业现状所决定的。我省乡镇企业起步迟，底子薄，基础差。若要依靠自身力量，采取“滚雪球”和“母鸡下蛋”的办法去壮大，其速度将是相当缓慢的。我们不具备江浙那样的条件，不能走他们的发展路子。我们省的农业是实行家庭联产承包制后才获得大发展的，看来，乡镇企业也只有走这条路，千家万户去办，由少到多，以多取胜。

发展农民家庭企业，与农民利益直接相关，“早上栽树，晚上就能乘凉”，农民有着巨大的积极性。现在的问题是，还有一些思想障碍。需要继续清除“左”的影响，划清政策界限，加强宣传舆论工作，使广大群众消除顾虑，才能使家庭企业有更大的发展。

有人过分担心两极分化。这是很大的误解。社会主义最终是共同富裕，这是毋庸置疑的。但是，共同富裕不是同时富裕，共同富裕与一部分人先富起来并不矛盾。允许一部分人由于勤奋劳动而先富起来，这是党的一项大政策，只有一些人先富起来，起到示范作用，才能影响和带动周围的农民走上共同富裕的道路。户办企业是农民致富的一条主要门路，千家万户都办，千家万户都逐步富裕起来，最终就达到了共同富裕。在这个过程中，有先富后富、大富小富，是完全正常的，符合事物发展的

---

* 本文原载《安徽日报》（特约记者述评）1985年6月13日。

规律。

有人说，户办企业千家万户，千头万绪，多是经营作风不正，现在纠正新的不正之风，还是不提倡户办企业为好。这种责难是不公正的。万里同志早在去年 12 月全国农村工作会议上就指出："过去有些人认为乡镇企业与城市大工业争原料、争能源，甚至把不正之风的根源也归咎于乡镇企业，致使他们处境相当艰难。"不正之风一定要反，但必须认识，不正之风的风源不在乡镇企业。有些乡镇企业搞请客送礼，往往是由于不这样做不行，打不通关节，主要应该惩治国家机关工作人员中的敲诈勒索者，而不能过多责怪被迫而为的人。黄璜同志和王郁昭同志都在全省乡镇企业先代会上宣布，当前反对新的不正之风，主要在领导机关和领导干部中进行，基层主要是进行正面教育，有什么问题就解决什么问题。要划清正常的经济协作和行贿受贿的界限，划清正常的运销业务与倒买倒卖的界限，特别是不能把正常的业务关系当作不正之风去反，伤害群众发展商品生产、勤劳致富的积极性，窒息了农村的勃勃生机。

还有些乡镇领导机关，因为分不到农民家庭企业的利润而采取漠不关心的态度，甚至用集体的力量办生产同样产品的厂矿来挤垮户办企业，那就更不对了。要看到户办和联户办企业在向国家提供税收、调整农村产业结构和促进农民致富等方面的重要作用，应该主动为他们排忧解难，给予热情支持和积极扶持。乡镇领导机关的态度如何，对农民发展家庭企业的影响极大，务必充分重视。

我省去年乡镇企业的发展速度虽居全国之冠，但我们必须清醒地看到，我省乡镇企业原有基数很低，增长后的绝对数仍然是低的，比周围邻省仍有较大的差距，我们要认真落实政策，继续放宽政策，牢记过去发展慢的教训，在当前反对新的不正之风中注意划清政策界限，切忌越穷越"左"，自己把自己逼进死胡同。

我省农村产业结构调整成绩显著

——粮食产量稳定不衰农村各业协调发展*

“单一的种植业结构起了较大变化，粮食产量稳定不衰，农林牧副渔、工商运建服开始有了协调发展。”——这是省有关部门负责人对我省今年调整农村产业结构情况的评语。

我省调整农村产业结构的工作，从十一届三中全会后实行联户承包制时就开始了，今年中央一号文件（《关于进一步活跃农村经济的十项政策》）把“大力帮助农村调整产业结构”作为一项重要经济政策颁布后，广大农村干群更加自觉地开展了这项工作。早在年初召开的全省农村工作会议上，省委、省政府就作出了“一调（调整产业结构）、二转（粮食转化、劳动力转移）、三突破（畜牧、水产和乡镇企业要有突破性发展）”的工作部署。实践证明，这个部署贯彻执行得较好，各地调整的速度快，幅度大，普遍呈现粮食生产基本稳定，经济作物迅速扩大，畜牧、水产全面增长，乡镇企业持续发展，林业生产有了新起色的好势头。今年我省粮食作物播种面积 8827 万亩，比上年调减 500 万亩左右，减少约 5%。虽然今年自然灾害频繁，对农作物影响较大，但由于间、套种和杂交稻增多，又狠抓了增产措施，有些作物单产提高，预计总产只是比大丰收、创纪录的去年略有下降，是我省历史上第二个高产年。经济作为播种面积 2800 多万亩，比上年增加近 900 万亩。除棉花按照国家计划减少了面积和产量外，其他经济作物都有扩大，特别是油料，面积和总产都比上年增加 50% 以上，销路很好，第一次出口了低芥酸菜籽 2850 吨。畜牧水产也全面增长，生猪存栏量比去年同期增长 24%，成鱼产量增长 34%，造林

---

* 本文原载《安徽日报》1985 年 11 月 7 日。

任务超额完成。乡镇企业实现了产值、利税同步增长，到9月底止，已实现产值65亿元，比去年同期增长一倍左右。户办和联户办企业发展更为迅速，比去年同期增长近两倍。预计到年底乡镇企业总产值将会超过80亿元的计划，在去年翻番的基础上，今年又翻了一番。

截止到8月底，全省已有110万农民进入小集镇务工经商，并有31万人正式落了户。

今年我省调整农村产业结构的第一个，也是最显著特点，是坚持以改革促调整的精神，坚决执行了“绝不放松粮食生产，积极发展多种经营”的方针，始终把粮食生产放在第一位。调减的500万亩粮食面积，主要是退耕还林、退田还湖以及少数不适宜种粮而改种经济作物能获得更大经济效益的田亩。除极少数城镇周围和乡镇企业较发达的乡村，有忽视粮食生产的苗头，出现耕作粗放、挖田养鱼、甚至土地抛荒外，总的看来调整的趋势是恰当的。市场紧俏的优质粮增加，饲料工业特别需要的玉米总产比上年增长62%。全省人均粮食占有量仍将超过全国平均水平，是全国重点产粮省和重点调出省之一，按照中央要求，我省今年净调出粮食34亿斤，将比去年增加一倍，现已接近完成。与此同时，多种经营和林牧渔业都有了较大发展，打破了过去的“农业就是种植业，种植业就是粮食”的单一生产格局和传统观念，为发展社会主义大农业开了个好头，开始适应了国家建设、外贸出口和人民生活多方面的需要。

今年我省农村产业结构调整的第二个显著特点，是重视解决农村多余劳动力的出路问题，开辟了多种新的生产领域，积极扩大商品生产。我省人多地少，农村劳动力富余。各地就地发展工商运建服等行业，离土不离乡，现在全省已经有200多万农业劳动力转入非农行业。阜阳地区在这方面较为突出，出现了一些专业化生产群落和一些具有全国规模的专业商品市场。如亳县的中药材市场，利辛县阚町集的服装专业市场，以太和县皮条孙为中心的尼龙绳专业市场，阜南县的兔毛市场等。总之，广大农民商品生产意识增强，运用市场机制、根据社会需求发展生产的能力提高，一大批昔日“面朝黄土背朝天”的农民，正以商品生产者的姿态出现在当今的社会经济舞台。

今年我省农村产业结构调整的第三个特点，是各级领导重视，科技工作者积极献计献策，因而调整的步子较稳妥，成绩较显著，没有出现大的偏差。省委、省政府根据不同地区、不同类型、狠抓薄弱环节，实行分类指导，先后召开了沿淮行蓄洪地区、大别山区和皖南部分山区产业结构调整专门会议，最近还将召开沿江地区产业结构调整会。省委、省政府领导同志都曾亲自到第一线去调查，与农民群众和农技工作者广泛交谈，因地制宜地研究制订调整方案。农学、水利等学会及有关的专家学者和农业区划等部门，经常聚会、座谈论证，积极向农民提出科学的调整建议。为调整服务的工作也比过去有进步，良种供应增多，饲料厂成批新建，流通较前活跃。合肥市所属郊县今年西瓜产量比上年增加几倍，上市前不少人为之担忧。届时由于运输、外贸组织工作做得较好，瓜农获得了较好的效益。总之，今年的调整步子积极稳妥，生态效益、社会效益、经济效益三者兼顾，今年虽然是多灾年份，预计农民的人均收入还将比上年增加几十元。

今年是大规模进行产业结构调整的第一年，由于缺乏经验，工作中还有欠缺和失误之处。如少数地方有放松粮食生产的倾向，大豆面积减少过多，黄红麻面积增加过猛，有些农产品的质量不高，优质品种仍然偏少。服务工作仍是突出的薄弱环节，信息不灵、不准、不及时，使得农民的生产还带有一定的盲目性。流通渠道不畅，买难卖难的呼声仍旧很高，还有体制、价格上的不合理因素，有的部门服务态度不好等，也制约着产业结构的合理调整。这些都有待于更好地研究改进。

坚定地支持和保护专业户*

在党的富民政策指引下，我省农村已有各种类型的专业户 193 万户，占全省总农户的 20%，成为我省农村发展商品生产的一支重要力量。

党中央十分关怀专业户，中央领导同志多次指出，专业户是农村先进生产力的代表，是广大农民共同富裕的先行者，是跟随我党深入进行农村经济改革的积极分子。事实也正是这样，从我省现有的专业户情况看，他们都是勤劳致富的模范，先进科学技术的追求者、示范者和传播者，他们率先富裕的实际行动，影响和带动着周围的千家万户，促进了农村生产力的发展。如凤阳县黄湾乡盛产芦苇，但过去农民编织芦苇打不开销路，长期穷困。自从运销大户陈兴汉办起贸易公司，大量收购芦苇运销东北后，不仅本乡农民人均收入翻了两番多，周围的嘉山，五河，泗洪等两省四县 6000 多户农民，都走了富裕之路，出现了 10 多个万元户。一家富带动了一片富。闻名全国的养鸡能手曹胤祥，两年前他就有了“万贯家财”，全国有十多个省的农民在他那里购买良种鸡蛋，学习先进养鸡技术。但他并不满意，最近又花 3 万多元购买新设备，将采用闭路电视进行自动监控生产，开办了一个现代化的、经济效益高的新型家庭养鸡场。这些人堪称新时代的农民企业家，有着办大事业的雄心壮志，代表着我国农村的发展方向。

我省农村专业户之所以能蓬勃发展，主要是由于党的政策好，各级政府和有关部门的大力支持。去年以来，省委和许多地、县委都发布了支持和保护专业户发展商品生产的决定，但是，当前最突出的问题是打击和刁难专业户的事件仍时有发生。笔者最近在农村调查，许多专业户反映，

* 本文原载《农村天地》1985 年第 3 期。

他们需要国家在资金、技术、信息、供销上提供帮助，但最重要的还是希望能够保障他们的合法权益。

产生上述问题，主要是由于长期以来“左”的流毒太深。有些人老是担心出现两极分化。极“左”思想、落后意识和不正之风，是影响农村商品生产发展的大敌，必须大力克服。

省委为制止打击、迫害专业户的错误行为，采取了许多坚决措施。省委领导同志多次指出，专业户是发展生产的排头兵，是“四化”的积极分子，打击专业户就是打击商品生产，刁难专业户就是干扰“四化”，破坏专业户生产，侵犯专业户人身安全的就要依法惩办，一点不能手软。并且规定，对支持专业户发展商品生产态度怎样，成绩如何，应作为考核干部的重要标准，作为整党的具体内容，以此衡量在政治上是否同党中央保持一致。1984 年，经省委农村政策研究室向省委汇报，省委领导直接指示查处的严重侵犯专业户合法权益的事件有 20 多起。有一些打击专业户，犯有严重错误的区乡干部，被撤职，受到党纪处分，赔偿专业户损失。极少数破坏专业户生产、对专业户造成人身伤害的坏人，受到了法律制裁。前面讲到的那三个事件，也都得到了妥善解决。总之，党纪国法保护专业户的合法权益，一切破坏专业户合法权益的行为都会受到应有的处理，各级党委和政府，坚定地站在专业户一边。

采用行政的和司法的手段保护专业户合法权益，是一个方面，但不能代替思想工作。要教育广大干群认识专业户对发展农村商品生产、带动全体农民走共同富裕道路的重要意义，肃清“左”的影响，克服嫉妒心理，跟上时代前进的步伐，自觉地珍惜和保护专业户。

当前我省农村生产力水平还是很低的，农民人均收入与苏浙鲁等邻省差距很大。专业户是农村中的先富户，但应该看到，他们中真正的富裕户为数还不多，富一点也只是与自身的过去比较而言的，底子还不厚实，缺乏承受经济风险的能力。特别是由于长期“左”的影响，他们中的许多人还存有种种疑虑，听到一点传言就心神不定。因此，每当发展中受到外部阻力时，他们就会停滞不前，以能够温饱、安安稳稳过穷日子为满足。而这些人的兴衰，直接影响到广大农民对党的政策的信任程度，影响到整个农村的前进步伐。我们一定要深入批“左”，破除小农经济思想的束缚，坚定地执行党的政策，做专业户的卫护士，做发展农村商品生产的促进派，做勤劳致富者的坚强后盾。

克制偏见搞活流通*

杨纪珂副省长不久前在一次会议上指出，流通不畅是阻碍农村商品生产发展最主要的问题。原因是有些同志对商业工作重视不够，甚至讳言“商”字。他说，搞活经济首先要抓商业，主要在于如何推动农民搞商品生产，调动他们在推销商品上的积极性。

我完全同意杨副省长的意见。据我最近在农村调查，群众卖这难、卖那难的呼声越来越高，农民种田不知种什么好，有些乡镇企业也因产品难卖而关门。是不是这些产品真的过剩了呢？不是的。社会需要量饱和的是有，价格昂贵的影响销售的现象也存在，但最重要的原因是流通不畅。现在有相当一些地方，对“无商不活”的表现不甚理解，也未给予应有的重视。特别是有些同志，由于受传统观念和极“左”思想的影响，轻视商业，鄙薄商业工作者，认为商业是“末”业，无足轻重，商人都是一些见利忘义之徒，“无商不奸”。这其实是历史的偏见，应当克服。

判断一个事物应该有量的分析。当然，像制造“晋江假药”的那些罪犯，像四川省某地把工业酒精掺水当白酒卖的一小撮害人虫，确实是有，但他们并不能作为商人的代表。多数商人是讲究信用、诚实经商的。干“一锤子买卖”的不是商人，而是诈骗犯。研究生意是商人职业的需要。不熟悉市场行情，不了解顾客心理，怎能生意兴隆？搞经济工作讲究经济效益，努力在竞争中获胜，这是一种需要提倡的好作风，绝非坏事。经商可能比别的行业致富快些，但他们挣钱也绝非轻而易举，我们经常在集市上看到一些商贩，夏天汗流浃背，冬天露宿街头，还要承担一定的风险。应该说，经商是一种脑力劳动、体力劳动兼而有之的辛勤劳动，理应属于

* 本文原载《安徽日报》1986年6月。

勤劳致富的行列。

中央指示党政干部不准经商，不准以权谋私，这是完全正确的，应当坚决地不折不扣地执行。但是，那指的是党政领导干部不要插手做生意赚钱，并不是说领导机关不要抓商业工作，不要抓流通。各级商业局、粮油局、外贸局、供销社都是党和政府的工作部门，其职能就是领导和管理社会主义的商业。不仅这些单位要做好本职工作，党委和政府加强对他们的领导也是义不容辞的责任。在全党工作重点转移到经济建设上来的今天，我们的一个主要任务就是发展商品生产。没有商品生产的农村永远摆脱不了小农经济自给自足的落后局面。古今中外的大城市几乎都是从商埠发展起来的，发达国家必然是内外贸易比较发达。没有商业就谈不上经济繁荣，更谈不上实现“四化”。

在打击经济犯罪和反对新的不正之风中，确实揭发出某些商业部门和个体工商户的一些违法行为。对这类事应该严肃处理，但不能因为出了点问题就不敢沾边了。有问题的人毕竟是少数，千万不可因噎废食。我们应当像对待种植业、养殖业的农民一样，正确对待商业、运销专业户，理直气壮地保护他们的合法权益，支持他们正当的经营活动，帮助他们解决困难，搞活流通，促进商品生产更快发展。

无数事实证明，流通搞得活的地方，商品生产发展就快，人民收入就增加得多，当地财政状况也好，否则，情况就相反。亳县，是我们国家四大中药材市场之一，有种植专业户 1.5 万多家，加工、经销专业户近 3000 个，去年经销额超过 1 亿元，加上闻名遐迩的“烟叶产地”“泡桐之乡”“古井贡酒”，不仅人均收入在全省是高水平的，地方财政收入也多，是全省最富裕的一个县。歙县是全国茶叶产量最多的县，由于充分运用传统的“徽商”渠道，推销搞得活，在茶叶销路不畅的今天，连续两年做到没有积压，相反，有的县由于不重视抓流通，农产品滞销，卖不出好价钱，生产萎缩，农民穷困，县级财政也捉襟见肘，想干的事办不成。我们应该从正反两方面的经验中吸取教训。克服轻商、惧商思想，大力搞活流通，使流通渠道真正成为生财的大河，而不要变为狭窄干涸的小溪。

农民种粮积极性为何下降？
——谈价值规律的作用*

十一届三中全会以来，我国粮食生产有了很大发展，1984 年全国粮食总产达到 8000 亿斤，人均有粮 800 斤，实现了低水平的自给。用世界上 1/15 的耕地，养活了占世界 1/5 的人口，这确实是件了不起的大事。

我们安徽也是这样。1978 年全省粮食总产 296 亿斤，1984 年增长到 440 亿斤。六年中，从人均有粮 630 斤提高到 880 斤，发展是很快的。现在农民温饱问题基本解决，连续三年每年调出粮食 30 多亿斤，这是从未有过的极其伟大的成绩。

但是，近两年来，农民种粮积极性有所下降。1985 年全国粮食总产降到 7600 亿斤，今年虽有所回升，预计仍比前年要少 200 多亿斤。全国有 5 个省由过去调出粮食，现在变成要求国家调入粮食。我们安徽是一个以农业为主的省，农村工业很不发达，加上省委、省政府对粮食生产抓得较紧，今年预计粮食总产虽可超过历史最高水平，但增长幅度较前明显下降，处于徘徊局面。粮田面积日益减少，农民种粮投入下降，国家定购任务完成困难，农民有粮拿到市场卖议价。什么原因呢？有人说，是由于取消了统购统销，国家不再下达种粮的指令性计划，造成了农民自由种植。也有人说，是由于不适当地宣扬了乡镇企业的致富作用，使得农民重钱轻粮，弃农而务工经商。

我不同意这些说法。改革开放，农村实行了生产责任制，农民有了种田的自主权，在这种情况下，再要继续下达侵犯农民利益的死命令，农民根本不会买账。中国农民吃够了小农经济的苦头，难道还要他们再走

---

* 本文原载《中央党校学员论文选》1987 年 1 月。

“以农为本”的老路，永远单打一种粮，过穷困日子吗？显然是不对的。经济问题必须从经济上找原因，商品经济自有其内在规律。农民种粮积极性为什么下降？我认为主要是价值规律在起作用，现在种粮的经济效益太低所致。

先来分析一下前几年农民种粮积极性高涨的原因。首先是实行了生产责任制，家庭联产承包使得生产关系适应了生产力发展水平，这是最主要的。同时，三中全会提高了粮食收购价格，农民种粮能够得到较多的实惠，也是重要原因。从 1979 年开始，粮食收购价提高 20%，超购部分再加价 50%。以水稻为例，原价为每百斤籼稻 10 元，调整后统购价为每百斤 12 元，超购价 18 元。而且农用生产资料价格不动，生活消费品也不涨价。农民种粮的投资不变，卖出的粮食收益几乎增多一倍，步子迈得如此之大，农民当然喜气洋洋。所以他们说，那时是粮食值钱，钱也值钱，越干越有劲。

这几年呢？情况大变。

第一，农用生产资料普遍涨价，粮食却降了价，粮食收入显著减少。

从 1983 年冬季开始，化肥普遍提价 30%。产量下降，进口减少，供不应求，转手贩卖者随之增多，尿素的黑市价格有时竟超出国家牌价一倍。水费提高很多（尽管是由于过去水费太贱，提价是对的，但在农民眼里是水费涨了、农本高了）。电力、柴油平价的很少，一半以上用的是高价，而且还要请客送礼找门路。木材和农具全部是随行就市，价格较前成倍翻番。而粮食收购改行三七比例计价，安徽农民一年要减少收入 5000 万元，其中新商品粮产区过去统购任务少，农民减收更多。以我省实行包产到户较早的定远县为例，去年农民卖粮与前年一样多，而人均减收 30 元。再加上一些地方的粮食部门风气不正，压级压价，大秤盘剥，一反一正，农民收入显著减少。所以农民说，现在是“化肥涨价，水费提价，电力议价，柴油高价，木材、农具没有个正价。唯独粮食卖不上价”。搞商品经济就是要讲究经济效益，投入增多，产出减少，哪来积极性呢？

第二，种植粮食与种植经济作物相比，种粮划不来，农民感到种粮吃亏。

商品生产要求实现平均利润，当等量劳动得不到等量报酬时，必然是改变投资方向。我国目前由于价格关系没有理顺，不可能形成平均利润率，因而某一项生产因价格升降而出现产量起伏是不可避免的。1984 年黄红麻紧俏，1985 年我省下达指导性计划黄红麻种植面积 50 万亩，农民实种 350 万亩，挤占粮田 300 万亩。今年农村又有一种舆论：一亩苎麻一部彩电，一亩西瓜一个电冰箱，一亩蔬菜一台洗衣机，而种一亩粮食除去成本后，只够买二三件军大衣；据调查统计，种粮的劳动生产率，比种植经济作物平均低 43%，比从事畜牧业平均低 29%，比养鱼平均低 46%。看来，粮食在农业内部比价也不合理，因而难保粮食面积和产量。

第三，眼前的现实是务工经商早富，种粮难富，所以有门路的农民就不想种田了。

务工经商比务农的富得快，这是有目共睹的事实，没有人怀疑。种粮能不能致富呢？当然不能笼统地说不能，但眼前确实是相当困难的。安徽农村人均年收入达到千元的，仅占农村总人口的 3%，这些先富户几乎都是务工经商户，纯粮户进入这个行列的，简直是凤毛麟角，即便卖万斤粮的户，纯收入也只千把元。因此，人们务工积极性高于务农，这是必然的。我甚至认为，安徽现在之所以农业生产还较稳定，粮食生产没有出现大的问题，与安徽商品经济落后、农民致富门路不多有关，因为大量农民不会务工经商，只好埋头种田，舍此而没有别的活路。将来农民文化素质提高，农村生产力发展如果没有特殊的奖耕措施，农业可能还要走下坡路。只有理顺价格，消灭工农产品剪刀差，这个问题才能最终解决。

来党校上学之前，我曾回到爱人家乡一趟。看到田里水稻长势明显差于前几年，就找乡亲们谈心，征求意见。他们几乎异口同声地说："种粮不合算，只要口粮够吃就行了，花钱不指望它。"我说，你们只顾自种自吃，那城里人咋办呢？他们答道："让我们折本种粮给城里人吃，他们又给我们什么好处呢？"大家一致反映，三中全会给农民的好处，现在又被拿回去了，我只好说，你们不管怎么讲，不完成定购任务是不对的。有的老农说，"那是，皇粮国库我们该交"；而有些青年农民则说："统购统销取消了，现在的定购合同是单方面下达的任务通知书，我们又没有签字，反正现在不准上门搜查，不准强迫卖过头粮，就这么拖着呗。”我无言以对，只是深深地忧虑。

综上所述，我认为当前农民种粮积极性下降，是价值规律在起作用。搞商品生产，不承认价值规律是不行的，这是客观存在，自发起着调节作用。只有自觉地掌握它，运用它，才能使各种商品的生产和社会需要相适应，保持大体平衡协调发展。如果违背它，必将受到它的惩罚。试图恢复统购统销，重新实行指令性计划，强迫农民死守粮田，不仅不应该，也是办不到的，硬要这样做，将会导致农民的强烈反抗，后果不堪设想。改革的潮流不可逆转，倒退是没有出路的。控制宣传“无工不富”，要农民“扭转重钱轻粮”思想，兴许暂时能起到一点作用，最终恐怕收效不大，因为农民感到物质利益原则更加实在。

我国有 10 亿人口，吃饭是第一件大事，“无粮则乱”。吃进口粮是不行的，世界粮食市场供应不起，我们也没有那么多外汇，必须自力更生，立足国内解决。办法是有的，关键在于要把粮食真正当成商品，恢复粮食的商品生产属性，按照价值规律办事。因此，应当改变现行财政补贴办法，取消粮食定购和统销制度。粮食购销实行国家、集体、个人一起上，允许农民进城开粮店，让销粮省市直接到产粮省挂钩购粮；国营粮食部门参与市场调节，并负责军需和储备；国家每年用于粮食的财政补贴，除继续补一部分给粮食部门外，另外直接补给吃商品粮的人口，他们的口粮在市场购买。我们安徽算过账，这样改革后不增加国家财政负担，不影响吃商品粮人口的利益，不会造成社会波动，却能给农民带来实际好处，因而能够调动农民的种粮积极性。这是关系国计民生的大事，为慎重起见，不要一下子全面铺开，安徽愿意先行试验。具体论证已不属本文题目范围，不再细述。

中央五号文件中三个比较敏感的政策*

根据同志们的汇报，以及我平时在调查中了解，我发现有些同志对五号文件中的粮食“双轨制”、合作经济和对私人企业的方针三个政策，理解得不很全面。在此我想谈谈自己的看法和学习五号文件的体会，不一定准确，和同志们一起研究。

一、关于粮食“双轨制”

粮食“双轨制”就是放一块、守一块。前天青阳县的同志在汇报的时候总结了两条：第一条是在目前国家不能够放开粮食市场，又不能较大幅度调高粮价的情况下，实行“双轨制”是最优选择；第二条是认为“双轨制”农民不能接受，有十大矛盾、五个想不通，归结为一点，就是比统购还统购。肥西、含山等县也是这个看法，说明这种认识有代表性。

为什么说实行“双轨制”是在粮食不能全面放开和不能较大幅度提价情况下的最佳选择呢？因为改革粮食和其他农产品统派购制度是第二步改革的一个中心问题，第二步改革比第一步改革复杂得多。第一步改革主要是实行家庭联产承包责任制，这个改革仅仅涉及农民的内部，所以比较容易，而第二步改革涉及城市，涉及许多部门的利益，所以难得多。比如，粮食问题就涉及生产者、消费者、经营者、中央财政和地方财政五个方面的利益。首先考虑农民利益，就得放开，就得提价。但这就涉及消费者利益。现在我们的粮票大约每斤价值 0.2 元，自由市场的大米大概每斤 0.35 元以上，而凭粮票买粮食每斤 0.15 元，国家财政大概每斤补贴 1 毛钱，另外就是农民补贴的。如果我们把这个价格放开，农民不再补贴了，

* 本文原载《安徽农村》1987 年 5 月 18 日。

即使国家那一毛钱不拿回去，仍旧补贴消费者，城市人口买 1 斤粮食就要多掏 1 毛钱，一个人一个月就要多拿 3 元。这一点城市人口会作出反应，有可能会引起巨大的社会波动。同时粮食市场放开后，粮食系统怎么办？现在全国粮食系统有 200 万职工，这些人怎么安排？这又涉及经营者的利益。可不可以设想，不触动粮食部门，仍然让他们经营，让他们用自由市场的价格收购，来提高农民的卖粮价格呢？那就要国家大量的财政补贴。前几年每年国家用于粮食补贴 170 亿元，今年要 200 亿元出头，如再增加国家财政承受不了。中央财政、地方财政都承受不了，这两方面利益都得照顾到。除了这五方面利益都得考虑，更要重视社会心理的承受能力。因为粮食问题是个非常敏感的问题，关系到国计民生，中央领导人出于对人民的高度负责，对粮食问题更是特别地重视。不怕一万，就怕万一，切不能掉以轻心。因此，决定放一块、守一块，这是不得已而为之。微调价、三挂钩，逐步减少定购数量，给农民一些好处。同时照顾到其他四个方面，以防止物价连锁反应，保持社会的安定。请同志们理解中央决策的意图。因此，我们要统一思想：第一，中央文件已经讲了，要实行“双轨制”，我们应该服从中央，不要在群众面前说三道四；第二，赵总理已经讲了，粮食定购既是经济合同，又是国家任务。我们在工作中既要狠抓粮食合同三挂钩的兑现，又要大力向农民宣传合同的国家任务的一面，要教育他们自觉地积极地向国家尽义务；第三，有些农民自己家里有粮食，不完成合同定购任务，而拿到市场上去卖高价，对于这种现象，我们应该劝阻教育。当然这种教育应该是说理的，而不应该是粗暴的。如果他们确实是因为天灾人祸或其他什么原因完不成任务，那是另外一回事。这个工作很难做，基层干部感到压力大，与群众关系难以处理得好，这一点党中央已经了解，赵总理在全国计划生育会议上说，当前农村干部有两个最困难的任务，一个是计划生育，另一个是合同定购。党中央和国家领导人都了解我们的困难，我们就应该好好工作，不要再强调困难了。

我今天跟同志们讲这些话，是做各位的思想工作，也是做我自己的思想工作。因为我本人的思想也不是很通的。我们在粮食工作上有许多教训值得总结。从“卖粮难”到“收购难”，有人为因素，如对形势分析不准、工作失误、调控不当等。粮食部门工作有缺点，我们作为农村政策研究部门，当参谋也不够。我们省农经委认为粮食最终应该恢复商品属性，实行单轨制。“双轨制”副作用太大，周曰礼同志在全国农村工作会上做过专题发言，讲得非常深刻。“双轨制”不仅农民有意见，也害了一批干部，内外勾结，贪污盗窃。五个方面利益是要照顾周全，但最根本的是生产者利益，否则其他四个方面的利益就无从谈起。我们今后对上级应该继续积极负责地如实反映各种看法，提出解决这一难题的建议，供中央和上级党政机关决策参考；对下不能动摇了，要保证定购完成，并要教育农民搞好粮食生产，这是大局。

二、关于合作经济问题

合作经济在今年五号文件的第 3、4、5 条都讲到了。去年中央五号文件也讲到了合作经济。但是我们从搜集很多地方的反映看，有些农民一听到“合作”两个字就害怕，以为又要“归大堆”，吃“大锅饭”。其实，今天讲的合作，与原来的集体经济是不同的概念。集体经济是以地域范围为基础的经济统一体，它具有生产资料不可分割性，这个集体组织的成员，既是这个组织的生产资料的所有者，又不表现为具体的占有，当他离开这个集体时，他就失去了所有者的身份。如原生产队的土地，全队社员都是它的所有者，但若有人离开这个生产队，却不能带走一分一厘。而现在讲的合作经济，是劳动者进行横向经济联系的组合体，每个参加者都是独立的商品生产者，不改变财产关系。这种联合的立足点是经济利益，所以有利则联，无利则散。每个参加者可以随时更换新的联合对象，也可以随时带走自己的那份财产。这么讲解农民就不会害怕了，因为这种合作经济不改变财产关系，不改变家庭经营这个基础。

当前，我省有五种比较有影响的合作经济形式。第一种是郎溪县李家庄统分结合的形式。李家庄土地分户经营，包干到户，但犁田、管水、植保等技术活和互相有影响的农活仍统一进行，这有利于生产，有利于团结。第二种是怀宁县的育儿村供销合作形式。该村家家户户都搞棕制品加工，但原料本地没有，销售也不在本地。任何一个家庭都不可能去全国各地采购原料，也不可能家家都到全国各地销售产品。村里组织了公司，专门派人采购，买回原料分给各家生产，然后集中派推销员去全国各地推销。供、销是集体干，生产还是分户进行。第三种是桐城县小河村的联合体。该村 9 户人家集中生产棕刷和毛笔等多种产品，销往全国各地，包括深圳。9 户团结得非常紧，一起生产、一起销售，利益均沾。阜阳地区这种联户企业较多。第四种像合肥市郊区朱先文的“龙头”带动型合作形式。朱先文组织一个养蜂协会，他把很多养蜂户的蜂蜜，收集起来进行加工、销售，他的一个加工厂，带动了许多人家养蜂。当涂县博望刃具公司和推销员协会也是如此，他们把推销员集中在一起，统一发给工作证和合同书，这样推销员出去就有一个公司的牌子，既便于对外联系，又利于推销员的教育和管理，公司成了推销员的“龙头”。第五种是各种股份制的合作，包括资金、劳力、土地、技术等各种生产要素入股。总的一句话，合作形式还有很多，把这些向农民宣传，农民就会知道，今天的合作对他有利，而不是有害，不是过去的“归大堆”、吃“大锅饭”。周曰礼同志经常说，一家一户三四亩地的生产没有出路，农民富不起来，必须走合作道路。他最近在温州考察，回来后对我说，温州挂靠公司（即上面讲的第四种形式）的合作形式很普遍，值得我们学习。

在具体工作中，希望大家注意掌握三点。其一，发展合作经济一定要服务于商品生产，要对发展商品生产有利，而不是搞花架子。其二，不能片面追求所有制的先进性。不要一讲合作，就认为集体比个体优越，全民比集体优越，搞所有制升级。绝对不能再搞“平均主义”，我认为“平均主义”是剥削，是劳动少的人剥削劳动多的人。“平均主义”的结果，必然造成贫困和特权。其三,一定要坚持自愿，不要“刮风”。省农经委提出，今年希望各地注意抓合作经济方面的工作，这几年各地在统管的方面抓得不够，希望大家注意做些统管的工作。

这里还要讲一个问题，就是我刚才讲到的股份制合作。我在调查中发现，农民一般只接受债的概念，而不太接受股的概念。好多地方，所谓入股，都有那么一条：入股自愿，退股自由。按经济学理论，真正的股份制企业，最根本的一条是不允许退股，因为退股是不承担经济风险，如果企业在有困难时，股东都退股，企业就要垮台，那么经营主要负责人怎么办呢？所以搞股份制就不能允许退股，要风险共担、利益分享。现在出现了很多这样的例子，集体和个人都是借债给企业，而不是投资给企业，以至于有的企业说不清属于谁，形成所有权虚拟，也有人称为“模糊所有制”。但是话又说回来，我们一下子让农民接受股的概念、发行股票，也有困难。股票不准退却准许转让，但我国农村目前市场发育很不健全，不可能马上在农村设立股票交易所，所以暂时也只能如此。在这一过程中，应注意对农民进行商品经济的教育。要教育他们，敢于承担风险，敢于入股，敢于接受风险的考验，这才有利于鼓励经营者积极兴办企业。否则，牵头的一个人风险太大，他不敢干。

李贵鲜同志最近说，我们安徽各个银行一年上交给中央的利息是 11 亿元，这当然是做贡献，但全省财政收入只有 30 亿元，能不能想点办法，少向银行付点息，省一些钱下来，用于发展我们安徽的地方经济，可能更加有利于我省商品生产的发展。我们现在很缺资金，这就需要我们研究，怎样吸收民间的资金来支援生产。亳州、祁门都有这方面的经验，希望各地多摸索，搞一些群众性的合作基金组织，来解决乡镇企业和农村资金的不足。

三、关于私人企业方针

五号文件第 6 条讲了关于个体经济和私人企业的方针，在各地引起了两种不同的反响。一种认为这个方针的公布是政策上的收缩，因为很多大户企业，雇工几十人、几百人，有的省甚至上千人，现在只允许雇一两个学徒，三五个帮手，倒退了。另一种认为雇工是剥削，是走资本主义道路，同现在讲的“四个坚持”背道而驰，不应允许存在。我认为这两种反映都不符合中央文件精神。中央文件关于个体经济和私人企业的方针，不是收缩而是发展。请同志们注意那段文字，它把个体经济和私人企业加以分开，前面讲个体经济雇一两个帮手或三五个学徒，后面讲超过这个规模的私人企业也允许存在。

为什么讲是发展呢？有三点理由。第一，文件肯定了私人企业的合法地位。我们国家过去在任何一个法律文书上和任何一份中央文件上，都没有出现过“私人企业”这四个字，现在私人企业在中央文件中被规定，而且专门作为一条，这说明私人企业合法了。党的十一届三中全会前，我国不允许私人企业存在，而且属于个体经济的一点自留地、家庭副业还经常被“割尾巴”。三中全会后，允许个体经济存在和发展。1982 年，有些地方个体经济发展到一定规模，雇了相当多的工人，这时中央采取了不宣传、不制止、“看一看”的方针。直至 1987 年，允许还是不允许个体经济存在，一直还是在两可之间的，大家都提心吊胆。在理论界一直是争论不休。现在中央明确，允许个体经济存在，其合法了，这怎么不是一个发展呢？第二，这个方针讲了，超过这个规模的不限制。也就是说，对现在私人企业经营规模、资产规模和雇工的规模都不限制。这样私人企业发展就得以有广阔的空间。第三，文件提出了，保护私人企业的合法权益，不要强制他们改变生产方式，说得明确而肯定。至于允许到什么时候，杜润生同志在“阜阳模式研讨会”上说，什么时候还是“社会主义初级阶段”，就允许到什么时候。也就是说，一直允许到 2049 年，即新中国成立 100 周年，我们国家人均收入达到三四千美元，成为中等发达国家为止。而且即使是引导他们搞合作经济，也不采取没收财产的方法，而是按他们财产的多少入股。

那么雇工这么多，到底是不是剥削呢？我个人认为，应该讲有剥削，说没有剥削是讲不通的。但是，中央文件上没有“剥削”二字，也没有“资本主义”四个字，没有这些定性的言辞，就讲一个“私人企业”。为什么？这考虑到社会的承受能力，如果直接讲它有剥削，私人企业就不干；同时，讲有剥削，有些理论问题也没有完全搞清楚。剥削率怎么算？随着资本有机构成的变化，不一定雇工多剥削就多。

为什么要允许存在呢？起码有这么三条理由。第一，它是必不可免的。我国农村有 3 亿劳动力，只有 15 亿亩土地，农村劳动力转移是农村最严重的问题。解决这个问题是，光靠国家不行，根据有关部门计算，国营企业每吸收一个劳动力，大约需 1 万元资金，如果要转移 2 亿劳动力，就需 2 万亿元资金，我们 10 年的财政收入才 2 万亿元，这不可能。必须实行国家、集体、个人一起上，多种经济形式一起上。第二，利大于弊。雇工的确有弊，这个弊主要是雇主和雇工收入悬殊，这应当加以节制。但利的方面很多，如能把社会各种生产要素组合起来形成新的生产力，创造更多的社会财富；能增加国家税收和外汇，对国家有利；还能培养人才，解决大批劳力就业。从利弊得失考虑，两利相衡取其重，两弊相衡取其轻，利大于弊所以要允许雇工存在。第三，可控可塑。我国是公有经济占主导地位，其他经济成分仅是补充，不管是什么经济成分，必然要受国营经济的制约，需要国家银行的贷款，需要国家铁路运输，国营经济对他们有制约力量。同时，经过30多年的教育，社会上已形成公认的政治生活准则，这种准则，对全体民众都有相当的影响力，私人企业里的雇主也必然受到影响，他要尊重工人的人格，尊重工人的民主权利，这些方面都不同于资本主义制度下的劳资关系。目前，在很多雇工企业里已出现了劳动分红的成分，有劳保福利，还提留公共积累等。这些都包含合作经济因素，只要我们头脑清醒，加以正确引导，它们是能够转向合作经济的轨道上来，而不至于滑向资本主义，不会出现两极分化。这就是我们允许私人企业存在的理由。

当前，我国还处在社会主义初级阶段。什么叫社会主义初级阶段？我理解它包括两层意思：第一层意思是，我国经30多年的建设，已经建立了比较强大的公有制经济基础，我们的经济是公有制占主体地位的，所以我们是坚持社会主义道路的，这一点不容置疑；第二层意思是，我国毕竟是刚从旧社会脱胎而来，还难免带有某些旧的痕迹，因此，在生产关系上不可能纯而又纯，不可能是完全的社会主义，这就要允许多种经济成分和多种经营方式并存，允许私人企业存在，允许有非劳动收入。什么叫作非劳动收入？银行存款的利息就是非劳动收入。如不允许存款有利息，银行就开不起来。雇主的收入也包含有非劳动收入的成分。社会主义初级阶段生产力落后，重要任务是要发展社会生产力。发展社会生产力最重要一条就是要实行各种生产要素的最佳组合。人的智力和素质不同，社会上只有一部分人有承担经济风险的能力，所以在资金、资源的分配上，不应强调人人机会均等，而应把有限的资金和有限的资源让那些最擅长经营的人去经营，创造最好的经济效益。要为没有经营能力一般农民提供就业机会，让他们做一个好的生产者，使他们的生活有一定的保障。农民企业家报酬中包含了三部分：既有劳动报酬，又有资金报酬，还有风险报酬。经营管理是一种复杂劳动，应该取得较高报酬。私人企业要投资，投入资金就应有资金报酬。同时还应有风险报酬，他承担经济风险，一般劳动者不要操这份心，经营者如果经营不好，或天灾人祸，企业破产，个人承担经济责任，冒风险就应有风险报酬，没有风险报酬，就没有从事风险经营的积极性。所以，我们认为，私人企业者得到一定量的高收入是合理的。当然这种收入要限制在社会所许可的范围之内，要控制在人们心理所能承受的程度，这就是我们要在收入上进行调节。赵总理说：国营企业经营得好，厂长工资可以高于工人平均工资的 1—3 倍。这个规定中央文件已经发下来了。将来实行厂长经营承包责任制后，办得好的企业，厂长收入会更高。现在发达国家工资最高的都是在经营者阶层，美国的畅销书《亚柯卡自传》，不知同志们看过没有？主人翁原是美国福特公司总经理，年薪 100 万美金，美国总统的年薪 20 万，他是美国总统的 5 倍。

农民企业家收入多，会不会在农民中产生“两极分化”呢？“两极分化”是一个阶级概念，它说的是一部分人自己不劳动，依靠剥削为生，而另一部分人自己没有生产资料，完全靠出卖劳动力谋生，这样才产生了剥削，产生了“两极分化”。而我国农村即便是个雇工，他的家里也有一份土地存在，并不是丧失生产资料，并不是马克思在《资本论》中所讲的那种“自由人”。同时，我们农村的富裕户绝大多数都是勤劳致富、守法致富和共同富裕的。长丰县的王吉鹏，养河蚌育珍珠成了大富裕户，但他富裕后，对周围 70 户人家都提供河蚌，提供技术，让全村都跟着学养珍珠，而且由他全部包销，所以家家都过上了好日子。我昨天看的博望的建筑机械厂的厂长袁义保，他家花 14 万元盖了住房，银行存款还有十几万元，他跟我讲，他完全可以不干了，利息就够他吃了，但他要办工厂，目的是为社会谋福利。他办的厂吸收的工人全部是被人家称作“小三子”的困难户。什么叫“小三子”呢？就是自己办不起工厂的那个打铁的三人小铁炉。博望是铁匠之乡，群众称穷铁匠为“小三子”。他自己只拿200元的工资，也不分红。去年他派了4名工人到南京动力学院去学习，却不让自己的儿子去。他告诉我，他的儿子不够条件，于是派了4个最有培养前途的中学生去。这就是他的思想境界。霍山县有个造林大户叫汪全经，他搞造林，发展中药材生产，自己发了财后，就把贝母等药苗无偿地送给周围群众种，把那些困难户都带动起来。他有一句富有哲理话："天下人皆富，我穷我也富；天下人皆穷，我富我也穷。"所以有的地方农民讲，过去的地主是富了一个人，穷了一大片；而我们今天的大户是富了一个人，带动一大片。这是一个质的区别。当然，并不是人人都是好的，有没有为富不仁的人？当然有。比如，晋江搞假药的，像四川把工业酒精兑水当食用酒卖而害死人的，这种谋财害命的坏人是有，对这种情况，我们当然要加强管理，严厉打击。但这些人毕竟是少数。我们要认识到，大部分人是勤劳致富的，守法致富的，共同富裕的，有这个基本认识才对。从整个社会来讲，现在是富得快和富得慢，富裕程度不同的问题，是同向发展，并不是逆向运动。而且保持一定富裕程度差别，对整个社会是有利的。根据经济学上基尼系数原理，分配上有适当差别是正常的。因为社会上的消费应该分档次。这是由于工业生产一般分四个阶段进行：试制阶段、小批量生产、大批量生产、产品更新换代。在试制阶段，生产出来的产品是最新的，花很大投资试制后，这些产品只能高价卖给社会的豪华阶层享用；经过一段时间试制后，生产发展了，就可能小批量生产，小批量生产比试制阶段费用要低些，但仍然价格比较高，它卖给社会上的中产阶级；到了第三阶段大批量生产时，才能满足整个社会居民。应该分这三个层次。我们国家整个差别不大，所以在社会的消费供给上往往出现问题。比如讲，从1982年开始，社会上出现"抢购彩电风"，一直到现在都未停止。为什么？从省长到办事员，从大学教授到幼儿园的阿姨，都要买彩电，没有消费档次。任何一个国家都不可能做到10亿人口同时买到同一个东西，整个工业生产不可能适应这种状态。由于一哄而上地购买同一商品，所以给我们国家的市场安排带来很大困难。看来必要的消费档次是需要的，从国家宏观经济上考虑，富裕程度应该有个阶梯，不能大家齐步走、同时富裕，这既是不可能的，也是不应当的。

对私人企业当然应该加强管理，我认为加强管理应该有以下四条：一是要对他们进行四项基本原则的教育，坚持走社会主义道路，服从党的领导，守法经营，不偷税漏税；二是要诚实经营，不能克扣消费者，不能损人利己，不能搞假冒商品；三是要关心工人，不能光为自己发财，不顾工人死活，特别是小煤矿要注意安全；四是控制他们的消费资金。如果他们把大量的红利都用于扩大再生产，购买固定资产，那就对社会没有危险，只会对社会有好处。为什么？因为可以解决更多人就业，为社会创造更多的财富。财产所有权虽属于他，但死了也不能带进棺材。所以我们控制主要是控制消费资金那一部分，不要让其挥霍浪费。采取调节手段时，可以对他用于生产的那部分资金少征税，甚至不征税，而对于他用于消费资金那一部分则采取高额征税。

当前有个很重要的问题，就是不仅要对外国投资者重视改善投资环境，对本国投资者同样要强调一个好的投资环境。现在党的政策是非常好的，对外开放、对内搞活的方针有利于个体经济和私人企业的适当发展。但是，这方面的工作也不尽如人意，应当加以改进。

有的投资者没有“安全感”。老是担心政策变，顾虑很多。有的人减少雇工，缩小生产规模，有的人甚至要把自己的厂子交出来，只求将他转干就行了。在这种情况下，我们省农经委和合肥市农委于 3 月 12 日在合肥联合召开了一个专业大户座谈会，王郁昭省长、孟富林副省长、省委常委兼合肥市委书记杨永良同志都参加了，他们跟这些私人企业大户一起学习今年中央五号文件，一起谈心，一起照相，一起拍电视，最后一起吃午餐，对他们表示支持。接着登报纸，上广播，放电视，扩大影响，向全省宣传。这样做当然有好处，但我想，在我们这个拥有 8 亿农民的大国里，老是要靠跟领导人握个手、照个相，给自己壮胆子，毕竟不是个办法。经济发展有一个积累过程，发达国家的许多企业，往往要经过两代以上人的努力，才能发展到一定的规模，一代人毕其一生还不能形成气候。如果我们老是一会儿发展，一会儿退下来，这么一上一下地波动，我们国家经济是不可能大发展的。要解决这个问题，首先是各级干部要坚定地相信党的政策，我们自己不能疑虑。要明确认识到私人企业是社会主义经济的必要补充，从而给予积极的支持。要批评群众中的“红眼病”倾向，保护他们的合法权益。我这次在阜阳协助中央农村政策研究室搞乡镇企业制度建设改革试验工作，中央来的同志说通过试验将为私人企业立法，有了法私人企业就放心了。

服务工作很差。现在许多人嘴里讲的管理就是服务，实际上做的呢？管理就是关卡，管理就是索取。许多农民企业家反映现在办一个企业非常难，到处求爹爹拜奶奶，到处叩头烧香。合法的税费并不多，也不重，问题在于不上文字的那些非法索取多如牛毛。特别是名目繁多的罚款，讲不出原因，动不动就罚，罚的款不打收条，往往被少数人上了腰包。我们在阜阳搞试验时建议，以县为单位制订《投资须知》，农民按有关部门的规范性要求，做好企业的准备工作，县政府组织有关部门集体办公审批，既方便了申请者，又能制约某些合法组织的不合法行为。同时，对农民办企业收费实行归口管理，让乡镇企业或者工商局一家来管，其他部门不要插手，由这个部门统收统支，分配给各个派款单位。

要提高农民企业家的社会地位。我们国家由于2000多年封建传统的影响，形成了一个很顽固的“官本位”观念，一切都以政府官员为轴心。有些很像样的私人企业的厂长、经理，见到芝麻大的官都得点头哈腰、低三下四。不仅农民企业家是这样的，国营企业的经理、厂长也是这样的。一个国营企业，不是以它的固定资产规模和为社会创造多少财富来取得它的社会地位，而是要给他定级别，什么科级厂、县级厂、厅级厂。据说某地佛教名山的菩萨也定了级别。什么“科级庙”“局级庙”简直是莫名其妙！这不是笑话。我省某地一位牧师的名片，就正儿八经地印有“正处级”三个字，这真是滑天下之大稽。恐怕就是这种“官本位”思想作怪，许多人才拥挤在行政机关，企业乏人，影响着经济的发展。这是一种人才使用上的“错位”。我想，如果有一天，人们对学位的追求远远超过官本位的向往，创造财富的人比享受特权的人更光荣、更受人尊重、能够得到更多的物质利益，我们国家的经济建设将会更快发展，人们的生活将会更加美好。现在国家正在进行改革，为经营者提高收入，允许科技人员将其科技成果到乡镇企业入股分红，让一部分科技人员先富起来。这将有利于生产发展，有利于人才流动，有利于克服行政部门机构臃肿、人浮于事现象，并将有助于人们扭转封建的、落后的传统观念。

阜阳模式

——传统农区脱贫致富之路*

一、深刻的印象，明显的成效

我在阜阳试验区工作了10个月时间，自己的体会和感受是很深的。记得1980年的1月，张劲夫同志调到安徽第一次出差，王光宇同志陪同他到了临泉县，我也去了。那是个风雨交加、寒风凛冽的日子，我们到了1975年8月大水的淹没区艾亭区去看。我印象非常深刻，有一位60多岁的老农，戴着破草帽，身上穿着破棉袄，用一个草绳子围着腰，见了张劲夫同志就跪了下来，手里捧着6枚军功章，他说他1943年参加新四军，参加过打开封和打济南，1952年回家。“758”大水之后，整个家泡在水里，老伴死了，自己带着一个22岁的女孩子，睡在一张破土炕上。在这种情况下，劲夫同志和王光宇同志都淌了眼泪。我们大家的心情都非常沉重。后来回到了临泉县，县委书记请我们吃饭，上了6个菜1个汤，应该说标准不算高，但受到了张劲夫同志的严厉批评。他说，就在你的鼻子底下，农民生活这么困难，你这个县委书记怎么当的！我能吃得下这样的好饭吗？过去，阜阳地区给我的印象就是这样贫穷和落后。

可是这几年，阜阳地区面貌变化很大。成绩的取得，确实来之不易。阜阳过去是个什么情况呢？第一，在它1.8万平方公里的土地上没有中心城市，仅仅只有两个小城市（阜阳市和亳州市），还是刚刚设置的，只有15万人口，距离最近的中等城市蚌埠、郑州、徐州、武汉都在200公里以上，所以它受不到中等城市的辐射；第二，它的交通极其闭塞，地下又

---

* 本文原为作者在省委汇报会上的发言，原载《乡镇经济研究》1988年第2期。

没有丰富的资源，所以在30多年来，国家基本上对这个地区没有多大的投资。据各个县的统计，从1950年到1985年，35年中，国家对这个地区基本建设总投资只有11.9亿元，按人平均，一个人只合108元，相当于全国人均的1/10。但是，带给阜阳的却有一条淮河的水害，80年代有五次行洪，有60多万人经常在水里，是行蓄洪区。所以，阜阳地区传统上的落后不能怪任何人，尤其不能怪地区的干部，这是我的认识。我特别感到，阜阳地区的可贵之处就是在包产到户解决了农民的温饱问题以后，阜阳地委、行署并没有满足已有的成绩，而是带领人民群众，利用三中全会以来放宽政策，农副产品提价，农民积累的一块有限的劳动剩余，把它引向发展第二、第三产业，走“四专两厂（专业户、专业村、专业片、专业市场、户办和联户办工厂）”的道路，使阜阳的乡镇企业有很大的发展。1980年乡镇企业产值只有1亿元，1986年达到15亿元，翻了将近四番，这是非常了不起的。有的同志可能会讲安徽省1986年乡镇企业产值人均240元，而阜阳地区人均只有130元，仅仅不过是全省的1/2。但阜阳是在贫困的基础上发展起来的，就像许海峰在奥林匹克运动会上得了那块金牌一样，是他第一个结束我国在奥林匹克运动会上首金为0的记录。去年6月，阜阳试验区派我和其他三位同志到浙江参观。我在绍兴看了一个村办企业，年产值3000万元。看到那个高大的厂房，崭新的机器，带空调的车间，工人穿着漂亮的工作服，确实令人羡慕，令人惊讶。可是，我们仔细一想，我们阜阳能干得起来吗？他那个门槛太高了，根本踏不进去，因此我们必须有个“垫脚石”。这个“垫脚石”就是户办、联户办企业。所以我非常赞赏周其仁同志在阜阳调查得出的“草、灌、乔”结合发展的路子。这里借用了生物学上的名词，我们祖国的大西北，是黄河的发源地，是中华民族的摇篮，但是由于连年的战争灾祸，兵荒马乱，刀耕火种，包括新中国成立以后的乱砍滥伐，现在的西北很多地区沙化了。我们必须采取必要措施来保持生态平衡。党和国家一再提出，要绿化大西北。可是几十年来，在那里就是栽不下去树。为什么？因为土地瘠薄。水源不足。在没有办法的情况下，生物学家提出首先要种草，涵养水源。增加土壤的有机质，然后，逐渐有了灌木丛，最后才能有参天大树。阜阳就是这样，他们从一家一户的，被人看不起的小商品起步，现在终于出现了一大批很有规模的私人企业。据1986年统计，私人企业产值达10万元以上的有2000家，50万元以上的有200多家，在100万元以上的有50多家，这不是从小发展到大吗？所以杜润生同志听到情况介绍以后说，这就是“阜阳模式”。对我国60%的地区具有很大的意义。有很多理论工作者和实际工作者在阜阳、温州、苏南考察比较以后，他们认为，阜阳经验同苏南经验、温州经验相比较，对于中国广大的中西部地区，北部贫困地区，包括东部沿海发达地带的偏僻后进地区，可能都具有易学性和适应性。这就是杜润生同志和我们的理论工作者、实际工作者对阜阳的改革和发展所作的结论。

二、到什么山，唱什么歌，穷地方应该学穷办法

去年11月，我陪同中央书记处农村政研室、国务院农村发展研究中心的同志，在阜阳先后考察了半个多月。他们都给我讲了这个道理。认为阜阳走出了一条中国传统农村脱贫致富的、有希望的路子。我认为，阜阳地区这种经验，既然在全国有这样广泛的影响，安徽有很多地方应该向它学习，走阜阳这条路。今年6月，我到家乡县去调查，县乡镇企业局同志给我介绍说：“这里乡镇企业重点是发展集体企业、骨干企业。县乡镇企业局的任务就是要消灭空白点。我们县现在有100个村乡镇企业空白，每一个村都要创办一个有20万元资金的工厂。”我说：“你搞得怎么样了？”他说：“我支持了三个厂，一个都办不起来，他们都是扶不起来的猪大肠。”我说：“既然支持不起来，为啥不搞户办、联户办工厂？”他说：“户办、联户办，千家万户的事情不是我乡镇企业局的责任，我就是要搞集体的。户办、联户办让他自生自灭。”因为比较熟悉，所以我不客气地批评他：“大事干不来，小事又不愿干。”所以，我认为在很多贫困的地方，就应该学阜阳这个穷办法。这就是到什么山，唱什么歌。

我完全拥护卢荣景省长提出来的要发展骨干企业、龙头企业的指导思想，不搞这些，乡镇企业是不能巩固的，容易忽上忽下，也不能带动千家万户脱贫致富。那么，怎么样发展乡镇企业呢？我认为有三条路：一是有条件的地方发展集体企业；二是要引导农民走合作的道路，搞合作企

业，但要用契约关系；三是私人企业发展到一定规模，同样可以起到一定的龙头作用。太和县胡银海办的冷冻厂，投资 120 万元，他带动 20 多个屠户为他屠宰。20 多个屠户又带动几十个中间商到群众家收购鸡、鸭、猪、牛，每一个中间商又带动几十个农民给他们饲养，这不是一个很好的龙头作用吗？所以我认为阜阳的这条路子值得好好学习、推广。

三、试验区的主要项目

关于阜阳试验区的情况，我想强调三个方面：（1）我们为什么要搞乡镇企业制度建设？乡镇企业要健康发展，必须注入现代管理因素，明确所有制和财产关系。1984 年我在桐城县调查，那时他们有 9000 户联合体，1985 年调查时只剩下 7000 户，其中 6000 户都是重新组合的。联合体合得快、散得也快。我国最初发展起来的联合体和合作企业，大部分都产生在血缘关系、邻里关系组成的社区环境里，你好，我好，谁都不愿意把丑话说到头里，你可以搞资金，他可以搞材料，很快就能合到一块。可是办到一定规模时，赚钱了，互相就有意见了，所以叫作“患难容易富贵难”，稍微赚点钱就互相怀疑，反正每人都有否决权，很快散伙了。这种合作企业，办得快，垮得也快。所以必须对这种由血缘关系，邻里关系办起来的企业引入现代的机制，用契约关系来覆盖，要制定一些规章制度，要把丑话说在头里，遇到什么问题应该如何处理要事先讲明。上午汪书记介绍了八个企业，我最感兴趣的是亳州市的汉曹酒厂合伙企业章程，该企业是两人合伙办的，开始就定清楚了，一个当厂长，一个当副厂长，各出 9 万元资金，规定产值不到 100 万元时大家都不分红。我指定一人当会计。你指定一人当出纳，我指定一人当酒保管员、你指定一人管红粮，大家互相掣肘，即便日后闹翻了，也不让这个厂垮。由乡政府出面主持抽签，决定去留。大家知道，一个大企业往往要经过几代人的努力才能办成功，需要经过一个长期积累发展的过程。我们乡镇企业制度的建设就是为了保证我们的企业今后能够正常地发展下去，使我们的企业日益壮大和发展，而不至于中途夭折。（2）关于规范政府行为，不论中国或外国投资，都要有一个好的投资环境，没有一个好的投资环境，谁都不愿意投资。除政治上要有个安定感以外，在经济上也要扶持。现在在市场上有七种“大盖帽”在收费、收税，包括公安、交通、工商、税务、计量、牲畜检疫，以及城镇建设指挥部。在农民看来，任何一个戴大盖帽，吃公家饭的都是共产党，你要钱他都得给你，现在到处都是议价商品，可是，高价化肥哪里来的？主要是国家机关内部的嘛！打击倒卖者不是主要的，主要的应是整顿我们机关内部，光打击“倒爷”，如果不整顿我们机关内部，实际上是只打了苍蝇而没有打老虎。光打“倒爷”，吓得农民连进城卖菜都不敢了。最好的办法就是只准工商部门一家出面收费，所有费用明码标价。我感兴趣的还有政府有关部门集体办公，解决乡镇企业的问题，现在要求办事的人到处烧香叩头，晚上去家里送礼，白天去办公室办事，这种现象不能把它简单地解释为某个人良心坏了，主要是我们缺乏一种制衡机制，在集体办公，所有领导都在场，众目睽睽的情况下，人们的行为必然要受到约束，可能规范得多。现在群众反映，合法的税、费并不多，主要的是那些非法的税、费，那些合法部门的不合法行为，这个项目对其他地区同样有参考意义。（3）创办工业小区和经济开发区是非常有益的。这个项目我们是借鉴了苏南地区和浙江等经济发达地区的经验教训，对一些成型的企业，不一定再像以前那样离土不离乡、就地办企业，而要相对集中办。这起码有三种好处：一是可以节约土地和基础设施费用。二是集中办厂，把一大批能人集中在小区内。这对于提高农民企业家的素质和培养新一代的企业家都有重要意义。三是可以把乡镇企业的发展和小城镇建设结合起来。这样农民就可以携家带眷地搬进城镇，这就促进了分工分业，同时让他们的子女在城里享受现代化的精神文明和教育，对于我们的子孙万代都是有好处的。这样最终才可能消灭城乡差别。一个国家是不是工业化，并不主要看工业产值是否超过农业产值，主要的是看劳动力结构的变化，必须是城镇人口超过农村人口，否则不可能实现工业化和现代化的。所以这种工业的相对集中和小城镇建设结合起来有着非常重要的意义。

经济上搞富，政治上搞红

——桐城县重用能人发展乡镇企业*

1987 年，桐城县乡镇企业产值 4.16 亿元，次于当涂、天长而名列全省第三。今年他们要与天长比高低，争坐二把交椅。

桐城没有地下资源，也不濒临交通要道和大城市，何以乡镇企业发展较快？笔者调查认为，主要是党政领导者思想解放，敢于重用能人。全县有 1.4 万名推销员，利用他们发展“两头在外”——原料来自县外，产品销到县外。他们发挥能人效应的主要经验就是：政治上搞红，经济上搞富。

在传统观念中，供销员的形象是不佳的，总认为这些人油嘴滑舌、投机取巧，是些“不三不四”的人物。而桐城县的领导人却认为，供销员是市场行情的侦察兵，新技术的二传手，农村发展商品生产的带头人。有人说，供销员的“历史不好”，许多人过去进过“学习班”，受过批判，被戴上过什么“分子”之类的帽子，甚至进过牢狱；县里同志却认为，这些情况可能是“事实”，但那是错误路线时期所为，农村能人在极“左”时期不甘心受穷，要发展商品生产为自己争得较好的生活，被当作“资本主义”而受打击，这说明他们敢于与错误路线作抗争，这恰恰是他们的光荣，而不是耻辱。至于少数人历史上即便有错误，应该重在现实表现，用生产力标准来衡量他们的今天。有人说，供销员请客送礼，行贿腐蚀干部，社会风气不好与他们有重要关系；县里同志认为，不正之风的风源不在农村，国家机关与国营企业是矛盾的主要方面，有些人明目张胆索贿，不送礼办不成事。乡镇企业没有国家计划当靠山，原料自己搞，销路自己找，

---

* 本文原载《安徽人才研究》1988 年 3 月。

有着许多难言的苦衷，不能把罪责推到他们头上。至于个别人走私卖假，坑害消费者，损害国家利益，应予打击，但不能以偏概全。基于这样的认识，桐城县最先于1984年即为供销员正名，几年来吸收2200名供销员入党，提拔了5000多名供销员担任乡镇企业厂长，评选了500多名“优秀供销员”“信得过供销员”。每年春节，县里六大班子领导成员都与优秀供销员欢聚、合影、共餐。所以，桐城的供销员都有一种自豪感，认识到自己存在的价值。拿着盖有县政府大印的“优秀推销员荣誉证书”外出，既是自己的光荣，又大大有益于购销业务的开展。

走进桐城县农村，最先富起来的是供销员。起先还有人不服气，现在普遍认为应该。别看供销员挣钱多，人家辛苦着呢！全国唯一不通公路的县——西藏自治区墨脱县，桐城的供销员租了1匹马，骑了3天，翻山越岭去了；去深山区的地方治安情况不好，有位供销员为此献出了生命。他们是有苦有乐有风险，钱挣得并不容易。没有这些人的辛勤劳动，原料进不来，产品销不出去，企业何以生存？不让他们赚大钱，别人小钱也赚不到。国家规定，国营企业如果经营得好，厂长工资可以高出工人平均工资的3倍；这样拉开档次是我国经济发展史上的伟大进步。乡镇企业不吃大锅饭，以贡献计报酬，更是天经地义。年初有位供销员，在云南推销烟叶育苗袋，3个月里做成100多万元生意，按合同得提成10多万元，引起一些议论，他自己也有些担心。县长亲自登门拜访，与他谈“非分莫取”的道理：该拿的金娃娃敢抱，不该拿的分文不要。后来，省委负责同志去桐城视察时，也会见了此人，他的胆子更壮了。由于政策好、领导支持，桐城县的供销员不仅先富了，而且富得心里踏实。当然他们所服务的企业也就越来越兴旺，因为他们拿的是提成，大头还在企业。

经济上富，政治上红，这恐怕是调动人的积极性的缺一不可的两个方面。不讲经济利益，只讲“奉献”，这是唱高调；只讲钱，不关心人的进步和政治上的追求，也是不尊重人、不会用人的表现。人的需要是多层次，既想过美好的生活，又有强烈的事业动机，这是当今中国人才的重要特征。我想，所有领导都应该了解和理解这点，学习桐城县成功的用人之道。

省农经委副主任吴昭仁关于我省乡镇企业发展方针政策的讲话*

最近，我和行署农经委钱让能主任到桐城、枞阳两个县跑了一些地方，看了一些乡镇企业，开了一些座谈会。从在桐城、枞阳两县考察的情况来看，安庆地区乡镇企业发展的形势确实很好。桐城给我第一个突出的印象是乡镇企业这两年发展很快。1985 年 1 月我参加安庆地区的勤劳致富表彰大会，那时，桐城只有双铺乡乡镇企业产值超过 1000 万元，到 1986 年底有 9 个乡产值超过千万元，据县里同志讲，今年可能有 19 个乡产值超过 1000 万元，多的可能超过 3000 万元。第二个突出的印象是过去比较差的地方现在也已赶上来了，而且从某种意义上讲，比过去发展好的地方的企业更规范些。第三个突出的印象就是产品更新换代快。出现了一些新的、在全省也是独一无二的产品，像孔城的电子陶瓷，金神的涂塑窗纱。从世界经济发展的实践看，一种产品的经济生命周期大约 8 年，我们过去不大注意产品的更新换代，几十年一贯制。一个企业，如果不注意开发新产品，这个企业就没有后劲，就没有发展前途。桐城县乡镇企业的发展，不仅表现在产值的增长方面，而且表现在产品的迅速更新换代上。枞阳县这个“老灾窝”近两年乡镇企业发展得也比较快，今年计划搞到 1.6 亿元。

桐城县乡镇企业为什么发展这样快呢？我认为有两个很突出的特点，一个是政府职能发挥得好，另一个就是“能人效应”发挥得好。

大家知道，政府职能是多层次的，首先就是解放思想的功能。允许乡村大搞乡镇企业，允许农民企业家充分发展，给农村的一些能人创造一

---

* 本文原载《理论学习》1988 年第 6 期。

个良好的发展环境，他们是全省第一个提出为乡镇企业推销员“正名”的县。从那时起，他们对农村的能人，对农民的企业家的观点、态度一直是正确的、坚定的。桐城县的可贵之处就在于不管社会上刮什么风，不管发生什么动荡，不管一些人对农村的能人有各种各样的看法，他们都坚定不移地保护农村能人和农民企业家发展企业的积极性。这个县的县委，每年都为乡镇企业发“1 号文件”，都对乡镇企业的发展提出一些政策，其中一个主要内容就是保护乡镇企业推销员，保护农村中的能人。另外，桐城县还搞了独具特色的“四个一”，即每年发一张烫金请帖，邀请经层层筛选的 200 多位优秀推销员和农民企业家到县城开表彰会，县四大班子负责人在文庙前列队迎接；每年层层开一次表彰大会；县四大班子负责人和他们一起摄影留念；每人发一张奖状和一本载有他们名字的荣誉证书（大红本子）。搞了“四个一”，他们越干越有劲。也就是说，他们没有受社会上的各种不同思潮影响，左右摇摆，而是坚定不移。现在发挥政府的职能应进入新的层次，这就是“服务”。现在尽管经常讲“管理就是服务”，但实际上在相当一些地方并不是把管理看成服务，而是把管理当作关卡，把管理看成索取，把管理变成掏农民的腰包。我在阜阳做了一些调查，发现一些部门对农民办企业设置各种关卡敲诈勒索。从界首通向河南的那条路，仅 200 公里就有 20 多个关卡，各种“大檐帽”坐在那里收钱、罚款，而且罚款还有议价的，也搞“双轨制”，你要发票就罚 80 元，不要发票就罚 40 元，不要发票的，钱就下到自己的腰包了。桐城县才是真正地搞服务，他们光乡、村这两级就办了 170 个贸易货栈，349 个供应点，徐河乡的贸易货栈从广东、海南岛等地购进大批原料供应当地搞卫生制品，全乡有 2500 多台缝纫机搞加工，仅这一项年产值就达 1000 万元。现在，桐城县所有区都在办“公、铁、水”联运，所有区几乎都成为没有铁路的火车站，没有江河湖海的码头，没有航空线路的飞机场，乡镇企业在当地就可以把货发往全国各地。服务工作做得这样扎实，这样卓有成效的，我在全省其他地方还没有看到。有些地方的领导总认为我搞服务一没钱，二没物，能做什么，总感到无所作为。我们要把服务的思想放开些，要像桐城那样，帮助农民解决一些最急需解决的问题，做发展农村商品生产的促进派。

第二个特点就是“能人效应”发挥得好。桐城县的能人一直有安全感，有一个安全、宽松的发展环境，所以他们敢于大显身手，敢于甩开膀子施展自己的才干。这个县不仅有一万多个推销员，还出现了一批像汪新明那样的“双文明”的优秀企业家代表。这次我又见到汪新明同志，感受非常深。1985 年，他办了 3 个厂，只有几个月的时间，20 万元贷款就创造了 35 万元产值，被誉为“高桥速度”。他被确诊癌症以后仍不休息，一心想着如何扩大生产，被省里一位领导同志誉为“高桥精神”。去年他的产值已达到 250 万元，今年 3 月份他又上了一条生产线，年底产值可达 500 万元。能人是我们社会主义伟大事业的最宝贵的因素。我们有这样一批能人，技术是精湛的，管理是出色的，思想觉悟是先进的，我们有这样一批能人，乡镇企业怎么搞不好呢！桐城县之所以在全省乡镇企业当中一直处于领先地位，这就是一个独特的原因。

下面，我想和同志们一起讨论三个问题。

第一，在绝不放松粮食生产的前提下，把发展乡镇企业作为农村发展的第一位工作。

我国有 10 亿人口，吃饭是第一件大事，这一点大家的看法也是一致的。1985 年的一段时间内，有些同志由于对粮食生产的形势缺乏清醒的估计，由于宏观决策上的失误，确实有一些地方对粮食生产不够重视。在这种情况下，陈云同志发出忠告：有些地方“无工不富”的声音超过了“无农不稳”，要注意，无粮则乱。这个指示非常正确，这个警钟敲得非常及时。我们对陈云同志的指示，一定要正确理解。陈云同志是站在全国的高度讲这个问题，他有着很强的针对性。马克思主义活的灵魂，就是一切以时间、地点、条件为转移，要具体情况具体分析。我认为，在我们安徽，对粮食的生产一直没有放松。1984 年，全国粮食产量 8000 亿斤，人均占有 800 斤，我省粮食 440 亿斤，人均 880 斤，超过全国平均水平。1985 年，全国粮食减产，这一年安徽由于产业结构调整和自然灾害，粮食仅仅比上年减少 5 亿斤。1984 年全国有 15 个省向国家贡献粮食，到了 1985 年，其中有 5 个省由调出变为调进，我们安徽仍是调出省，1984 年，我们调出 30 亿斤，1985 年我们调出 34 亿斤，1986 年，全国粮食产量回升到7800亿斤，没有到达1984年的水平，安徽472亿斤，超过1984年水平。1986年，全国人均粮食760斤，安徽人均900多斤。我们从来没有放松过粮食生产。安徽是一个落后的农业省，我们现在仍然苦于大量劳动力没有出路，我们农村劳力的机会成本低，缺少第二、第三产业的门路，我们从整体上看还不存在“无工不富”的声音超过“无农不稳”。我们的粮食生产在全国是数得着的，但我省的人均收入只有396元（全国426元），低于全国平均水平，在华东地区六省一市中是倒数老二。如果我们只搞粮食，不搞企业，显然没有出路。桐城县是我省第一个粮食超纲要的县，干了30年，到现在农业加上国营企业和二轻企业的产值也不过是1.6亿元，而乡镇企业只用三四年的时间就达到3.01亿元，如果没有乡镇企业的大发展，光靠农业可想而知那将是一个什么样的局面。不搞乡镇企业，我们的县区经济就没有办法发展。

世界上所有国家在搞工业化的时候，都要有原始积累，都要有资金来源。我国在50年代初期搞工业化，资金来源只有一个，就是把农业作为原始积累的发源地，就是利用工农产品剪刀差，从农民那里赚一块剩余，来发展我们的工业化。粮食的统购统销和派购制度，中心是低价收购农民的农副产品。低价收购维系了两个方面：一是可使城市工厂利用低价劳动力；二是低价农副产品和低价的原料经工业部门加工，增值就高了。这实际上是用从农民那里获得的剩余作为我们工业化的原始积累。我们在阜阳地区算了一笔账，阜阳地区的农副产品每年由于国家低价收购，农民大约要损失2亿元。许多县吃财政补贴，实质上是生产的农副产品被低价收走造成的。为什么上海贡献那么大，从某种意义上讲，靠的就是我们的低价原料。当然，这也是中国农民对中国社会主义工业化的伟大历史贡献（中国工人阶级、知识分子对社会主义工业化的历史贡献同样不可磨灭）。但我还是要讲，我们不能这样长期干下去。不错，我们是要顾全大局，但4600万安徽农民同样是我们的大局。所以我认为，不发展乡镇企业，我们安徽的经济就振兴不起来；不发展乡镇企业，我们农民的收入就不能提高；不发展乡镇企业，我们安徽就只能处在华东地区的“锅底”；不发展乡镇企业，我们落后的农业省的帽子就永远甩不掉。各级党政机关的领导同志发展农村经济的指导思想，务必要有一个战略的转变。

省农经委不久前建议，在全省粮食达到500亿斤、人均达到1000斤水平后，就应该把主要精力用于发展乡镇企业。具体到安庆地区，我认为只要粮食能够自给，就应该把主要精力用于抓乡镇企业。有些地方粮食本来就不能自给的，就不要强求，可以通过发展乡镇企业赚钱买粮食，决不能再搞“以粮为纲”那一套。任何事情都有一个“度”，超过了这个“度”，真理也会变成谬误。1985年有一段时间对粮食生产忽视了，放松了领导，这当然要注意。但从根本上讲，丢田头固然不对，跑码头又有什么不好呢！只有跑码头，才能了解外部的信息，才能了解市场行情，才能增加社会交往的能力。生产力发展的历史就是人类交往不断扩大的历史。我们过去落后，就在于我们封闭，不了解大千世界的情况。

第二，发展乡镇企业，要坚持四个轮子一起转，因地制宜选择主攻方向。

对发展乡镇企业，到底是以抓户办、联户办为主，还是以抓乡办、村集体企业为主，一直有各种各样的意见。有的认为，一定要大抓集体企业，只有集体企业，才是规范成型的企业，才能稳定；有的认为一定要发展户办、联户办企业，不能搞集体企业；抓骨干企业带动乡镇企业，这也是一种意见；还有的认为，这个问题受“风”的影响大，往往随着大的“气候”变化而变化。这四种意见非常具有代表性。到底走什么路，我认为一定要因地制宜，到什么山唱什么歌，不要受什么模式的影响。

社会主义还在实践中，特别是建设中国特色社会主义还在探索之中，而且世界之大，也不应是一个模式。我们一定要按照本地的实际情况，适合搞什么就搞什么，千万不要搞一律化。有一些同志看不起户办、联户办企业，因为他们不像企业的样子，片面追求正规化，这种看法是值得商榷的。集体企业、大的骨干企业确实诱惑人，但门槛太高，贫困地区不易踏进。办企业要有最初启动的原始资金。苏南搞集体企业，原始资金来源于五六十年代的集体企业积累；“温州模式”的资金是靠独特方式搞来的；其他几个模式的原始资金积累也都有特殊的条件。而我们发展乡镇企业的启动资金，是靠十一届三中全会以后允许包产到户，粮食产量提高，粮价提高，农民除自给以外还有点剩余。1986年全省农民人均收入396元，除去最低生活费220元和一些其他费用，所剩不过60—70元，阜阳地区用于生产的投资仅占人均收入的5%。利用这么一点点剩余，怎么可能办大企业。因此，只有从那些被人们看不起的小商品起步，逐步壮大，穷地方只能采取“穷办法”。阜阳地区产值十万元以上的私人企业有上千家，产值50万元以上的有200家，100万元以上的有46家，他们都是从小到大发展起来的。我们给阜阳地区乡镇企业发展的路子作了一个形象化的概括，叫作“草、灌、乔”三结合，由低到高循序渐进。

草、灌、乔是植物学上的名词，我们把它移植过来形容阜阳地区发展乡镇企业的路子，是有道理的。黄河流域是我们中华民族的摇篮，这个地区由于种种原因，特别是新中国成立后乱砍滥伐，使得水土大量流失，很多地方成了沙漠。要改造这个地方就要植树绿化，但这个地方树就是栽不起来，土层太薄，水分太少了，最后他们改变了策略，从种草起步，草不需要太厚的土层和大量水分。有了草，就慢慢涵养了水源，增厚了土层，土壤有机质也多了，再发展灌木、乔木，最后出现参天大树。阜阳地区的乡镇企业就是按照“草、灌、乔”的顺序一步一步发展起来的。杜润生同志对阜阳的做法很感兴趣，称为“阜阳模式”。“阜阳模式”确实有很强的“示范效应”。阜阳是全国最大的、拥有1100万人口的贫困地区，半径200公里以内没有一个大城市。像蚌埠、开封、徐州、郑州、武汉这样的中心城市，离阜阳都在200公里以上。十一届三中全会后包产到户，它没有沉寂下去，而是用有限的一点农业剩余部分，从发展不起眼的、被人瞧不起的小商品起步，主要依靠千家万户来搞第二、第三产业，把乡镇企业发展起来了，走出了一条落后贫穷的传统农区脱贫致富的道路。中国社科院和中央书记处农研室的一些理论工作者到阜阳看了以后，把“阜阳模式”与“苏南模式”“温州模式”作了比较研究，认为“阜阳模式”对中国广大的中部地区，特别是西部地区，包括沿海地区一部分后进地带，具有更大的适应性、示范性和易学性。因为中国有60%的地方像阜阳那样贫困，现代化的因素很少，工业很少，是纯粹搞农业。我肯定阜阳发展的路子，并不是讲阜阳乡镇企业现在发展得了不起了。我们也应该看到，阜阳的乡镇企业是在极为薄弱的基础上从“零”起步的，就像许海峰在奥运会上得到金牌一样，问题不仅在于他得到了一块金牌，关键是他亲手结束了中华民族所得奥运会金牌为“0”的历史，实现了“‘零’的突破”，所以值得人们庆祝、欢呼。我说这些，目的是说明发展乡镇企业一定要因地制宜，穷地方要有“穷办法”。“阜阳模式”是穷地方发展乡镇企业的一种模式，是值得其他穷地方参考借鉴的。

是不是都要搞户办、联户办企业呢？我没有这个意思。凡是有条件的、基础比较好的地方，都应该把主要精力用在发展集体企业，用于发展骨干企业。小企业确实比较脆弱，只有骨干企业才能稳固。户办、联户办企业确实受社会上的影响比较大，忽起忽落，波动比较厉害。原有集体企业要想办法巩固提高，我们绝不希望已办成的集体企业又退回去，搞成户办、联户办企业，搞成私人企业。

集体企业如何巩固呢？看来要在完善责任制方面下功夫，经济问题一定要从经济角度找原因。调动厂长、经理积极性，单凭精神鼓励是不行的，即使有个别思想境界特别高的，也不能以个别先进人物的举止来规范、要求全体。大家都知道，在六七十年代，谁不认为大寨好，在今天也还认为大寨精神是好的，但那时全国不可能都像大寨那样做。调动企业承包者和经营者的积极性，今天必须实行精神鼓励和物质鼓励相结合，而且物质鼓励是主要的。我这次到温州绍兴考察，对这方面有很深的感受。绍兴的同志说:“温州模式”出现后，对我们以集体企业为主的有很大的冲击，我们就是怕稳不住企业的推销员、厂长和经理们，这些能干的推销员和厂长经理，如果自己办厂，可以把过去的供销渠道全部带走，很快就能成为10万元户、20万元户。这样一来，集体企业就要垮掉。于是他们就采取了对集体企业厂长经理实行高工资，去年厂长经理的工资比工人高3倍左右，平均8000元。达到这个水平，厂长、经理们感到集体企业里也还有干头，家庭致富同样有盼头，而且在政治上比较光荣，比较安稳。我们的集体企业，包括现在已经办得比较好的企业，恐怕都要这样做，单纯靠政治上的灌输不是长久之计。我们应该使企业里的能人，真正按照他们对社会贡献的大小，获得相应的物质利益，享受相应的社会荣誉。

我们现在发展集体企业、骨干企业，更应该注意发展龙头企业。所谓龙头企业，就是能带动千家万户发展的企业。范岗镇办轮窑厂就是这样的企业，一个窑厂带动一两百部拖拉机手搞运输，带动很多农户制砖坯。发展像这样的能够带动千家万户的龙头企业，即联合体，请同志们加以关心。很多地方的联合体办得快散得也快，难以壮大，难以发展，往往是兴旺发达之日就是垮台开始之时。因为这些联合体最初都是依靠血缘关系、地缘关系搞起来的，彼此比较熟悉，不大愿意签订合同和契约。这种情况在开始的时候有好处，谁都不愿意把丑话说在前头，一旦发展到有利可图的时候，问题就来了，患难容易富贵难，只能共患难，不能同富贵，相互怀疑，相互攀比。你儿子当会计，我儿子就要当保管员，你介绍一个人进来，我也得介绍一个；开始时不用记账，可以偷税，后来不记账，就相互怀疑；开始时招的多半是亲朋好友，后来违反劳动纪律就抹不开情面；开始时乡村政府是庇护者，出了事可以帮忙，发展到一定程度敲竹杠的、揩油的都来了。我建议同志们研究这么一个问题：小企业发展到一定程度也就是到达一个临界点，就要灌输一些现代化因素，加强内部的制度建设，特别是明确财产关系和分配关系，使之健康、稳定地发展。经济发展是个积累过程，分分、合合就无法发展起来。我认为当一个小企业、一个联户企业发展到让人眼红的时候，就应该注意了，就应该派人去帮助，订立必要的规章制度，形成严格的契约关系，亲兄弟明算账，保障企业健康地发展下去。

第三，正确理解党的私人企业方针，促进私人企业健康发展。

今年中央五号文件下来后引起很大反响，产生两种看法：一种认为五号文件对私人企业这一段话的精神是收缩，只允许请一两个帮手带三五个学徒嘛，雇工不能雇多了，所以有些地方不敢支持专业大户和私人企业的发展。一种认为私人企业是剥削就不允许存在。这两种看法都不符合中央五号文件的精神。参与文件起草的中央农研室负责阜阳试验区工作的周其仁同志对我说，他没有想到下面对五号文件关于私人企业这一段有这么大的误解，我对他讲，这段话确实让人不大好理解。误解就产生在对这段话里的一个句号没有注意到。文件里讲道：个体经营者为了补充自己劳力的不足，按照规定，可以雇请一两个帮手，有技术的可带三五个学徒。对于某些为了扩大经营规模，雇工人数超过这个限度的私人企业，也应当采取允许存在，加强管理，兴利抑弊，逐步引导的方针。这段话是讲，请一两个帮手、带三五个学徒的属个体经济，雇工人数超过这个规模的就属于私人企业。而对私人企业，我们采取的是“允许存在，加强管理，兴利抑弊，逐步引导”的方针。应当说，五号文件对私人企业的方针是对过去政策的重大发展。为什么这样说呢？有三个原因。第一，新中国成立 30 多年来，任何一个法律文书，任何一个中央文件上都没有出现过“私人企业”四个字，现在中央红头文件第一次出现“私人企业”，当然是发展。十一届三中全会以前，是不允许个体经济存在的，就连农村老太婆养的两个老母鸡也当作“尾巴”割得血淋淋的，哪里谈得上什么雇工。三中全会后，才逐步出现雇工。1982 年 2 月中央政治局就雇工问题专门开会讨论，最后的意见就是三句话：不宣传、不制止、看一看。也就是说，当时中央政治局的看法没有现在这么明确。第二，文件对私人企业的规模并没有限制，没有讲只能雇多少人，只能拥有多少固定资产，这就为私人企业发展提供了广阔的经济空间。第三，文件讲要尊重私人企业选择经营形式的自由，他们愿意怎么搞就怎么搞。即便是引导走向合作，也要看他们是不是愿意合作，不强制合作。所以，应该说五号文件是对过去政策的发展，而不是收缩。话讲回来，私人雇工雇得这么多有没有剥削呢？我个人认为，应该讲他有剥削。如果讲他没有剥削的话，就讲不通了，也就否定了马克思的剩余价值论，对老祖宗的那一套就彻底否定掉了。但是，中央文件上没有讲是剥削，没有讲是资本主义，也没有讲其他一些定性的字眼。文件上为什么不讲呢？我的理解是：如果讲有剥削的话，那等于宣判了私人企业的死刑，谁都不愿意干了，谁都不愿戴“资本主义”的帽子。同时，如果讲私人企业有剥削，又有许多理论问题，现在还没有完全搞清楚，还要继续探索。譬如讲，剥削量怎么算，随着资本有机结构的变化，并不是雇工人数多就比雇工人数少剥削量大，一辆汽车创造的效益就可能比百个人肩挑人扛的利润大，不能单纯以雇工人数多少来决定剥削量。大家都知道，美籍华人王安是美国一个电脑公司的总经理，他赤手空拳到美国去的。现在成了“三十亿富翁”，在世界 20 多个国家设有分公司，可他并没有雇多少人，你讲他的剥削量究竟有多大。进一步讲，使用机器人生产，又剥削哪一个呢？同时，今天私人企业主的初始资金来源，也不同于资本家的原始积累。

既然有剥削又为什么要允许呢？我认为有三个原因。一是“必不可免”，现阶段不可避免。因为我们国家要发展经济，发展生产力，特别是在农村，3 亿多劳动力只有 15 亿亩耕地，主要问题是面临大量剩余劳动力需要转移。据国营企业计算，每增加一个劳动力就业要增加 1 万元投资，如果我们农村 3 亿劳动力中有 1 亿劳动力靠国家包转移的话，要 1 万亿元投资才能保证。现在全国每年的财政收入只有 2000 亿，即使大部分用于就业投资，也要 10 年、20 年，所以靠国家包就业这条路走不通。全部靠集体行不行？也不行，集体企业无法全部吸纳。我们必须走国家、集体、个人一起上的路。既然有允许个体经济存在和发展的必要，扩大经营规模雇工就不可避免的。二是“利大于弊”。个体企业、私人经济确实有很大的弊病，这个弊病就是五号文件所讲的雇主收入与雇工收入悬殊太大。但“利”的方面更多。譬如讲，它给国家给社会创在更多的财富，因为私人企业创造的物质财富是向社会提供的，是社会财富，同时私人企业可以给国家创造大量的外汇和税收，但最主要的是对工人有利，解决了农村大量劳动力的就业问题。两利相衡取其轻，利、弊得失加以考虑还是利大于弊。三是“可控可塑”，可以控制也可以塑造。在我国一直是公有制经济占主导地位，私人企业不过是补充。任何一个私人企业都离不开国营企业的控制。要贷款、就需要银行；要把东西运到外面去，要通过铁路、公路和码头；同时还有社会政治生活准则的导向。在这种大背景下，私人企业必须尊重工人的民主权利，尊重工人的人格。实际上，相当一部分企业已出现了某些合作的因素，如给工人发放劳保用品，给工人提供福利，让工人参加保险等。只有我们头脑清醒，只要我们掌握必要的手段，我们就可以随时对它进行控制，不会让它滑到资本主义道路上去，也不会出现两极分化。我在阜阳调查的时候，开了许多农民座谈会，他们告诉我，过去的地主是“富了一个人，穷了一大片”，而今天的富裕户是“富了一个人，带动一大片”。今天农村的富裕户办企业和过去的地主、资本家剥削有着质的区别。完全可以满怀信心地说，私人企业是可以塑造的，是可以向合作经济引导的。

允许私人企业存在，理论上也是成立的，是可以说清楚的。中央正在起草十三大政治报告，其中一个基调就是我们国家处于社会主义的初级阶段。因而我们考虑一切问题、分析一切经济现象，都要从社会主义初级阶段这个基本点出发。什么是社会主义初级阶段呢？我的理解有两条：第一，就是承认我们国家现在搞的是社会主义，30 多年的实践确定了公有制占主导地位，我们正在走社会主义道路是不容置疑的；第二，我们不能不看到，我们国家没有经历成熟的资本主义阶段，不是从成熟的资本主义阶段走到社会主义的。我国是从半封建半殖民地脱胎而来的，生产力极不发达，必须补上商品经济这一课，而不能直接进入产品经济阶段。这就难免带有旧的痕迹，在生产关系上不可能纯而又纯，不可能搞纯粹的社会主义形式，不可能搞纯粹的公有制和按劳分配，我们要允许多种经济形式、多种经济成分并存，允许有非劳动收入。什么是非劳动收入？银行存款拿利息就是非劳动收入。私人企业主雇工也有一部分是非劳动收入，在这个阶段是允许的，是必要的。允许到什么时候呢？今年 4 月底，阜阳在北京开了一个阜阳模式研讨会，杜润生同志与会讲了话，他说什么时候我们国家宣布社会主义初级阶段结束了，建成了比较发达的社会主义了，就允许到什么时候。小平同志最近讲了什么时候能达到这一阶段呢，大约需要 100 年的时间，到 2049 年，也就是新中国成立 100 周年时，人均产值达到 3000—4000 美元，赶上现在的中等程度的发达国家。在此以前，不会不让私人企业存在，不会不实行多种经济成分并存的政策，而且即便是引导私人企业走合作道路，发展合作经济，也不会采取没收财产的办法，而是把私人企业主的财产折成股本并入合作经济里面去，承认股本，按章付给红利。社会主义的初级阶段还有一个很重要的特征就是生产力不发达，这一阶段的主要任务是发展社会生产力，使生产力各要素得到最佳组合。哪种生产关系能够使生产力得到最佳组合，它就是先进的，并不是越大越公越好，并不是全民就比集体好，集体就比个体好，起码在现阶段，在社会主义优越性还没有充分发挥出来的时候，可以这样说。还有，每个人的智商不一样、素质不一样，社会上只有一部分人能成为企业家，他们有承担经营风险的能力。在资金、资源有限尤其是短缺的情况下，让那些最有能力经营的人办企业才是上招。我们应该强调起点平等，也就是人人都有施展才干的均等机会，我们不应该强调结果均等，搞分配上的平均主义。西德把农民分为两种类型，一种叫有生命力的农民（智商高），另一种叫没有生命力的农民（智商低）。让有生命力的农民去发展，在资金、技术上给予支持；对没有生命力的农民实行保护政策，提供低层次就业机会，使他们生活有保障。这就是我们支持能人的一个很重要的思想考虑。

我还认为，对农民企业家收入高一些要做具体分析。他们的高额收入包括三个成分：一是劳动报酬，经营管理也是劳动，而且是复杂劳动，等于倍加的简单劳动，劳动报酬当然要高些；二是有资金报酬；三是风险报酬，办企业弄得不好就可能破产，企业经营者是要承担风险的，是要呕心沥血、殚精竭虑的。在国际上都是经营者工资最高。美国有一本很畅销的书叫作《亚科卡自传》，已翻译过来了。亚科卡这个人原来是一个搞汽车制造的大学硕士，但他工作以后没有搞汽车设计，而是在福特公司干推销员，最后登上了总经理的宝座，年薪 100 万美元，是美国总统年薪 20 万美元的 5 倍。我们的赵总理讲，我们中国将来可以考虑让干得好的厂长、经理，工资高于政府高级官员和大学教授。当然，对私人企业加强管理也很重要。要教育他们不能搞投机倒把，偷税漏税，要守法致富，这是第一条。第二条就是要诚实经营，不能坑害老百姓，不能搞假冒商品，谋财害命。第三条就是关心工人利益，保障工人的民主权利，特别是小煤窑，不能牺牲工人发自己的财，要有劳保。第四条就是要控制消费基金，动员他们把钱主要用于扩大再生产。我们将来可以考虑，对用于扩大生产的部分可以少征甚至不征税，而对用于消费的部分征高额累进税。

现在还有一个很重要的问题，就是要改进私人企业的社会环境，使他们有充分的安全感。现在很多地方采取的办法，就是领导者支持，上门看望，照张相。我看长此这样下去不行，十亿人口大国，领导人不能跟所有的大户都握手照相呀！所以，光有政策没有法还不行，要立法保护。最近我去温州参观学习，温州的同志给我说，温州的个体经济只占 11.4%，其余 88.6% 是合作经济。这种“合作经济”实质上是“挂户经营”。那个地方有这么一个村，家家户户搞编织，村里成立一个编织总公司，只有一个印章，搞编织的农户挂靠总公司，成了总公司的一个车间，实际上还是家家户户分散干。我们省当涂县的博望镇也是这样，家家户户搞量具、刃具，去年产值 4000 万元，有 4000 个推销员，镇成立了一个“当涂县第一刃具工业公司”，给每个推销员发了个工作证，打着公司的旗号搞推销。看来，搞“挂户经营”也是一个路子。第一，在理论上也讲得通，它是农业上的双层经营在乡镇企业的运用和发展，“统分结合”嘛！第二，中国农民习惯于打着集体的招牌发个人财，挂私人企业的牌子要承受一定的社会心理压力。第三，对国家和集体都有利，便于管理教育，税费有保障，集体也可以提留一定积累。我们设想在阜阳搞试验区时，一方面为私人企业立法，另一方面允许搞“挂户经营”，两条腿走路。

总的一句话，发展农村生产力，让农民尽快富起来，这是社会主义初级阶段的根本任务。如果说贫穷是“老鼠”的话，那么我们就应把所有能够捉老鼠的“猫”都放出去，不管黑猫白猫，捉到老鼠就是好猫，等到把老鼠都消灭完了，我们再来开评比会，看看哪只猫是社会主义的，哪只猫是资本主义的，那时也不迟呀！

发展乡镇企业要因地制宜

发展我省乡镇企业，是以抓户办、联户办为主，还是以抓乡、村集体企业为主？对这个问题，一直有各种各样的意见。有的意见认为，一定要抓大集体企业，只有集体企业，才是规范成型的企业，才能稳定；有的意见认为一定要发展户办、联户办企业，不能搞集体企业。此外，抓骨干企业带动两户企业，这也是一种意见；还有意见认为，这个问题受“风”的影响大，往往随着大的“气候”变化而变化。这四种意见很具有代表性。到底走什么样的路，我认为一定要因地制宜，“到什么山，唱什么歌”，不要受什么模式的影响。

社会主义还在实践中，特别是建设有中国特色的社会主义还在探索之中，而且世界之大，也不应是一个模式。我们一定要按照本地的实际情况，适合搞什么就搞什么，千万不要搞一律化。有一些同志看不起户办、联户办企业，认为它们不像企业的样子，片面追求正规化，这种看法是值得商榷的。集体企业、大的骨干企业确实诱人，但门槛太高，贫困的地方不易踏进。

办企业要有最初启动的原始资金。苏南搞集体企业，原始资金来源于五六十年代的集体积累；“温州模式”的资金是靠独特方式搞来的；其他几个模式的原始资金积累也有特殊的条件。而我省发展乡镇企业的启动资金，主要是三中全会以后包产到户，粮食产量提高，粮价提高，农民除自给以外的剩余部分。1986 年，全省农民人均收入 396 元，除去最低生活费 220 元和一些其他的费用，所剩不过 60—70 元。阜阳地区用于生产投资仅占人均收入的 5%。利用这么一点点剩余，怎么可能办大企业？因此，只有从那些被人看不起的小商品起步，逐渐壮大，穷地方只能采用“穷办法”。阜阳地区现在年产值 10 万元以上的私人企业有 3000 家，50

万元以上的200家，100万元以上的有五六十家，他们都是从小到大发展起来的。我们给阜阳地区乡镇企业发展的路子作了一个形象化的概括，叫作“草、灌、乔”三结合，由低到高循序渐进。草、灌、乔是植物学上的名词，我们把它移植过来形容阜阳地区发展乡镇企业的路子。黄河流域是我们中华民族的摇篮，这个地区由于种种原因，使得水土大量流失，很多地方成了沙漠。要改造这个地方就要植树绿化，但这个地方树就是栽不起来，土层太薄，水分太少了。最后他们改变了策略，从种草起步，草不需要太厚的土层和大量水分。有了草，就慢慢涵养了水源，增厚了土层，土壤有机质也多了，再发展灌木、乔木、最后出现参天大树。阜阳地区的乡镇企业就是按照“草　灌　乔”的顺序一步一步发展起来的。这种做法被称为“阜阳模式”，有很强的“示范效应”。阜阳是全国一个最大的、拥有1100万人口的贫困地区，半径200公里以内没有一个大城市。像蚌埠、开封、徐州、郑州、武汉这样的中心城市都离他们200公里以上。包产到户后，它没有沉寂下去，而是用农业有限的一点剩余，从发展不起眼的、被人瞧不起的小商品起步，主要依靠千家万户来搞第二、第三产业，把乡镇企业发展起来了，走出了一条落后贫困的传统农区脱贫致富的路子。中国社科院和中共中央农研室的一些理论工作者和实际工作者到阜阳看了以后，把“阜阳模式”与“苏南模式”“温州模式”作了比较研究，认为“阜阳模式”对中国广大的中部地区，特别是西部地区，包括沿海地区一部分后进带，具有更大的适应性、示范性和易学性。因为中国有60%的地方像阜阳一样贫困，现代化的因素很少，工业很少，纯粹搞农业。我肯定阜阳发展的路子，并不是讲阜阳乡镇企业现在发展得了不起了，但是我们应该看到，阜阳乡镇企业是在极为薄弱的基础上从“零”起步的。阜阳的实践经验说明发展乡镇企业一定要因地制宜。

是不是都要搞户办、联户办企业呢？我没有这个意思。凡是有条件的，基础比较好的地方，都应该把主要精力用于发展集体企业，用于发展骨干企业。小企业确实比较脆弱，只有骨干企业才能稳固。户办、联户办企业确实受社会上的影响比较大，忽起忽落，波动比较厉害。原有集体企业要想办法巩固提高，我们决不希望已办成的集体企业又退回去，搞成户办、联户办企业，搞成私人企业。

集体企业如何巩固呢？看来要在完善责任制方面下功夫。经济问题一定要从经济角度找原因。要调动厂长、经理的积极性，单凭精神鼓励是不够的，即使有个别思想境界特别高的，也不能以个别先进人物的举止规范要求全体。调动企业承包者和经营者的积极性，必须实行精神鼓励和物质鼓励相结合，而且物质鼓励是主要的，使厂长、经理们感到集体企业里也还有干头。我们的集体企业，包括现在已经办得比较好的企业，都是这样做的，使企业里的能人，真正按照他们对社会的贡献的大小，获得相应的物质利益，享受相应的社会荣誉。

我们现在发展集体企业、骨干企业，更应注意发展龙头企业。所谓龙头企业，就是能带动千家万户发展的企业。范岗镇办轮窑厂就是这样的企业，一个窑厂带动一两百部拖拉机手搞运输，带动很多农户制砖坯。发展像这样的能够带动千家万户的龙头企业，比单纯地办一个大厂的社会效益更好一些。对一些合伙企业，即联合体，也应加以关心。很多地方的联合体办得快，散得也快，难以壮大，难以发展。因为这些联合体最初都是依靠血缘关系、地缘关系搞起来的，彼此比较熟悉，不大愿意签订合同和契约。这种情况在开始的时候有好处，谁都不愿意把丑话说在前头，一旦发展到有利可图的时候，问题就来了，患难容易富贵难，只能共患难，不能同富贵，相互怀疑，相互攀比。事实证明，小企业发展到一定程度，也就是到达一个临界点后，就要灌输一些现代化的因素，加强内部的制度建设，特别是明确财产关系和分配关系，才能使之健康、稳定地发展。经济发展是个累积过程，分分合合就无法发展起来。对于小企业、联合企业，应该制定必要的规章制度，形成严格的契约关系，以保障其健康地发展下去。

另外，在一些乡镇企业起步早、发展快的县，是不是可以在一些成型企业发展起来后，相对集中形成企业群和工业区？相对集中，起码的好处是不用每个厂都架变压器，用电方便，信息传递、交通等方面也都要方便些，而且“城市效应”非常突出。后进的地方有“后发优势”，可以接受别人的经验。注意相对集中，当然这也是有利有弊。一是需要盖工人宿舍，非生产性投资要加大；二是工人不能照顾责任田，不然早晚回家还可以搞一搞；三是对好企业，所在区乡不让迁出去，因为一迁出去，产值也就带走了，当地荣誉感没有了，利税返还也没有了。解决这些问题，笔者建议将来统计乡镇企业产值时可分“所在企业”与“所属企业”分别统计，这对企业移位有好处，同时还可搞一点利税返还，只要是我办的，就是位移出境，也还可以把税利返还一点。总之，我们发展乡镇企业一定要因地制宜，不能强求一律。

学习“一个稳定，两个发展”方针的体会*

最近，省委、省政府提出：今后一个时期的安徽农村工作，要稳定粮食生产，大力发展乡镇企业，大力发展开发性农业。我想围绕这个方针谈谈我的学习体会。

（一）粮食生产要稳定增长，但应适可而止

我国有10亿人口，吃饭是一件大事，任何时候都不能放松粮食生产，这一点必须坚定不移。1984年我国粮食产量达到8000亿斤，人均800斤，有的同志曾说是“低水平过剩”，现在看来这种结论显然是不准确的。我国人多地少，人均只有1.5亩耕地，是加拿大的1/19，苏联的1/9，美国的1/8，印度的2/5，世界平均数的1/3。包产到户极大地调动了农民的积极性，才使我国用世界1/14的耕地养活了占世界1/5的人口，这是极其了不起的成绩。但是，这只能说是基本解决了人民温饱问题，不能说宽裕。而且，人口在逐年增长，耕地却随着建设事业的发展而减少。近几年计划生育抓得好，每年全国仍增长1000万人左右，而耕地要减少700万亩左右。我们安徽现在是人均1.33亩耕地，每年约增长70万人口，减少50万亩左右的耕地。有人预计，到2000年，全国人均只有1.3亩耕地，安徽恐怕人均只有1.2亩耕地。所以对粮食的前景不容乐观，非抓紧不可，但也没有必要悲观，因为现在的耕地粮食单产不高，全国、全省都约有一半的中低产田，下些功夫，亩产提高百把斤是可能的。因此，用现有耕地实现人均800斤粮食的低水平自给要求，还是可以做到的。

具体到我们安徽的省情，粮食在稳定增长的同时，也不是越多越好。现在我省人均有粮919斤，稳定在现有人均占有量水平或者提高到人均

---

* 本文原为作者在省委讲师团的报告，原载《理论学习参考资料》1988年9月15日。

950—1000 斤左右，就应该把主要精力放在发展多种经营和乡镇企业上。这是基于下述原因。第一，我省从来没有放松过粮食生产，不存在“无工不富声音超过无农不稳声音”的问题。1984 年全国粮食总产 8000 亿斤，人均 800 斤，这年我省总产 440 亿斤，人均 880 斤；1985 年全国粮食减产 400 亿斤，此后一直没有恢复到 1984 年水平，而我们安徽除 1985 年略有减产（比上年减 5 亿斤）外，1986 年 472 亿斤，1987 年 484 亿斤，人均比全国多 160 斤。1984 年全国有 15 个省粮食调出，1985 年后有 5 个省不但不能调出，反而要求国家调进，而我们安徽一直是粮食调出省。第二，种粮比较效益低。种一亩粮食毛收入百元左右，而种一亩经济作物，少则 300 元，多则 500 元以上，搞乡镇企业收入更多。我省人均粮食占有量大大高于全国水平，但农民人均收入却在全国平均数以下（1987 年全国农民人均收入 474 元，安徽仅 429 元），就充分说明了这个问题。在农民已经开始学会按照市场信息安排生产的情况下，我们应该用价值规律和农民打交道。所以，今后粮食增产主要靠提高单产，不能再强制农民少种经济作物而种粮食。当然，我们要顾全大局，但是，4600 万安徽农民同样是我们的大局，让我们农业省发展粮食，支援发达省份搞工贸赚大钱，如果不处理好利益关系，这个事情值得考虑。第三，我省农民种田较有经验，务工经商更须指导。因此，领导者的精力应该较多地用于提高农民的商品生产意识，为他们从事非农生产提供更多帮助。否则，安徽的农村经济难以振兴，农民收入提不高，落后农业省的帽子也甩不掉。

当然，这并不是说种粮就不能致富。关键是粮食价格问题。其实，我们这个“商品粮”根本不是商品，它的价格是人为压低的，农民将其称为“贡品粮”。中央已决定改革，逐步取消定购。在粮食真正恢复它的商品属性后，农民种粮积极性会提高的。

（二）乡镇企业是振兴农村经济的必由之路

乡镇企业是农村伟大光明灿烂希望之所在。这不仅是由于目前存在工农产品剪刀差，要提高农民经济效益，非走这条路不可；而且是由于农村有大量富余劳力，必须从发展乡镇企业中寻找出路；同时，这也是我国最终缩小以至消灭三大差别的必由之路。

根据安徽的省情，我想讲五点看法。

第一，要因地制宜，到什么山，唱什么歌。安徽发展乡镇企业走什么路好？有人说应该走苏南的路子，大抓集体企业，这样才能巩固集体经济，走共同富裕的道路；有人从广东参观回来后说，要干就干大的，起点要高，上规模、上档次、上批量才能成气候，小打小闹没意思。也有人说，我们的条件不具备，还是应该以户办联户办为主。

对这个问题我的看法是，一定要具体情况具体分析，千万不可一律化。像当涂、天长、繁昌、桐城、怀宁以及城市郊区等经济发达地方，乡镇企业已经有了一定水平，当然应该继续发展集体企业、骨干企业，敢于与先进省市竞争，提高知名度，占领更大的市场份额，争取更多地打入国际市场。但条件不具备的地方，特别是一些偏僻落后的乡村，就不能勉强这样做，要走自己适宜的路子。去年 6 月，我与阜阳试验区的同志一道去浙江参观学习，在绍兴看了一个 3000 万元产值的村办厂，那个高大的厂房，崭新的机器，装空调的车间，工人们穿着漂亮的工作服，委实令人羡慕。我们这里有些县的国营工厂也没这个水平。阜阳的同志在感慨之余说道，阜阳的乡、村能办起这样的厂吗？它那个门槛太高，我们一步跨不进去，必须有个垫脚石。这个垫脚石就是户办联户办企业。穷地方只能实行穷办法，从那些不起眼的、被人看不起的小商品起步，走“四专两厂”（专业户、专业村、专业市场、专业片，户办、联户办工厂）的道路，逐步由小到大。阜阳就是这样走过来的，现在全地区 10 万元以上产值的企业有 2000 多家，50 万元以上产值的企业有 300 多家，100 万元以上产值的企业也有 130 多家了。中国社科院和中共中央农研室的一些理论工作者和实际工作者，到阜阳考察后认为，阜阳的经验对我国广大中部地区，特别是西部不发达地区，甚至包括东部发达地区的少数后进地带，都具有较大的适应性和易学性。我省沿淮行蓄洪区、大别山区，沿江老灾区，以及其他后进乡、村，都应考虑参照阜阳的路子。

中央农研室和省委为什么把阜阳作为乡镇企业制度建设试验区？这并不是因为阜阳的乡镇企业有什么了不起；应该说，阜阳的乡镇企业在我们省内并不是先进地区。但是，阜阳是我国传统农区的一个典型缩影，在这个 1100 万人口的大地区内，没有一座中心城市，距离它最近的中等城市也在 200 公里以外，因而它享受不到城市现代工业的辐射；由于它不濒临交通要道，又无丰厚的地下资源，新中国成立以来国家在这里投资很少，按人均计算只及全国人均 1/10，全区没有一座国营大企业，只有 6 家中型企业和 1781 家小企业；境内还有淮河水害，三个县 60 多万人生活在行蓄洪区。过去这里被称为安徽的西伯利亚，三中全会前农民年人均集体收入只有 60 多元，极为贫困，集体经济几乎只是空壳。包产到户后，地委、行署解放思想，提供了较好的政策环境，率领人民利用农业上的一块剩余，走“四专两厂”道路，发展乡镇企业，探出了一条贫困地区脱贫致富的路子。全国类似阜阳这样的地方占 60%，所以它的经验有代表性。

第二，要巩固集体企业。有条件的乡、村要继续兴办集体企业，壮大集体经济实力，特别是注意发展村级经济，以做好生产服务工作，兴办公益事业，减轻群众摊派负担。对原有集体企业更要做好巩固工作，绝不希望它退回去成为户办企业。关键在于实行经营承包责任制。现在有两种偏向：一是承包指标过低，挖集体，肥个人；二是对经营管理人员给的太少，积极性不高，有的厂长甚至由家属办起小厂，精力由“大田”转向“自留地”。去年我去浙江参观学习时，绍兴市市长就说：温州私营经济的发展，给我们这些以集体企业为主的地方很大压力，担心厂里的经营能人回家办厂。他们如果把集体厂的供销渠道带走，集体厂很可能垮台。他们的对策是对厂长、经理实行高工资，比工人高三四倍，一年有七八千元。这样做，厂长们感到在集体企业里有干头，家庭致富同样有盼头，而且在政治上比较光荣，比较安稳，企业稳住了。我想我们省也应这样。桐城做得比较好。经营能人政治上红、经济上富。但有些地方只强调“思想先进”“与工人同甘共苦”，该厂长们得的奖金也鼓励他们不拿、“捐献”，我认为这样不好。只讲思想政治，不讲物质利益，对少数先进人物可以，对多数人不行；短时间可以，长时间不行。应该使企业里的经营能人，真正按照他们的贡献大小，获得相应的物质利益，享受相应的社会荣誉，这样才能留住人，办好集体企业。

第三，对联合体企业要加强引导。据我所知，除法国外，各个国家都不给合伙企业以法人地位。因为合伙企业最难巩固，如同联合国安理会一样，人人都有否决权。我国农村的联合体，发源于乡土社会熟人关系，开办时凭亲友和哥们义气办事，什么都“好说好说”，没有契约，一旦有利可图就互相猜忌，往往是办得快散得也快，共患难容易共富贵难，兴旺发达之日就是内讧开始之时。经济发展是个积累过程，国外一些大企业的发展，常常是经过一两代人的努力才能成气候，如果我们的企业老是分分合合、打打停停，那怎么能壮大呢？所以，对联合体企业要加强引导，输入现代因素，一开始就签订章程，亲兄弟明算账，把丑话说在头里。阜阳试验区的合伙企业汉曹酒厂，开办章程把可预见的各种人、财、物权关系都先声明。甚至对今后万一合伙闹矛盾，无法再合伙，也不使企业垮台，而由乡政府出面主持抽签决定去留。

第四，鼓励发展私人企业。在我国、我省农村，发展私人企业是不可避免的，因为大量剩余劳力要寻找出路，光靠国家和集体解决不了，没有那么多资金，只有国家、集体、个人一起上，而个体企业的发展，它要扩大生产规模，就必然要雇工。尽管私人企业有它的弊端，最主要的是雇主和雇工收入悬殊，但它能解决多余劳力出路这个农村最大难题，这就是利大于弊。而且，1987 年中央五号文件（《关于加强土地统一管理的会议纪要》）提出，我国社会主义公有制经济地位已经确立，少量的私人企业不可能不与公有制经济发生各种经济往来，不可能不受公有制经济的制约。在已有的私人企业中，有些还适应外部环境，采取了工人入股、劳动分红、民主管理或提留公共积累等方式，使企业具有了不同程度的中间过渡性质。这就说明，私人企业具有某种可控性和可塑性。这段话把私人企业的性质以及它可以向社会主义引导讲得很清楚。当然，也要对私人企业加强管理，使之兴利抑弊。要教育他们按章纳税，遵纪守法，不能坑害消费者，尊重工人，不准雇用童工等。国家工商局局长任仲林同志最近说现在全国有私人企业 22 万家，从业人员 360 万人，如果再扩大十倍，能解决 3600 万人就业，岂不更好，我省现有私人企业 5556 家，从业人员不到 10 万人，再发展 10 倍，解决农村 100 万人就业，也只占我省农村劳力的 1/19，动摇不了公有制经济的主体地位。

现在理论界对国营企业搞股份制意见还不一致，但对乡镇企业却赞成搞股份制，这对集体企业有利于政企分开，对私人企业有利于财产社会化。宁波市已把办得很好的集体企业卖股份，吸收资金用于扩大生产和新办企业，我省不论是老企业还是新办企业，都可以参照推广。

第五，把乡镇企业的发展与小城镇建设结合起来。乡镇企业在初始阶段是弥漫性发展，村村办厂，处处冒烟，这在当时是不可避免的。现在应该考虑相对集聚的问题了。其一，它有利于节约占地和基础设施的投资费用，水、路、电、邮可以统筹解决。其二，弱化农民的恋土心理和社区环境对企业的影响，利于企业输入现代管理因素，促进分工分业的发展。其三，企业相对集聚后，信息灵敏，互相竞争，有利于企业提高水平和企业家的锻炼成长。其四，小城镇发展了，文化教育事业都会跟着发展，人口集聚享受城市文明，这对于子孙后代、对于提高全民族的素质都是有益的。世界各国的发展道路都是农村人口向城市聚集，我们中国是唯一的例外。现在已有许多人认为，让大量人口长期居住在偏僻分散的农村，集中在低产出部门，可能是我国经济落后的重要原因之一。如果说，我们不能让大量人口涌入大中城市的话，那么，发展小城镇，把乡镇企业发展与小城镇建设结合起来，可能是解决问题的最好办法。当然，乡镇企业相对集聚也要看当地条件，不可盲目从事。

（三）开发性农业大有可为

我们说，乡镇企业是振兴农村经济的必要之路，这绝不是说，振兴农村经济就只有这一条路。乡镇企业的制约因素较多，安徽的基础又较薄弱，人才、资金、原材料等都有很多限制，短时间内难以覆盖一切地域。农民中有相当一部分人，务工经商非其所长，而从事农业则较为拿手。同时，我省有 2000 多万亩荒山草坡，近 800 万亩可养水面利用率很低，农民家前屋后及四旁隙地很多，这些资源都未被利用。已有耕地的中低产田要占一半，大可进行深层开发，提高产出率。因此，省委、省政府最近作出大力发展开发性农业的决定，在继续大抓乡镇企业的同时，把开发性农业放在重要位置，这是非常正确的。两个思路肯定要比一个思路好。对于贯彻省委、省政府的决定问题，我想讲四点意见。

1. 关于经营主体

家前屋后隙地开发，谁种谁有。荒山开发，如果原已分到户，提倡联户开发，或者吸引外来资金，农民投劳，联合开发。集体所有的荒山荒水，应该是招标开发，规模经营，以提高商品率。

农业的规模经营问题，现在有些人强调得很厉害。他们认为，农民一家一户小生产不能致富，土地应当集聚经营，中央农研室正在北京市的顺义县和江苏省吴县等地搞试验。我们认为，土地集聚搞规模经营，必须有一定条件：非农产业发达，农民离土有出路；恋土心理淡化和对政策的良好预期；生产条件和社会化服务工作改善以及平均利润率的形成。这三条中关键的是劳动力转移出路。我们安徽目前还不具备大规模实行条件，切不可“刮风”。我们正在搞试验：一是涡阳县的楚店集，实行双田制，按人分配口粮田，责任田招标承包，让耕田能手经营，一户二三十亩，承担国家定购任务和向集体交承包费（公共积累）；二是安庆市郊区，乡镇企业发达，多数农户不要田了，耕地由大户承包；三是当涂县大公圩新开垦的10万亩耕地，不再分到户，而是招标经营，办家庭农场；四是桐城县徐河乡和双铺乡的办法，乡镇企业较发达，但农户仍舍不得让地，村里把一些耕田能手组成农业服务队，帮助各农户耕种收割，收取服务费，土地虽然分户，但耕种统一，这也是规模经营的一种形式。近来《人民日报》连续报道广东鸡工商和上海“大江鸡”的经验，认为“公司＋农户”同样可以扩大生产规模，不一定非要集中生产才是规模经营；农民家庭经营的潜力远没有挖尽。我很赞成这种观点。当然，耕地最终是要集聚经营的，按照资源配置的效益原则，有偿转让，由能者经营；但这要有个过程。必须指出的是，规模经营并不否定包产到户。正如有的同志所说的，承包制带来了新事物发展，如果没有家庭承包制就没有一切。近来有人说什么既有今天的规模经营，当初何必要搞包产到户。这是不懂辩证法。正是因为实行了包产到户，才有农村经济的发展；正是在商品经济发展的推动下，才出现了规模经营。

2. 关于资金问题

开发性农业周期较长，资金是个大问题。贵州省湄潭县试验，成立土地银行，用已有耕地、果园、林地、鱼池作抵押，贷款开发荒山荒水。我省东至县兴办采育林场，广泛吸收干群入股，每交70元，15年后给1立方杉木。绩溪县更进一步，70元股15年后给1立方杉木，150元股10年后给1立方杉木，300元股5年后给1立方杉木。涡阳、太和发展荒水养鱼，也采取类似入股办法。

有人说干部不准经商办企业，但我认为，入股从事开发性事业应不在此列。最近中央农研室向中央提出一项政策建议，认为我国职工消费领域太窄，低房租，公费医疗，有钱就是吃穿用，因而副食品和家电产品供应紧张。建议建立普遍的私人产权保护制度，人人享有投资机会均等的机制，鼓励干群买股票，买房子，变消费资金为生产资金。

3. 关于流通服务

开发性农业主要是商品生产，因此，抓好销售是关键。小生产、大市场，是当前一个突出矛盾，常常是过剩与短缺交替出现，波动很大，对生产者和消费者都不利。河北省玉田县成立牧工商公司，实行以科技为先导的技贸工农一体化，效果很好。主要做法是：凡饲养30头猪的专业户都可以投资该公司，公司提供优良猪苗，供应配合饲料，专人进行防疫服务，并负责收购肥猪以及宰杀、冷藏、销售等。按市场价收购，保证养猪户每头猪最少能获利20元，不足者由公司补偿；在获利20—60元之间时，每头猪向公司交1元作为风险基金；市场行情看好，每头猪盈利超过60元时，超过部分养猪户得60%，余下的40%由公司作为风险基金。这种做法既让养猪户很满意，对稳定市场供应也大有好处。我省太和县是薄荷油重点产地，县里成立了薄荷油购销集团，拟实行头年与农民签订次年购油合同，类似期货交易。各地在发展开发性农业时，对大宗产品，都应该成立此类组织，搞好技贸服务，以保障生产的稳定发展。

4. 贵在坚持

开发性农业生产周期长，事前应该周密规划，进行可行性研究，选准了开发项目后，要坚持下去，不要轻易变动。切忌“一个将军一道令”。现是县、乡领导实行任期制，3年改选一次，最要注意这个问题。石台县提出“远学粤闽江浙，近学甘爵、兴中”。前些时我去兴中村，那里是个穷山坳，没有可耕地，全是石头山，多年来以救济为生。1968 年提出“高山栽杉，缓坡种茶，石头缝里栽棕片，房前屋后种果木药材”的规划，二十年如一日，支部书记换了 3 任仍不改初衷，现在人均有成材杉树 4 亩、棕榈 1.6 亩、果木 2 亩、茶叶 3 亩。近 3 年人均年产干茶都有 2 担，收入 800 多元。自筹资金修通 5 公里盘山公路，拉通了高压线，建了自来水厂，家家盖了新房。这说明搞开发性事业大有出息！贵在坚持。我建议各县、乡制订开发荒山荒水荒地荒坡资源规划后，提交同级人民代表大会讨论，形成地方性法规，以保证贯彻的连续性，不因党政领导人更迭而改变。

除了大力发展乡镇企业和开发性农业，还有第三条思路，那就是组织劳务输出。枞阳县乡镇企业不发达，自然灾害也多，是省内穷困县之一。这个县有 10 万劳动力外出谋生，地方上估计，每人每年除在外吃住外，可带回家 1000 元，全县一年此项收入达 1 个亿。有人说，目前乡镇企业利润率不到 20%，1 亿纯收入相当 5 亿以上产值。这种折算法不一定对，但组织劳务输出对于加快农民致富步伐，学习技术、增长知识，对发展当地生产是有利的。临泉县还层层成立了劳务输出服务公司，太和县正联系有计划有组织地向国外输出劳务。这都是值得提倡的。特别是因为我省农民商品生产观念较淡薄，劳动者的素质较差。多多外出，边劳动边学习，对促进生产力发展有利。

（四）关键在于进一步解放思想，放宽政策，调动人的积极性

要发展生产，振兴安徽农村经济，关键在于调动人的积极性。

第一，认清农村形势，克服城市倾斜偏向调动农民的积极性。对当前农村形势的看法有两种观点：一是认为农副产品涨价，粮食生产出现徘徊，生猪饲养量下降，农村形势不好，包产到户的潜力已经挖尽；二是认为农民富了，城里人吃亏，对农业投入减少，向农民索取增多。显然这两种看法都不对。

当前农村形势，总的来讲应该是好的。其一是农业生产逐年增长。以我省来说，1984 年粮食总产 440 亿斤，1985 年略有下降，1986 年 472

亿斤，1987 年 484 亿斤。其二是农民向非农产业转。现我省已转移 400 万口农民，占总劳动力的 22%。其三是农民收入年年提高。1987 年达到 429 元，比上年增加 33 元。其四是从城市供应来说，无论量和质，都有改善，据国家统计局城市抽样调查队统计，1984 年全国城市人口鸡鱼肉蛋供应量为 38 公斤，1987 年增到 45 公斤；在 1980 年城市居民生活支出中，主食开支占 25%，现仅占 19%；杂粮基本退出统销，仅占城市销量的 3.5%。这四个硬指标是有说服力的，短时间内出现的副食品紧俏，粮食不宽裕，是人民生活水平提高，并不是生产下降，以及周期性波动造成的，不存在什么萎缩或危机。但是，也不是农民富得不得了，更不是什么“副食品涨价农民发财、城里人吃亏”的问题。有些副食品涨价是事实，但生产资料涨价更厉害。前些年尿素每吨 420 元，现黑市卖到 1200 元；薄膜从每吨 2700 元涨到 11000 元，成几倍上涨。1980 年前国家对农业建设投资占总投资 10% 以上，近几年降到 4% 以下。哪个部门搞改革都想掏农民的腰包，事事要群众“集资”，农民人均负担有的高达 60 元、80 元、100 元。农民很有意见。必须看到，我省农民人均收入才 429 元，仅仅是温饱型的，而且还有 300 多万人没有解决温饱问题，生活还很贫困。这主要是沿淮行蓄洪区、大别山老根据地、沿江老灾区和皖南插花灾区的人民。

所以，对当前农村形势的看法，我认为应该用三句话概括。第一句是，整个农村的形势是好的，但确实存在投入减少、农业生产后劲不足的问题，如果不在意，农业前景实堪忧虑；农民拥护党的政策，积极性仍然是高的，但确实有意见，主要是农用生产资料涨价且供应不足。服务工作跟不上，各种摊派负担太重。第二句是，微观很活跃，农民开始学会按市场信号安排生产，但宏观调控不适应，不善于运用价值规律和农民打交道，仍然是“多砍少抢”的老一套，致使有些产品大起大落，波幅很大。第三句是，农民生活确实有了较大改善，多数人日子好过了。但仍有一些人未得温饱，切切不可对农民富裕程度估计过高。

问题的严重性在于普遍存在的城市倾斜偏向，城市人口集聚，文化水平高，参政意识强，他们的声音在决策部门的分量重。而农民虽然人口多，但居住分散，组织程度低，谈判地位弱。在维护自己权益方面，常常是农民吃亏。遇到城乡利益冲突，往往是牺牲农村，保全城市。有些人口头上讲关心农业、以农业为基础，实际上关心的是农副产品收购如何保证城市供应。所谓以工补农，也只是乡镇企业补农，是农村内部循环，大的方面仍然是以乡补城、以农补工。必须改变这种状况，否则农民积极性受挫、农村经济难以迅速发展。有关方面已组织中华全国农民企业家联谊会，还倡议组织中华全国农村劳动者协会，用组织起来的办法，实现自我管理、自我教育、自我保护，提高社会地位，增强与有关部门的对话能力。东欧国家这方面成功经验不少，匈牙利的农业生产合作社全国理事会权力极大，法律规定的有关农产品价格、农民税收、农村信贷等问题，必须征得理事会同意，否则无效。

第二，正确认识省情，脚踏实地工作，把干部积极性引向正确轨道。关于省情问题，苏烨副主任专门作了报告。我很同意一些领导和专家、学者的分析。但我有一点还未完全想通，就是“安徽是华东地区的锅底”这个说法是否科学。我认为，“华东地区”是行政区划，不是经济地域概念。江浙鲁闽沪等省市早在100多年前就接触外部世界，历史上工商业就很繁荣，安徽与他们是不可比的。与他们比，安徽不可能从“锅底”爬到“锅台”；相反，如果我们上了“锅台”，让江浙鲁沪掉进“锅底”，那倒真是怪事！这种比法，尽管有警醒自己，促进向他们奋发学习的一面，但我认为弊病不少。容易自卑，容易急躁，甚至会出现浮夸。

省科委关于星火计划发展战略的研究报告，把“腹地型经济”的概念引入分析我们省情，我觉得有新意。我们省是经济中心周围的纵深地区，省内未能形成足以抵御外省经济中心的吸引力和辐射力，因此，原料外流，购买力被引向中心城市，这可能是我们发展中难以避免的阶段。特别是我省劳动者素质比沿海地区差距大（我是说群体，不是个体），许多他们办得到的事我们不行。只有承认这一点，才能使我们的工作更加实事求是，更注意摸着石头过河，而不是出去转一趟，就认为“人家办得到，我们为什么办不到？”现在确有这种苗头，尽管是个别的。

时常有人问我，乡镇企业产值是否准确？粮食产量和人均收入数字有无水分？老实说，我对这个问题也不好回答。千家万户太难统计，讲有水分没有根据，讲无水分也没把握。据我在农村调查，印象是粮食产量和人均收入报低得多，因为有许多摊派是按人均收入比例提取的，扶贫资金也按人均口粮和收入限额核拨。但也确有个别搞浮夸的。有个乡的书记、乡长就对我说，他们的前任因多报人均收入而得先进、被提拔，他们来此工作只好“填空子”。由此我想，领导者一定要保持清醒头脑，绝不能认为那些热衷搞宣传、平时拍胸脯说大话的人就是开拓型干部。领导人要多为下级讲真话创造条件，以使我们的经济建设更加扎实地前进！

第三，改善外部环境，建立吸引科技人员下乡的激励机制，调动知识分子的积极性。发展生产关键在人才。今年年初各地都制订了一些优惠政策，吸引科技人员下乡，但收效甚微。看来，那些优惠政策的吸引力还不够大。据我在下面了解，有三个方面原因。一是后顾之忧。主要不是考虑浮动一两级工资，而是担心孩子在家上学缺少辅导督促，忧虑子女前途。最近省政府批准省科委意见，对下乡科技人员的孩子，考大学录取分数线照顾 20 分，这项规定可能会受到欢迎。二是对政策预期不良，缺乏安全感，怕政策变，怕红眼病。我省第一个留职停薪承包荒山造林的工程师陈菊生，就受到这类困扰。他辛苦 5 年，造林 5000 亩。但荒山虽绿，忧虑犹存。讲讽刺话的，敲竹杠的，偷盗的，甚至有人扬言要和他拼刀子。他忧虑以后成材时，森林和个人的安全如何保障？恐怕就是此类原因，效仿陈菊生的科技人员极少。我们必须从宣传上、行政上、法律上加强工作，不仅要为外商投资改善环境，也要为自己的科技人员和国内开拓者改善环境。三是“官本位”的制约。一方面行政机关的科技人员不愿下去，另一方面他们想下去而受到官门的干扰。有位高级工程师无事干，卖切草机，本人应聘到乡镇企业，单位头头千方百计阻拦。响当当的一位高级知识分子，被一个芝麻大的小官（大约算得上一个副科级）卡住了。这种怪事太多！去年我到外地去，有个佛教名山的菩萨也定了级，什么科级庙、局级庙，简直是莫名其妙！这不是笑话，有位地委副秘书长告诉我，他那里有位天主教牧师，名片上就正儿八经印有“正处级”三个字，这真是滑天下之大稽！恐怕就是这种“官本位”思想作怪，许多人才拥挤在行政机关，企业乏人，农村乏人，影响着经济的发展。我们的知识分子待遇确实不公平，除了少数头面人物，许多人经济收入微薄、政治地位低下。农村科技人员尤其如此，难怪有人说："远看像要饭的，近看像烧炭的，仔细一问才知是农技站的。"这种局面不改不行。我想，如果有一天，人们对学位的追求远远超过对官位的向往，创造财富的人比享受特权的人更光荣、更受人尊重、能够得到更多的物质利益，我们国家将更有希望，我们的经济建设将更快发展，我们人民的生活将会更加美好。

深化农村改革的重大探索*

根据1987年中央五号文件精神，中共中央书记处农村政策研究室和中共安徽省委联合决定，以安徽省阜阳地区作为乡镇企业制度建设试验区。这是深化农村改革的重大探索，现将有关情况综述如下。

（一）阜阳地区经济发展背景

安徽省是一个内陆农业省，在全国属中部地区，经济上比较落后。阜阳地区位于安徽西北部，面积1.8万平方公里，境内9县2市，1100万人口，半径200公里内没有中心城市，刚升格的阜阳、亳州（原均为所属县的城关镇）两个县级市，各只有15万人口。距离最近的武汉、郑州、徐州、蚌埠等大、中城市，都在200公里以上。由于不临交通要道，又无重要地下资源，因而1985年前的30多年间，国家在本地区内的基建投资总额仅有11.9亿元，人均108元，只及全国水平的10.6%。工业极其落后，列入1986年工业普查范围的仅有小型企业1781家、中型企业6家，没有一家大型企业。农民占总人口数的93%。农民人均收入为317元，比全国平均水平少107元。因此，阜阳地区是传统中国农区的典型缩影，在广大中西部地区具有较大的代表性。

阜阳地区是我国较早实行农业生产责任制的地区之一。它的可贵之处在于，包产到户使农民解决了温饱以后，地委和行署又不停顿地继续进行农村改革，创造激励发展的政策环境，充分调动家庭经营生命力，利用农业改革所带来的经济剩余，从不起眼的、被人看不起的小商品起步，穷地方实行穷办法，放手发展民营企业，从而在传统农区适时发动了经济结构变革。1984年后，全区发展起30多万个专业户和联合体，形成了707

---

* 本文原载《农村经济与技术》1988年第12期。

个专业村、249个专业市场，1986年底，有乡、村集体企业3000多家，户办、联户办企业1万多家，各种不成型企业17万家，家庭收入5000元以上的非农经营户有12万多个，年产值10万元以上的“两户”企业2000多家，50万元以上产值的200多家，超过100万元产值的有51家。

1985年以来，阜阳地区经济发展的实践在全国引起了广泛关注。许多认真比较了苏南、温州和阜阳经验的实际工作者和理论工作者都由衷地认为，“阜阳经验”在我国广大北方农村、中西部农村以及其他不发达地区，具有更大的适应性和易学性，因而给予了高度肯定。正是由于这个原因，中央农研室和国务院农研中心决定直接派出力量，来这里办乡镇企业制度建设试验区。

（二）试验区的组织结构和工作方法

阜阳试验区由中央农研室和安徽省委共同领导，安徽省委副书记孟富林亲自负责。领导小组由阜阳地区、国务院农研中心发展研究所、安徽省农村经济委员会负责人共同组成，并由这三家共抽出30多名精干人员组成工作班子，还向计划、统计、经济、法学等部门借调了一批专家学者参加。1987年初进行前期准备，3月15日工作班子进点。扫描式调查。重点调查、首批试验项目的方案设计、项目论证各用了一个月时间，7月下旬至8月中旬又用了将近一个月的时间进行项目出台部署，然后实施试验和进行观察。

试验的准备工作非常细致。工作班子先后调查了11个县市的33个区、56个乡、77个政府部门和基层单位及142家企业、48个集镇、39个市场，召开各类座谈会154次，访谈了491个农民企业家和农村工作者，共形成了141份总量为30万字的访谈记录，撰写了20多篇调查报告。同时，还委托安徽省农村调查队，在六个县的范围内，采取随机抽样，对抽样的40个区、100个乡、350家企业进行了普查登记，搞了具有485个变量的调查分析。

试验项目出台有着严格的程序。首先要经过周密细致的调查研究，然后提出试验方案并进行具体论证。每一个项目都要有设计方案和项目书，明确项目负责人，报领导小组审批，不断进行检查监督，并负完全责任。

整个试验过程贯彻既积极探索改革之路，又慎重稳妥防止出现大的偏差的指导思想，在看得较准又符合审批程序的前提下，允许突破某些现行政策。

（三）已出台的主要试验内容

乡镇企业的发展是传统农区经济振兴的必由之路。但是调查表明，目前乡镇企业的内部制度很不健全，外部环境也很不利。因此，阜阳试验区第一批出台的项目，主要围绕加强内部制度建设、改善企业投资环境、开发经济小区三个方面进行。

1. 企业内部制度建设

乡镇企业内部制度是否完善、健全，从根本上关系到企业内部活力的发挥。但是，很多企业的内部管理制度、分配制度极不完善，财产关系也不甚明确。特别是联户企业和合伙企业，是在乡土社会里以血缘关系为纽带创办起来的，大家都是“熟识人”，不愿把丑话说在头里，契约观念淡薄。当企业发展到一定规模时，创办人之间就互相怀疑，互相争权，意见很难统一，往往是“患难容易富贵难”，中途散伙。使企业不能壮大。据此，试验区明确企业内部财产关系、劳资关系、分配关系为重点，着手企业制度建设试验，多传统农区的乡镇企业引入现代管理因素，第一批推出八个类型的企业示范章程，以供各企业选择采用。如阜阳县建筑材料供销公司“分享制企业”单位（公司利润由职工和股东分享，公司为每个固定职工建账，有明确的当年分成和企业积累比例），蒙城县振华建材股份有限公司章程（公司成立之前的原有企业财产，进行清算和折价后，按职工贡献大小分配股份，原创业者股份最多为董事长，今后利润按股分红），太和县供销公司挂靠协议（两户联办起家的供销公司及其冷冻厂，挂靠到县乡镇企业局为集体企业。企业有完全的经营自主权，享有企业法人资格，乡企局监督企业守法经营，并收取管理费），蒙城县工具厂独资企业章程（明确以私人企业申报登记，企业利润主要用于企业积累和扩大再生产，适当兼顾职工和创办人的利益。按照党的私人企业方针，制定了招工、管理、分配等项规定），蒙城县马庙淀粉厂经营管理承包合同（原为亏损的乡办企业，交由能人承包，明确了承包办法和甲乙双方的权利义务），亳州市古井镇汉曹酒厂合伙企业章程（两人合伙的私人企业，明确规定了对各种情况的处理原则，“把丑话说在前头”，直至双方万一发生不可调处的矛盾时，也不让企业夭折，而由地方政府出面主持抽签，决定二人的去留），临泉县东风蔬菜脱水厂租赁承包合同（原为人民公社“三级所有”时的生产队办厂，全队共有 17 户人家 74 口人，计算每年付给每个人 200 元。今后村民可自愿在厂做工，但不得干预经营），界首县曙光食品厂社会保险制企业章程（办得好的乡镇企业，为稳住骨干人员，给他们办了社会保险，包括养老金保险。今后将逐步为每个工人办理养老保险，使乡企工人也能享受国营单位职工同样待遇）。

2. 改善企业外部环境

主要是约束部门行为，保护乡镇企业健康发展。这方面主要推出了四个试验项目。一是清理市场。发展商品经济离不开市场条件，目前在市场上既有欺行霸市的“倒爷”行为，应该坚决予以打击；更主要的是有些行政机关的部门行为很不规范，任意罚没现象严重。据调查，农村集市上有七个“大盖帽”（公安、工商、税务、计量、牲畜检疫、交通、城镇建设指挥部），13 个部门，在那里收取 22 道税费，农民不堪忍受。清理市场的唯一主管机关，在市场上公开挂牌，规定收取各种税费的标准，有关部门合署办公，统一收取，然后再按比例分配。二是清理路卡。目前有些路障、关卡林立。对商品流通妨碍极大。动辄罚款，而且是“双轨制”“议价”的，要发票的罚的多，不要发票的罚的少，不要发票的就进了个人私囊。清理后只准公安一家设立检查关卡，并规定检查范围（严格遵照国务院和省级政府规定的限运、禁运物资范围进行），扫清人为的道路障碍，以搞活流通。三是制订企业创办指南。许多农民对办各种类型的企业要具备哪些条件、到哪些部门、办哪些手续，不甚了了，以致经常跑冤枉路，延误时日，还容易上当受骗，为某些行为不轨的人提供了钻空子的机会。企业创办指南是个政策性知识读物，旨在使农民了解创办企业须知的法规、政策知识及审批程序，提出注意事项，以减少不必要的损失，并约束部门行为。四是政府有关部门定期合署办公解决乡镇企业的问题。现在普遍反映办事难，不“烧香”就办不成事。阜阳试验区认为，这种现象不只是个思想政治教育问题，主要是由于缺乏制衡机制，试验项目规定，县政府每周定期召开集体办公会议，县长主持，县直各有关部门带着公章参加，农民企业家有求政府办事时，集中在这一天会上陈述，各个部门如果认为不能办，当场说明理由，让他们回去后重新准备，下周再来；如果应该批准，当场盖章。上下级和左右部门都在场，众目睽睽之下，人们的行为受到约束，规范得多了。

3. 在有条件的地方开办工业小区，使乡镇企业与小城镇建设同步发展

乡镇企业在初始阶段，由于各种条件限制，只好是弥漫性地发展，出现了“村村办厂，处处冒烟”的格局。这种情况显然是不经济的，浪费土地，加大基础设施费用，信息不灵，不能发挥集体优势，也不利于管理。阜阳试验区接受苏南等发达地区的历史经验，参照日本搞“工业团体”的做法，在蒙城和太和县各开辟了一个工业小区，提出了一些优惠条件，吸引比较成形的乡镇企业，相对集中办厂，以促进农村分工分业的加速进行，尽快改变我国的劳动力结构。同时这样做，对于淡化农民恋土意识，促进分工分业，缩小城乡差别，引入竞争机制，提高农民素质，培养一代农民企业家，都将有着极为重要的意义。

阜阳试验区第一批出台了共 11 个试验项目，除了上述内容，还有兴办名酒企业集团，选择合格的非国营企业授予经销医药品批发权、在蒙城县设立中小企业局统管城乡非国营企业，在亳州市张集乡成立乡镇企业金融服务社等。试验已经进行了 2 个多月，进展较为顺利，现正在进行观察分析，等较为成熟后，将逐步写出项目分析报告。打算 1988 年上半年，再研究 40 家个人、家庭、合伙、联户等较小类型的企业，把他们的创业动机，企业经营情况、内部管理制度、财产占有方式、核算方法等，总结出示范章程。特别是要研究农村的金融组织章程和企业的破产、清偿、重振等制度，这些是当前乡镇企业发展中迫切需要解决的问题。实现了这个目标后，基本上能使阜阳地区 18 万家各类乡镇企业，具有可资借鉴的示范章程，全区乡镇企业素质将会大大提高一步。

深化农村改革之我见*

一、社会化服务

安徽农村的统一服务搞得不够好，我们经常去兄弟省学习。从省内来讲，滁县地区做得较好。最近省委、省政府在滁县召开高规格现场会，省委全体常委，分管农业的副省长，省六大班子和部委办负责人，各地市委书记、专员、市长都参加了，推广滁县地区经验。省委、省政府明确规定：农村社会化服务体系建设，完善双层经营机制，是今后安徽农村深化改革的主攻方向。我们省农经委决定，今后一段时间只念一部经：集中力量抓社会化服务体系建设。

为什么要把社会化服务作为深化改革的主攻方向呢？大包干成功之后，我省一直在探索，下一步的改革方向是什么？1985 年中央五号文件指出，要抓产业结构调整。如何调整？难度太大。1984 年我省粮食产量 220 亿公斤，人均 440 公斤，高出全国平均水平 10% 以上。1985 年我们调减粮食播种面积 500 万亩发展经济作物，粮食比上年减产 2.5 亿公斤，受到了批评。即使“卖粮难”也不能调减，近来我省有些地方水稻市场价每公斤 0.56 元。调整产业结构还有个发展乡镇企业，向非农产业转移劳动力问题。近两年我省乡镇企业发展速度显著放慢，已转出的劳动力又开始向第一产业回流。有的人却说农村劳动力转移过多过快，宣传舆论一个劲谴责农民进城务工经商当苦力是“盲流”，在一个人均只有 1.3 亩耕地而有近 9 亿农民的大国里，哪怕是 3/4 的劳动力转到非农产业也不会影响农业生产，现在才转出 20% 左右怎么就说“过多过快”呢？城

① 本文原载《农村改革与发展》1990 年 11 月 3 日。

市工作没搞好，归罪于农民进城，是不公正的。

许多人说，当前障碍农业生产的主要制约因素是流通不畅。这确实是个要害问题。但是，这涉及城市改革，农村人做不了主。继化肥、农药专营之后，大米又独家经营，棉花、烟叶、蚕茧等紧俏农副产品无一不是垄断行业的专利。人们常说要农工商一条龙、产供销一体化，这是大好事，但真办起来谈何容易！去年太和县收薄荷，分管外贸、财政的副省长都亲自去检查，纪检、监察部门也去人督阵，要按政府定价收，未完成外贸任务之前，不得自销，否则唯纪律是问！薄荷油并不是统派购商品，而县区乡干部都只好上路设卡，检查过往行人，把外地客商赶跑。后来国际市场变化，西方国家制裁，不买我们的薄荷，省有关部门人员很快溜之大吉，害得农民至今仍有大量存货卖不掉。像这类有利的事一哄而上，无利可图时退避三舍的事太多了！抬价抢购与无人问津反复交替出现，吃亏的总是农民，农口干部既打不赢官司又得罪不起人。

搞好社会化服务是大包干应有之义。大包干的本义是：土地公有，家庭经营，统一服务。搞好服务，对于发展农村商品经济、推进农业现代化进程、改变干部“三要”（要钱、要粮、计划生育）形象，密切党群关系，巩固基层政权，都有巨大意义。所以，大抓社会化服务工作，把它列为主攻方向，是正确而又能付诸实践的抉择。

服务应是有偿的。为生产服务不是道德问题，而是经济行为。不互惠互利，就不能持久。滁县的做法是，以服务为宗旨，以经营为依托，走企业化、实体化的路子。只搞经营不讲服务，就会偏离服务体系建设的根本方向而走上歧路；脱离经营讲服务，服务体系将因缺乏经济实力而无法生存，更谈不上发展壮大。因此，要克服把经济与服务割裂开来的偏见，使之融为一体。服务组织自身滚动发展，不依赖国家吃事业饭。当然，一开始就要加强制度建设，防止借服务之名赚农民的大钱，蜕化到旧体制的老路上去，姓农的不一定就不坑农，这点务须切切注意。

关于服务内容，一定要因地制宜，量力而行，审时度势。滁县先从产前、产中起步，做到“七个统一”：统一农田基本建设、统一区域种植、统一提供良种、统一排涝灌溉、统一防治病虫害、统一畜禽防疫、统一管理村组财务和进行审计。循序渐进，逐步向高层次服务推进。

从哪里突破？有人认为县里实力强，有人认为村是基础。滁县的做法是：从乡突破，向村延伸，建设官民结合的集体服务组织。他们认为，这项改革也是利益调整，县一级旧体制盘根错节，阻力较大，而乡镇是旧体制的末梢，鞭长莫及，有回旋余地。滁县地区每个乡镇都有“六站一公司”（农经站、农技站、农机站、农水站、林果站、畜牧兽医站，乡镇企业供销公司），有的还由一位乡镇长牵头，以农经站为依托，综合建站。实行统一领导，综合协调，功能互补，变分力为合力，更好地开展服务。完全的官办没有活力，最终要受农民抛弃；完全的民办因缺乏支持和信用度低，也难以开展工作。

二、规模经营

现代化大生产应该是规模经营，这点认识上没有分歧。我们认为，规模经营不是土地和其他生产资料的归大堆，更不是规模越大越好，非集团劳动不可，实现规模经营的途径是两条，而不是一条：其一是土地向种田能手集中；其二是从生产的社会化、专业化分工人手，实行除土地以外的多种生产要素社会范围内的结合。社会化服务把千家万户连接起来，形成大片的大批量的商品生产，这也是一种规模经营。也就是说，不动摇家庭经营这个基础，通过社会化服务，发挥了规模效益。就安徽来讲，这是一条更现实的路子。所以我们认为，“家庭经营＋社会化服务”，很可能是我们安徽农村今后的发展方向。

我们国家幅员辽阔，经济基础差异大，要分类指导，不能“一刀切”。建议今后宣传规模经营，要两个方面都讲到，以免引起传统农区农民的不安。

三、合作经济组织

领导农民走互助合作的道路是中国共产党人坚定不移的方针，这点我们是清醒的。我省在人民公社体制解体后，没有成立地区性合作经济组织。当时的考虑是，我省集体经济薄弱，许多村、组是个空壳。在一个村里，当家的就是支书、村主任那么几个人，如果再成立经济组织，可能会增加人员、增加群众负担。因而先以行政村、后以村民委员会代行经济组织的生产服务、管理协调、资产积累等项职能。现在有人说，没有合作经济组织名不正言不顺，也给反对包产到户的人以口实。如果中央决定，我们服从，成立村经济合作社。现在已在6个县的各一个乡试点，多数是与村民委员会一个班子两块牌子。

有人说，泛指的社会化服务体系不能代替双层经营“统”的层次。这话有道理。我们设想，在成立乡经济联合社后，“六站一公司”将是联合社的具体办事机构，完成联合社承担的生产服务任务，村服务组与村经济合作社是一家，也可以与村民委员会三合一。

现在的问题是，对“新的集体经济”这个提法要明确内涵。这个问题太敏感，农民害怕动摇大包干。

四、双田制

土地是一种稀缺而不可再生的资源，从经济学的观点看，应该按照资源配置的效益原则，让能者经营，为社会创造更多的财富，以缓解人多地少的缺陷。但是，土地是我国农民谋生的根本，承担社会保障的职能，现阶段还必须是耕者有其田。改革的思路应是寻求这两者的最佳结合。双田制是理想的模式。

现在讲的双田制有两种意思。一是将现有农户的承包分为两块，口粮田按人均一份，只交农业税；商品田既交农业税又完成定购任务，上交集体提留。仍由原农户种，因人口增减两田互补，动账不动地。二是原发包单位为法人代表，口粮田人均一份，商品田招标承包，实行规模经营，对定购和提留的完成也都更方便了。

好思路，好模式，但具体实行起来有个实际问题。我省人均耕地1.22亩，鱼米之乡的沿江地区，人均不到1亩地。而1亩地的定购任务高的达150公斤，提留款、统筹费也在30元左右。如果把口粮田定为0.5亩，商品田部分的负担就太重。所以我认为，两田制要在人均1.5—2亩以上的地方才能实行，不宜把它定为普通的土地承包制度。

关于减轻农民负担的几点建议*

国务院关于减轻农民负担的通知下达后，省政府授权农经委系统承担这项工作的管理监督之责。当时我们曾向省政府提出三点建议。

第一，控制负担总量。要把农民上交的集体提留款和统筹费总额限制在上年人均纯收入5%之内，一律不得突破。各项开支必须先限制、后立项。"量布做衣"；只有这么多"布"，不够做"长裤"时只能"穿裤头"，即便是为农民办好事，也要量力而行。

第二，一个漏斗朝下。各项各部门出台有关涉及农民负担的文件，必须先经同级农经委审核会签，再报经政府批准，方可下达，否则无效。坚持一个漏斗朝下，防止政出多门。只有如此，才能控制住总量，才有利于农经部门担起这个责任。

第三，坚持分类指导。从总体上说，我省农民负担偏重，北部地区更为突出，农民意见较大，是工作重点。但南部也有些乡村，农民应该上交的集体提留和统筹费收不上来，这同样是不对的，要教育农民增强集体观念，正确处理国家、集体、个人三者关系，自觉承担应尽的义务。为了促进生产和发展公益事业，组织农民修桥铺路和进行农田水利建设是必要的，要发动农民积极投劳参加，但要爱惜民力，注意实效，不可摆花架子。让农民出钱时，要按限额从严控制。

一年来的实践证明，上述建议是正确的。由于领导重视和有关部门的支持，这项工作取得了一定进展。但是，阻力仍然很大，全省农民负担的总水平仍未压到5%以下。我们热切希望各级党委政府继续加强领导，吁请有关部门从"巩固工农联盟"密切党群关系的高度继续给予大力支持；

---

* 本文原载《安徽农经》1991年1月26日。

当然，农经委系统的广大干部职工要继续责无旁贷地做好这项工作，敢于坚持党的政策原则，敢于为农民讲话，坚决保护农民的合法权益。

省农经委党组分工我负责这方面工作。就我个人的实践和下乡调查的体会，还想再向各级党政领导提四点建议。

第一，考察基层干部政绩，要与减轻农民负担问题挂钩

固镇县的一位乡党委书记，以前在县农经委工作过，他对我说：现在一听减轻农民负担就“头痛”，为什么呢？因为他吃了“苦头”！周围有些乡镇税费分成和财政收入没有他所在乡多，乡办企业也没有他的乡发达，但乡政府盖起了新楼，中小学校舍很漂亮，集镇街道铺上了水泥路面，……各项建设都很像个样子，上级来人和检查团，每每给表扬。钱从哪来的？向群众摊派！而他由于搞过减轻农民负担的工作，不让粮站在农民卖粮时硬性扣款，一切提成按规定办事，结果“各项建设都显得比别人差”，评比落后，还常常挨批，认为他政绩不行。“再这样下去，能否保得住职务也难说！”

他讲的是真心话。建议以后考察基层干部政绩要与减轻农民负担工作挂钩，如果集体经济没什么发展，而其他建设很突出，那么表扬之前要先问问经费来源。

第二，让农民完成上交钱、物任务，要与干部奖励脱钩

无为、霍邱都发现村、组集体向私人借高利贷。省委书记卢荣景和省长傅锡寿同志都曾作过严厉批示，要坚决制止。这类事主要是集体经济薄弱，也有的是基层干部从中作弊造成的；但调查发现，有的是由于上级机关不适时宜地限定任务完成日期，而他们一时又无法收上来，被迫去借公私贷款垫付，然后将利息转嫁到农民头上。比如有的乡，在麦、油交售前就“一次完成全年农业税任务”，上级还通电嘉奖。买国库券、交建设费也有类似情况，催进度、排名次，使得基层干部争名争利去抢先完成。更有甚者，有些业务部门，如订书报、收影剧费、搞保险等，与奖励挂钩，完成多少任务就给基层干部多少奖赏，诱使他们去加重农民负担。

建议政府明令制止这类事情，防止因奖励不当而加重群众负担，扩大干群矛盾。

第三，罚款不能自收自支

我在怀远县一个乡看到，乡治安队 7 个人，没有经费来源，完全靠罚没款发工资、奖金。据说类似情况较普遍。县委政研室的同志对我说，有的人抓赌而不禁赌，这次抓到了罚几个钱，下次再有赌的，再抓再罚；无赌可抓就发不上工资，那就只好再想方设法找岔子罚钱。我认为，“治安队”很重要，应解决编制、经费问题，以保证他们正常工作条件。

许多事有利也有弊，孰大孰小而已。我曾与涡阳县一位村支书交谈发展集体经济问题，他很老实地告诉我：“这几年我两手空空，就靠超计划生育罚几个钱，才撑住了大队门面。”无怪乎有人说，有的基层干部实际上是支持超生，都不超生他就断了财路。

我省交通关卡之多，全国闻名。这几年萧县、砀山因路卡太多，“雁过拔毛”，使得外地不敢前来运销水果，损失很大。原中央农研室在阜阳蹲点的同志，曾从临泉坐专业户的货车经太和至界首，120 公里路程被停车“检查”15 次，每次都能找到“问题”罚钱。而且罚款还有议价的，也搞“双轨制”：要发票的罚得多，不要发票的罚得少；不要发票就下腰包。所以，对集体和个体运输户查得最积极。

现在省财政厅已发布了有关规定，关键是落实。我看，主要应从组织、人事制度上解决，罚款必须由国家执法人员执行，不能让“自负盈亏”者去干，那样非乱套不可。

第四，对农民反映最强烈的问题，要下决心“开刀”

当前，农民对“卖粮难”呼声最高。国家规定了保护价，建立了储备粮制度，党政领导重视，粮食部门也尽了很大努力，但确有些地方，粮站某些人与社会上犯罪分子相勾结坑农。这方面的来信、上访不断：粮站挂牌油菜籽收购价比市价高，但农民交定购，不收，后来又以“未完成定购任务”为由让农民补交“差价”；按保护价卖粮要请客招待，想拿现金又要请客执行；有的粮站开门不开秤，让家属子女、关系户压价代收，然后转给粮站，差价款由双方“分赃”。

不久前，商业部领导同志去定远县检查工作，途经天河乡时，被正在参加水利施工的数百农民围住，诉说粮站内外勾结坑农。定远县委、县政府极为重视，主要负责同志亲自带领公检法、纪检、监察部门沉下去查处，发现粮站与小贩子勾结，涉及好几任工作人员，现已拘审十余人，案情还在发展中。农民拍手称快，其他区乡受到震慑，不正之风有所收敛。

我认为，对于群众反映最多的问题，其中肯定有弊病，领导同志要倾听群众呼声，适时适地与邪恶斗争，将能起到杀一儆百之效，有利改进工作，端正社会风气。

第五，关键在于发展壮大集体经济

建设在发展，农村也在发展。农业要上新台阶，必须大搞农田基本建设，增强抗灾能力。不投入哪有产出？不下本钱哪能盈利？不合理负担如吃喝浪费等，当然要严厉禁止；问题是合理开支，如搞水利、办教育，修桥铺路，建娱乐场所等，确实应该花钱，我作为承担减轻农民负担监管的工作人员，有时也感到卡得太紧于事业不利；但是，又想到农民收入还很低，积累过多影响当年生活，日子过不去，国家规定即便是合理负担也要控制在上年人均纯收入 5% 范围内，是经过反复调查和周密考虑才作出的量的规定，应当坚决执行，既要保证事业的发展，又要不影响群众的生产生活，关键在于兴办乡村集体企业，发展壮大集体经济，以减轻向农户的摊派，纯农区一下子办不起工业企业的，可在稳定完善家庭联产承包责任制的基础上，巩固和发展集体农牧场、林场、茶场、果园等“绿色企业”，尽量用集体经营增加的收入来提高农田基本建设标准和兴办教育等农村社会公益事业。同时，要逐步改变按人、按田亩分摊负担的办法，尽量做到按经济收入分摊，教育务工经商收入较高的农民对社会、对集体多做贡献。

下大功夫抓落实
——下乡调查有感[*]

编者按：本文作者是安徽省农村经济委员会的一位负责同志。他用下乡调查的切身感受，说明狠抓落实的重要性。文章有事实，有体会，夹叙夹议，让人读后很受启发。

实践证明，我们党的农村政策是完全正确而且稳定的，但在一些地方落实得还不够好，有些甚至走了样。这里面有认识水平问题，也有思想作风等问题。本文作者呼吁要在“落实”上狠下功夫，我们也有同感。希望这一问题能引起广泛的重视。[**]

我做农村工作，与农民接触较多，深切感到所有的工作都必须落实到基层，否则只能是一句空话。

1.“卖粮难”的症结

我国人均粮食占有量尚未恢复到1984年的水平，与发达国家差距更远，但“卖粮难”的呼声仍经常听到。粮食部门做了很大努力，主产区遍地是露天仓。国家又规定了保护价，财政负担已经很重，为什么还解决不了问题？春节前夕，我回到岳母家找熟人调查，方知国家保护价好处有相当一部分中途流失，没有到农民手里。群众对此意见很大。

我的小姨妹想卖粮还借款，但粮站不收购。虽然国家公布保护价是每公斤0.70元，可她只能以每公斤0.58元的价卖给小贩子，1500公斤就少得180元。小贩子转手送到粮站，“好处”双方均沾。

---

* 本文原载《安徽日报》1991年3月6日。

** 本文原载《人民日报》1991年3月20日。

商业部一位领导同志到某县检查工作，在一个乡里被农民围住，诉说当地粮站坑农的事。县里下决心查了，结果发现这个粮站收的保护价粮食，多数是粮站职工与小贩子勾结的，国家的好处没有到达农民手里。查了这一个乡，逮捕了犯法分子，震慑了全县，社会风气大大好转。

2．农民负担何以难减轻

农民负担问题在一些地方仍有增无减，原因是多方面的，既有思想认识问题（比如认为农民富了，可以多拿点），也有社会风气问题（大吃大喝，向群众筹款开支）。我觉得这两个问题是“明”的，容易发现；还有个难以启齿而又确实影响干部执行政策的问题，更值得重视。

我与一位曾经是同行的乡党委书记谈心，他说邻乡的集体企业没有他们好，税收提成也比他们少，但乡机关盖起了办公楼，集镇街道铺起了水泥路面，各项建设都很有点样子，常常受到上级表扬。钱哪来的？向群众筹集，向企业摊派。而他在县委农工部工作过，向农民征收提留款和统筹费都按规定限额办事，一切开支只好因陋就简，来人接待也显得很寒酸，大大影响了他的“政绩”。

3．首先要治“三乱”的根子

中央明令制止乱收费、乱罚款、乱摊派，大得人心，不仅群众高兴，机关企业也高兴。但对“三乱”能否治得了，又有点信心不足。

我在一个乡发现治安队7个人，全无编制和经费来源，执法机关也实行“自收自支，自负盈亏”，工资靠惩治违法乱纪的人罚款解决。难怪抓赌却总不能禁赌。

中央某研究单位来调查，乘坐专业户货车，行程120公里，被停车检查15次，每次都能找到岔子罚款。这些文化人讲话也俏皮，在大会上说：“路卡人员自己也不懂交通规则，红绿旗一把抓，让你不知是放行还是停车。而且罚款还有议价的，也搞双轨制：要发票的罚得多，不要发票的罚得少。不要发票的当场进罚款人腰包。难怪他们检查个体户车辆最积极。”

4.《焦裕禄》的启示

我亲眼见到许多观众是流着泪看《焦裕禄》电影的，由此想到：领导下乡调查，要轻车简从，否则很难听到真实情况。如今领导下乡，事先电话，层层陪伴，警车开道，非通车公路不去，多么不同。

我的一位当省领导的朋友对我说，他听乡干部汇报时，有的乡长讲几句就用眼瞟一下县长，我看事情坏就坏在这里。他有压力，讲话不能不“过滤”。

全党都要为“落实到基层”狠下功夫。这篇文章是写给读者看的，也是自勉。我本人也是单位的头头，我的工作也要自觉地朝这方面努力。

谷贱伤农*

在工业生产回升缓慢，市场疲软尚未根本好转的情况下，1990 年全国农业大丰收，显得特别令人振奋。粮食总产 8700 亿斤，比上年增产 600 亿斤，比历史最高水平还多 300 亿斤，这确实是了不起的成绩。人们都在赞颂农村形势好，有的人甚至说：现在是工业担心，商业忧心，只有农业放心。

农业是否可以高枕无忧了呢？我是做农村工作的，认为不能掉以轻心。城里人看农村形势好，最主要是农产品供应充裕，价格低廉。我认为，这种现象很可能孕育着农业要滑坡的危险。道理很浅显：谷贱伤农！从古到今，一概如此。

安徽是一个以农业为主的省份，近几年粮食连续丰收，平均每年调出粮食近 60 亿斤。我到农村调查，农民们普遍怀念 1984 年以前，那时粮食增产，卖上好价，支农物资价格平稳，“粮食值钱，钱也值钱”。盖新房、买机械，都是那几年最红火的，农民越干越有劲。这几年情况大变，“化肥涨价，水费提价，电力议价，柴油高价，各种农具没有个正价，唯独粮食卖不上价”。到处是“卖粮难”，到处是露天仓。国家虽然规定了粮食保护价，但相当一部分好处中途流失，财政和农民都吃亏。近来全省粮站普遍停收，市场水稻每斤 0.2 元，比定购价只高 0.03 元，比国家保护价低 0.1 元，农民反映“流着汗水种田，滴着眼泪卖粮”。据省统计局资料，因价格影响，1990 年全省农民人均出售粮食少收入 22.27 元，占全年纯收入 4%，我委典型调查，粮食大县定远（每年提供商品粮 10 亿斤，人均 1300 斤），农民人均卖粮减收 100 元以上，占到该县农民人均纯收入的

---

* 本文原载《安徽农村通讯》1991 年第 3 期。

17%，而同时，农用生产资料和各种摊派负担都以两位数上升。

今年夏收夏种已经开始，各地上报粮食作物种植面积比上年减少 100 万亩左右，有关专家估计，实际播种面积可能要少 300 万亩。全省 18 个固定观察点统计，今年粮食播种面积比上年减少 10%。全国人大代表、著名卖粮模范杨锦礼说，他所在的村今年粮食播种面积减少 1/3。

农民种粮积极性下降，这是事实，然而又不能过于责怪他们。安徽是全国五个调粮大省之一，但农民人均收入处于全国第 20 位，这本身就说明了种粮不合算，经济效益低下。务工经商比务农的富得快，这是有目共睹的事实。纯粮农进入富裕户行列的，简直是凤毛麟角，因为即使是卖万斤粮的户，纯收入也只一两千元。所以，头等的农村能人，务工经商办企业；二等的农村能人，养鱼种菜卖水果；真正埋头种田的，都是些老实巴交的户，而他们也是先棉后油再到粮。国计民生第一要项的粮食，竟是如此境况，委实是个讽刺。安徽这几年农业生产之所以还较稳定，粮食生产没有出现大的问题，主要是由于省委、省政府重视粮食生产，反复教育农民顾全大局；同时还有一个很重要的原因，是安徽商品经济比较落后，农民致富门路不多，舍此而没有别的活路。随着农村生产力的发展，农民文化素质的提高，如果没有新的奖耕措施，粮食生产将会越来越走下坡路。

我国有 11 亿人口，吃饭是第一件大事。无粮则乱，这是真理。千万不能为眼前“卖粮难”的暂时现象而昏昏然、飘飘然。粮食并非真多，全国人均占有量比 1984 年还少 18 斤，比发达国家差距更大；全国 30 个省市区中，调粮大省只有 5 个；我省 72 个县市，能调出粮食的也只 26 个。主要是流通不畅，仓储不足，以及财政体制等原因所致，一旦工业生产发展，进城务工经商的人恢复到前几年的水平，粮食销量将大增。而且，1990 年的大丰收与气候关系极大，全国风调雨顺，并非农业综合生产能力有什么大的提高。今后万一遇上灾年，生产还会出现波动。我国是一个多灾国家，灾年要减产 200 亿斤左右；据商业部有关人士透露，1990 年的“卖粮难”，也不过就是 200 亿斤左右的问题。切切不可认为粮食多得不得了！

一定要保护粮农的积极性，防止谷贱伤农，国家规定的鼓励粮食生产政策要一以贯之，不能多了砍、少了抢。粮食富足，经济发达、实行市场经济的西方国家，尚且对农民实行扶持政策，在我们这样耕地资源短缺、人多地少、城乡差别又较大的发展中国家里，尤其要给农民以更多优惠。对定购后的余粮要长期实行保护价敞开收购的政策，即使加重些财政负担也在所难免。不仅要保护粮农积极性，还要保护产粮地区政府的积极性，因此，销区也要多建粮仓，储粮于销区，以平衡利益关系，减轻产区库容和财政的双重负担。总之，在粮食问题上一定要把眼光放远点，争取在丰年也要想到灾年，切切不可短视，否则将悔之无及。

稳定家庭承包完善双层经营*

党中央有关文件反复指出，以家庭经营为主的联产承包责任制，应当保持稳定并不断完善。我认为，这不仅是一个政策连续性和人心思定的问题，最重要的是包产到户适应农业生产力的水平。

第一，农作物有生命。生产的周期长，生产成果表现为最终产品；季节性强，受客观环境变化和气候的制约因素大；生产空间分散，时间上连续而不可间歇。这些特点要求有灵活、高效而又利益直接的经营方式与之适应，这就决定了家庭作为基础的小巧灵活的经济单位和利益整体最为相宜。生产关系一定适应生产力的需要，这是最根本的规律。

第二，规模经济小。农业跟工业不一样，工业部门流水线作业，规模经济大，单家独户不仅经济小，有的根本不可能，农业特别是我国目前农业生产，机械化程度很低，基本上是手工作业，相互关联程度很弱，本身没有集团劳作的要求，也不因投入的劳力多而提高劳动生产率。

第三，劳动监督困难。过去以生产队为基本核算单位，之所以不成功，最主要的原因是农业生产上的劳动监督非常困难，成本高昂且不准确，很难说谁付出了多少单位劳动因此应该给多少按劳付酬的“酬”。如果劳动监督很难，劳动者得不到应得的报酬，或者不必很好劳动也能得到较好的报酬，这都必然会影响到他的劳动积极性。从激励角度看，在合作生产的组织里，每个人的积极性决定于对他贡献进行监督的难易程度，如果对他的贡献监督得很清楚，并且与报酬挂钩得紧，那么他的积极性就高，反之就下降。

从经济学的观点看，如果一个生产过程规模经济很小，监督又比较

---

* 本文原载《学术界》1991 年第 4 期。

困难，那么这种产业采取集团生产的组织形式，就不如以家庭为单位生产好，实践是检验真理的唯一标准。改革以来，我国农业生产巨大发展，农民生活极大改善，充分显示了新体制的优越性。

家庭联产承包制，统分结合，双层经营，之所以受欢迎，效果显著，是因为能够发挥集体与个人的积极性，适应我国农村生产力水平和发展要求，符合广大农民意愿和农业生产特点，有着广泛的适应性和旺盛的生命力，必须长期稳定，并在稳定中不断完善。这一点绝不能动摇，否则就会犯历史性错误。但是也必须认识到，稳定是完善的基础，完善是稳定的保证，完善的任务十分艰巨，当前要在完善上下狠功夫。

完善主要指的是完善双层经营体制。有的同志不赞成“统分结合，双层经营”的提法，观点有三。一是当年讲“统分结合，双层经营”，是因为那时有人反对搞包产到户，说包产到户是分田单干，为了说服他们，才想了这个名词，意思是包产到户不是分田单干，而是集体经济的一个经营层次，今天再强调这个问题，很可能会强化干预，侵犯农民自主权。二是现在有乡、村、组、户四个经营层次，“三级所有，户为基础”，不只是两层，为什么讲双层经营？三是担心这个提法是“圈套”，慢慢地就否定分、专门统，否定包产到户，重走“归大堆”老路。

我认为，应当接受并坚持“统分结合，双层经营”的提法。实行以家庭联产承包为主的责任制，把家庭经营引入合作经济组织，是我国农村改革最成功之点，也是最主要特点。领导农民走合作化道路，是中国共产党人坚定不移的方针。家庭联产承包制的内涵，应该是土地公有、家庭经营、统一服务。只有把家庭分散经营和集体统一经营相结合，才是完整的合作制，也才有利于生产力的发展；否则，无论忽视哪个层次的作用，都不利于农业生产和农村经济的稳定发展。只有分，没有统，确有所短，形似分田单干，也易给反对包产到户的人以口实；而“统”的核心是服务，不是土地、劳力的“归大堆”，讲清了农民是欢迎的。

联系安徽的实际情况，当前要在继续发挥家庭经营活力的同时，强化统的功能。具体讲来，完善的内容有四：成立地区性合作经济组织；完善土地承包办法；建设社会化服务体系；发展集体经济。

一、成立乡村合作经济组织

中央多次指出，要成立地区性合作经济组织。这是个有争议的问题。有的同志说，从列宁起就讲合作制，我国从50年代就搞互助合作，大包干以后仍然是双层经营，因此成立村合作社是很自然的事。现在有人说农民怕合作，“谈合色变”。要解决农民怕合作就得办合作，办了合作社，让农民知道是怎么回事，他就不会怕了。也有人说，现在稳定压倒一切，不应再给农民一个又要搞合作化的信息，还有人认为以行政区划设立合作经济组织，带有封闭性和排他性，覆盖面有限，不符合经济规律，更难以体现自愿原则。从安徽省改革实践看，在村一级，集体经济比较薄弱，如果再单设经济组织，很可能要增加半脱产干部，加重农民负担；加之由于“大锅饭”的影响深，农民对“合作”确有疑虑，因此我们在改革初，只强调专业合作，没有成立地区性合作经济组织，由村民委员会代行其职能。现在有人批评没有土地发包方，村委会发包土地名不正言不顺，需要有个地区性合作经济组织承担发包土地、生产服务、管理协调、资产积累等项职能。我认为，除了集体经济较发达的村，一般可不单设机构，而是与村民委员会交叉兼职为宜。

二、完善土地承包办法

土地是一种稀缺而又不可再生的资源，必须十分珍惜。我国以世界1/15的耕地养活了占世界1/5的人口，这是了不起的成绩，但现行土地制度确实存在严重弊端，这主要是地权不甚明确，集体和农户都不很珍惜土地；没有流转机制，土地过于分散，不便耕作，难于集聚规模经营；完成国家任务难度大，增加了干群矛盾，我认为改革的思路是坚持有指导的市场机制，即有偿转让使用权，促进土地合理流动，既要体现土地的社会保障职能，使大量没有其他就业机会的农民能够有饭吃，又要按照资源配置的效益原则，让能者经营，寻找这两者的最佳结合。

中央有关农村工作文件指出，要稳定完善土地承包制，对已形成的土地承包关系，要保持稳定；只要承包办法基本合理，群众基本满意，就不要变动。当务之急是健全承包经营制度，加强承包合同管理，保证土地等生产资料的集体所有权和承包农户的经营自主权都不受侵犯，以形成良好的生产秩序和经营环境。有的地方由于地块过于分散，人地矛盾突出，可以根据多数农民的意愿和要求，按照基本等值等量、利益补偿的办法，做适当调整。

当前全国在土地调整方面有五种情况。一是生不增，死不减。如贵州省湄潭县试验区，他们按照 1987 年的合法人口，重新发包土地，今后除全家农转非和绝户头外，不再调整。可以继承，但不准买卖。二是发达地区土地向耕田能手集中，由“耕者有其田”到“能者种其田”，实行规模经营。三是两田制。山东省平度市进行此试验，有两种做法。一种是现行承包田亩不变，每户从账下划分口粮田、责任田两块，口粮田只交农业税，责任田上交农业税、完成定购任务、交集体提留。以后因人口增减，只调整任务，动账不动地，两田互补。另一种是口粮田人人有份，责任田由发包单位集中招标，能者经营，规模种植，我省怀远县在人均 2.5 亩以上耕地的乡、村，实行三田制，除按上述第一种办法实行两田制外，再拿出第三块田地招标发包，承包费较高，以此作为集体积累，用以壮大集体经济。同时实行宅田合一，把宅基地面积与口粮田合并计算，促进农户节约用地。涡阳县楚店乡对口粮田实行总量控制，即在一个发包单位内，口粮田总面积不变，今后人口增减变化，在总面积内调整，如某村民组口粮田共 60 亩，现有 100 人，人均 0.6 亩；五年后增到 120 人，则人均 0.5 亩，以保证责任田和招标田面积不再减少，有利于商品量增长。四是大稳定，小调整。大多数承包户地不动，只对少数人口增减户和当时分得过于零散的地块作了调整。减人户的地给增人户（符合计划生育政策）；减少增多的，有两种处理办法：其一“量入为出”，例如退出三人地转给新增五个人平分；其二“排队递补”，依次转让。五是大调整。考虑到包产到户已经实施 10 年，当时分得过于零散，不利耕作，人口变化又在，现在重新发包。

三、建设社会化服务体系

普遍认为，社会化服务包括乡村合作经济组织内部的综合服务，社会上各种服务组织提供的单项或系列化服务，以及国家经济技术部门、农业院校和科研单位所提供的服务三个方面。这三个方面各有所长，应互相补充，协调发展。在这三个层次中，乡村合作经济组织是基础层次，应作为农村社会化服务的重点。

我省滁县地区的乡镇普遍成立了“六站一公司”（农经站、农技站、农机站、农水站、林果站、畜牧兽医站，乡镇企业供销公司），做到了“五有”（有服务组织、服务人员、服务场所、服务项目、服务手段），实现了“七个统一”（统一农田基本建设、统一区域种植、统一提供供种、统一排涝灌溉、统一防治病虫害、统一畜禽防疫、统一管理村组财务和进行审计）。省委、省政府推广了他们的经验，今年又作出建设农业社会化服务体系的决定。对此我再提出四点建议。

（1）要因地制宜。从群众最需要的服务项目做起，由小到大，由少到多，逐步发展，由低级到高级。可以是以乡为重点，也可以从村做起；可以综合建站，也可以是各专业站单项服务。总之，要多形式、多层次，不能搞“一刀切”。不要一哄而起，只挂个空牌子，服务工作未做，反而要发许多人的工资，增加群众负担。

（2）关键是给政策。滁县地区搞得好，主要经验之一是领导重视，亲自抓；积极引导，不包办代替，立足于给政策，为服务体系建设提供良好的发展环境。主要政策是：集体提留和统筹费由乡农经站统管，防止增加农民负担和杜绝使用上的违纪行为，并允许利用时间差在集体经济内部融资；以服务为宗旨，服务与经营相结合，服务组织既开方又卖药，允许经营一定数量的农药、农膜、化肥、柴油；鼓励服务组织参与农副产品流通，帮助农民解决卖难；服务组织是具有法人资格的实体，独立核算，自负盈亏，各部门都要支持这一新生事物，不准许随意干预、安插私人、平调财产等。

（3）加强制度建设，防止异化和蜕化，一开始就要加强内部制度建设，人事安排、收费标准，财务统计、分配方式都要制度化。千万不能走旧体制老路，防止姓农也坑农。

（4）对国营企事业单位和原有的服务组织，要立足于帮，不能排斥。要以集体为基础，国家、集体、农户一起上，既有横向的地区性合作服务组织，又有纵向的专业性农工商一条龙、产供销一体化。

四、发展集体经济

农村改革的总方向是发展社会主义集体经济，引导农民走共同富裕的道路。有些农村干群有顾虑，主要是怕集体经济就是回到人民公社老路上去。其实今天讲的发展集体经济不是否定家庭承包经营，不准平调农户财产；要循序渐进，绝不可急于求成；要通过搞好开发性生产，兴办集体企业，合作经济组织开展有偿服务，以及按章提取的承包费收入等办法来实现；特别是要帮助贫困村解决起步问题，政府要在资金，物资、技术等方面给予扶持，使之形成自我发展能力。

我省农村集体经济薄弱，要大力发展，壮大集体经济实力，增强集体的凝聚力，走共同富裕的道路。要把发展村办集体企业当作大事来抓，对穷困村要从扶贫资金中切一块专门用于扶持村办集体企业。发展集体企业要用两条腿走路，要“四个轮子”一起转，特别是纯农区和贫困地区，要从成本小、容易办的小行当、小项目起步，逐步发展壮大，切不可贪大求洋。

发展农村集体经济的几点思考*

一、什么叫作集体经济

近来时常听到一些同志说，他那里集体经济薄弱，有很多“空壳村”。我认为，笼统地这样说是不准确、不妥当的。众所周知，家庭联产承包责任制是集体经济的经济形式，而不是分田单干，实行包产到户以后，我国农业生产有了巨大发展，农民生活有了较大改善，这是举世公认的事实。怎么还会有“集体经济空壳村”呢？这样说，显然是把包产到户排斥在集体经济之外，容易造成思想混乱。

当然，有些地方村组直接经营收入很少或没有，村组开支完全依靠向农户收集体提留和承包金解决，这种状况应该改变。要逐步增加村组直接经营收入，增强集体统一支配的财力和物力以减轻农民负担，实现共同富裕。

二、村组直接经营收入少的原因

有人说，村组集体经济薄弱的原因，是包产到户把集体财产分光花净了。我不赞成这样的结论。以较早实行包产到户的安徽省滁县地区为例，十一届三中全会后我们曾在这个地区的嘉山县做过专题调查，从1958年实行公社化至1978年，嘉山县农村人民公社三级所有的全部固定资产总和只有1900万元，而同期农民吃的国家救济款以及欠银行的贷款，却有2500万元，真正是产不抵债！凤阳县比嘉山县更突出。哪里是什么“包产到户把集体财产分光花净”，而是根本没有集体财产可分！当时多数

---

* 本文原载《人民日报》1992年2月11日。

乡村把耕牛农具分到了农户，欠债也分摊给了农户。当然，少数地方确有把不该分的集体财产（如拖拉机，小加工厂等）也分了，这是失误。但要看到，这是在当时特定历史条件下发生的，一个大的变革难免要付出一定的代价。

造成地方过去穷，今天集体就直接经营薄弱的原因是多方面的。我认为主要是教育引导不够。有的基层干部曾经批评，前些年有些领导下乡，“只看专业户，不看党支部”，十三届八中全会再次强调要完善统分结合的双层经营体制，就是要把集体统一经营的优越性与家庭分散经营的积极性都发挥出来。绝不能不从自身工作上找原因，而怪罪包产到户。

三、发展集体直接经营的政策原则

有些人老是喜欢从一个极端跳到另一个极端，现在又下令一年之内“消灭集体经济空壳村”，否则干部就地免职，换届时不得再当候选人，我看这只会把事情弄糟。“你压他，他就哄你”，三年困难时期这类教训太多了，不能再重蹈覆辙。

农村改革的方向是发展集体经济，走共同富裕的道路，这是坚定不移的。但是，任何事情都要因地制宜，发展集体直接经营只能是一个渐进的过程，绝不可急于求成，绝不可一平二调，绝不可在农民头上打主意，不切实际地下达硬指标，用惩罚和免职相威胁，只会把好事办坏。还要注意保护个体工商户和私人企业的合法权益，教育他们守法经营、依章纳税。要用开发新资源，发展新的生产力来壮大集体经济，而不是用限制个体、私人经营的办法来“彼消此长”，当然，我们也不允许私人企业打着集体牌子去享受国家优惠。

四、发展集体直接经营的路子

发展乡镇企业是振兴农村经济的必由之路，但是我认为，这是主要途径，不能把它看为唯一途径。尤其是工业企业，不一定每个村都能办，且不说“村村办厂，处处冒烟”的格局利弊究竟如何，主要是因为有些穷困村，人的素质不适宜，有的人对工业完全是外行，而对农业熟悉，为什么不扬长避短？搞开发性农业，兴办集体林场、茶场、果园、鱼池、种子田等，同样能创造较高收益，增加集体直接经营收入，解决多余劳力出路，何必都往一条道上挤呢？

五、要管好集体财务

集体直接经营收入增加，使集体有实力为农户分散经营提供服务，减少农户上交，这有利于发展生产，有利于实现共同富裕，必将受到农民的拥护和欢迎。现在有些地方由于集体财务管理不好，集体财产被干部侵占吃喝花费，因而那里的农民对发展集体经济并不热心。要解决这一问题，必须加强集体财务管理，实行民主理财，交给农民一本放心账，使集体财产真正用在集体事业上。

正确看待村级集体经济薄弱问题*

1991 年，安徽省农村经济委员会对全省村级直接经营收入进行了一次普查。收回的有效数据涉及 58 个县 2 万多个村，其中村级直接经营收入一分钱没有的（亦即通常讲的“空壳村”）占 46%、年直接经营收入 5000 元以下的占 30%、5000 元至 1 万元的占 14%、1 万元以上的仅有 10%。据典型调查，一个村一年的干部报酬、必要的行政管理费和公益支出，一般要 1 万元左右。也就是说，全省有 90% 的村，日常开支或多或少要向农民提取，特别是那些“空壳村”，不仅无力为农户经营提供服务，而且由于只取不予，因此必然要影响干群关系，影响党的号召力与集体凝聚力，影响基层政权的巩固。

有人认为村级集体经济薄弱是包产到户造成的，大包干把集体财产分光花净了。这不是事实。首先，从整体上说，安徽农村集体经济是发展的，农业生产近 10 年有了较大发展，农民生活有了较大改善，除了今年特大自然灾害，绝大多数农民解决了温饱问题。特别是滁县、来安，全椒、天长、桐城，怀宁以及江南的县市，“空壳村”很少。要看到这个主流。其次，有相当多的地方，不是大包干把集体财产分光花净，而是根本没有集体财产可分。安徽不少地方都是这种情况。再次，多数地方当时分集体财产是分的耕牛和铁木农具，这是非分不可的，分了有利于这些财产的利用和保护。最后，少数地方确实把不该分的集体财产（如拖拉机、小加工厂等）也分了，这是失误。总之，千万不能将村级集体经济薄弱不切实际地归罪于大包干到户，千万不能向群众传递这个错误信息，否则会坏大事的，在这个问题上，头脑务必要清醒。

---

* 本文原载《人民日报情况汇编》1992 年 2 月 27 日。

有人说，沿淮和淮北地区集体经济“空壳村”最多，是由于提倡阜阳“四专两厂”（专业户、专业村、专业片、专业市场，户办、联户办工厂）经验造成的。这也不对！阜阳当时为什么要走“四专两厂”的路？因为阜阳是我国传统农业区的典型缩影：它离中、大城市都在200公里以上，享受不到城市文明的辐射；国家对这一地区投资少，全地区没有大型企业，只有6家中型企业；淮河没修好，水害频繁。在这样的穷地方，改革之初确实无力大办集体企业。千家万户的农民，利用大包干取得温饱后的有限劳动剩余，从那些不起眼的被人看不起的小商品起步，穷地方实行穷办法，发展家庭工副业，逐步由小到大，终于使乡镇企业有了现在年产值30亿元的规模，这是一个历史过程，如果不经历这一阶段，传统的社会关系就难以松动，资金无从积累，人才也得不到锻炼，更不会有今天的水平。

改革初期因为集体家底太穷，无力兴办集体企业。后来，在户办、联户办企业发展到一定规模，资金、人才、经验等条件都好转之后，应该积极引导，并从舆论、政策等各方面积极扶持集体企业。我们恰恰在这方面做得很不够，贻误了时机。现在要认真进行反思，认真执行党的路线、方针、政策，积极做好工作，不要事后诸葛亮，乱加指责，怨天尤人，要根据条件，积极稳妥地发展壮大村级集体经济。

在此就发展村级集体经济提几点具体建议：

第一，要管好集体财务。农民迫切希望集体经济发展壮大，以减轻群众负担，为农户分散经营提供服务，但是，他们又对集体财务管理混乱有意见，担心集体财产不能为集体谋利益，而被少数人吃喝挪用。因此要管好集体财务，交给农民一本放心账，黄山市推行集体财务“村组由乡代管”的办法，亦即把村组集体经营收入和农民上交的集体提留款，交由乡经管站统一管理（所有权不变），村组用钱到乡报账，经过审批再开支。建议因地制宜予以推广。

第二，要切一笔扶持资金，帮助“空壳村”启动。最好从开发性农业起步，利用荒山、荒地、荒水，办一些小菜园、小果园、小苗圃、小鱼塘、种子田等。“空壳村”各方面条件较差，起步时办“绿色企业”较为现实。

第三，在专业村、专业片，村集体通过提供服务的办法（如统一购买原材料、统一帮助推销、统一银行账户、统一代收税费等），引向合作道路。把农业的统分结合、双层经营引入工副业生产，既增加了集体收入，也有利于产品销售的信誉和提高知名度。

丢掉“三个包袱”*

深化农村改革，加快农村经济发展步伐，必须进一步解放思想，“胆子更大一点”。对于我们安徽来说，我们的各级领导恐怕首先要丢掉思想上的“三个包袱”。

一是大包干发祥地的包袱。安徽是大包干的发祥地，在全国农村改革中带了头，历史功绩是不可磨灭的，但是，必须承认，我们现在的农村经济，已经落在了许多先进省份后面。大包干开始时，由于没有经验，有些地方确实出现了只注重分、未注重统的现象，以致集体统一经营非常薄弱，双层经营很不完善。这在当时如果说还“情有可原”的话，那么 10 年来变化不大，至今农村社会化服务仍然非常落后，则不能不说是一大失误了。

开始搞大包干时争论非常激烈，现在也仍然有人的思想问题尚未完全解决，所以中央反复强调稳定政策，十三届八中全会又专门作了决定。作为对大包干有特殊感情的安徽，当然要警惕极“左”回潮，并与之坚决斗争；但也不能草木皆兵，一听说要完善家庭联产承包制，要加强统一服务功能，要健全地区性集体经济组织，要壮大集体经济实力，就以为又隐伏着“否定大包干”的危险，而加以抵制。必须认识到，不加强集体统一经营这条短腿，集体不为农户提供更多更好的服务，家庭经营的潜力就难以充分发挥。我省农村经济也难以迈上新的台阶。

二是粮食产量的包袱。我国有 11 亿人口，吃饭是第一件大事，任何时候都不能放松粮食生产。安徽是农业大省，当然更要发挥粮食优势。但是，在目前“卖粮难”突出，农民减收，粮食部门叫苦，省里财政背不起的情况下，是否仍然要仅以粮食论英雄，增产三斤粮食就是有政绩，减产

---

* 本文原载《党员生活》1992 年第 9 期。

一斤也要挨批评呢?

去年12月笔者在某地农村调查，村里正巧传达上级紧急指示，要抗旱抢种小麦。当时播种节令已过，又时值大旱，种一亩麦的抗旱费用加上机耕、种子、化肥等共需近百元投入。一亩地小麦能收多少?价值几何?效益又安在?农民对此极其反感。这样的事还能再干下去吗?

发展商品经济，农业与工业一样，要以市场为导向，使产品变成商品，使商品变成货币，讲求经济效益，否则就要转产或限产压库。必须按照市场需求调整农村产业结构，发展优质高效农业。优质粮价高好销，尽管单位产量稍低，也应以经济效益为准。如果种植经济作物比粮食更挣钱，只要农户完成国家粮食定购任务，就应该尊重农民的生产自主权，而不能乱加干涉，损害农民的积极性。

三是出新套路的包袱。外省的人常说，你们安徽出经验，大包干发祥地在安徽，农科教统筹是你们先提出的，乡镇企业又出了个“阜阳模式”……每次听到这些，我总觉得脸红。安徽确实做了许多开拓性的工作，但常常是自己没有坚持下去，外省学了去却后来居上，大大超过了我们。

症结何在?短期行为，形式主义，缺乏务实精神，恐怕是主要原因之一。新官上任都想搞新套路，出新经验，花样不断翻新，口号一个接着一个，大块文章一篇连一篇，但往往是虎头蛇尾，得不到落实。因此，“经验”尽管出了不少，实绩却并不可观。有位领导不久前曾针对一些地方和一些部门的不良作风指出：“经验总结一大片，经济还是上不去，有什么用！”这个批评的确非常中肯。

说来说去，坚定不移地按照中央讲的去做，那就是“以经济建设为中心”，并切实做到只围绕这一个中心，只高喊这一句口号，只埋头念这一本经。

果能如此，坚持数年，必有好处!

切实减轻农民负担

——省农村经济委员会副主任吴昭仁答记者问*

安徽省经济广播电视台自开播以来，《田野四季风》节目就减轻农民负担问题进行了连续报道。7月6日，省农村经济委员会吴昭仁副主任应邀到省电台直播间直接向听众宣传政策，解答问题。7月20日，吴昭仁同志就听众来信中存在的一些普遍问题，再一次接受电话采访。现将吴昭仁同志的谈话的内容，摘要如下：

问：从来信看，大部分农民都懂得上缴款项不得超过上一年人均纯收入的5%，但具体的人均纯收入应该怎样计算？

吴：以乡为单位，上一年实际收入扣掉生产成本以后每人所得的收入，即为人均纯收入。

问：中央机关、安徽省政府先后宣布取消若干项农民负担，能不能确切地说明一下农民应缴纳哪些款项？

吴：农民应缴纳三项提留和五项统筹。三项提留是：公积金、公益金、行政管理费。公积金主要用于农田水利基本建设、植树造林、购置生产性固定资产、兴办集体企业；公益金用于五保户供养、特别困难户补助、合作医疗保健以及其他集体福利事业；管理费用于村组干部报酬和管理开支。乡统筹费主要有五项，用于乡村教育附加、计划生育补助、军工烈属优抚、民兵训练和乡村道路建设等民办公助事业。

问：是不是说农民只需缴纳三项提留和五项统筹，其他的都可以不缴了？

吴：其他的不用缴。各类保险、各种面向农民的有偿服务等集资都

---

* 本文原载《安徽广播电视报》1993年8月4日。

要坚持自愿原则，不得强迫。

问：乡统筹费中有一项民兵训练费用，有听众反映说他们那里民兵训练不进行了，还要不要缴这笔款项？

吴：民兵训练还应该搞，这项费用一般每个人才负担一两角钱。

问：农民家庭中没有孩子上学要不要缴乡村两级办学经费？

吴：要缴的。统筹办学经费一般占人均纯收入的 1.5%。但应该强调，这笔经费包含在 5% 之内。

问：听广播、看电视要不要交费？

吴：不要。

问：水费如何缴纳？

吴：如果属于水利建设如挖河、改土工程等费用，都在 5% 之内，当年灌溉、大水排涝等当年水费作为当年生产成本，另外缴纳。水费一般一亩地不超过 20 斤小麦的价格。

问：电费如何缴纳？

吴：省里规定每度电 5 角钱以下。

问：对一些乡村干部不依法办事，到农民家牵牲畜、称粮食，农民应该怎么办？

吴：省政府明确规定，不准到农民家里牵牛、牵羊、搬东西、扒粮食，更不允许治安小分队或公安派出所介入其中。各地应按照省政府的规定执行。如有不符合省政府规定的做法，知情者可以向上级反映。

问：能否告诉听众朋友您机关办公室的通信地址和机关名称？

吴：我们省成立了省减轻农民负担办公室。地址在省委大院内，合肥市长江路 5 号，邮编是 230001。

着力培育一批期货投机商*

乍看这个题目，似乎认为作者太荒唐。其实，由传统的计划经济向社会主义市场经济转轨的关键，在于转变观念。只要你真的解决了思想问题，就会感到这个立论是有道理的。

去年 4 月，我有幸随中国农村经济考察团访问了美国。那一天，当我站在芝加哥世界最大的农畜产品期货交易所的二楼看台，目睹交易大厅的成交情况时，一股抱愧心情便油然而生：像我这样的人担任省级农村经济的负责工作人员，实在是太不合格了，因为我对市场经济的许多知识都不懂，来到这里如同“刘姥姥进了大观园”。

什么是期货交易所？为什么要搞期货交易所？我原先脑子里是一片空白。青少年时代读的教科书上就有这样的内容：“资本主义周期性”经济危机，每到那时，资本家就把过剩的小麦、牛奶倒进海里。长大后工作了，我在小组会发言、当小领导后给职工作报告，甚至兼职去学校上课，都举上面的例子，以声讨资本主义的罪恶。现在看来，这只能说明自己无知。

比方我们合肥，西瓜的最大销量是 1 亿斤，这时每斤单价 0.2 元，消费者满意，生产者有利可图，总收入 2000 万元。第二年一下子上升到 2 亿斤。供过于求，市场滞销，卖主争相降价甩卖。最后降到 0.1 元以下，2 亿斤也只能卖到 2000 万元。比上年多卖 1 亿斤，这要用多少运输工具送进城？盖多少仓库储存？增加多少售货员去摆摊设点？成本加大，收入相当，何苦来哉？！这就不如把 1 亿斤就地销毁，只运 1 亿斤进城来卖！这就是资本家把过剩的牛奶、小麦倒进大海的缘由。他们认为，这是维持

---

* 本文原载《安徽日报》1993 年 9 月 1 日。

正常市场秩序、维护生产经营者利益的必要措施。这就是生意经、市场学！怎样能让它不过剩，务求供求平衡，使产量恰到好处呢？于是就有了“期货交易”的出现。农民在小麦播种之前就把第二年的收获量卖掉，他可以事前进行核算，这个价够不够本，有没有赚头，划得来就种，划不来就不种，让土地、资金、劳动力这些生产要素再选择新的优化组合。这就是期货交易，让农民生产者能够避开市场风险。那么，谁在头年就敢买第二年的小麦呢？他怎么知道第二年小麦上市后的价格，怎么知道能不能脱手赚钱？有这样的人，他就是投机商，敢于冒这个风险，如果没有这样的冒险者，农民想避险就找不到对手，从而也就形不成期货交易。

投机商为什么敢冒险呢？这些人并不是赌徒，像我们印象当中的“押宝”一样，碰运气，而是凭着自己丰富的学识、对市场行情的熟悉、对未来价格科学预测的本领以及敢于冒风险的品格，才投身这一行当。可以这样说，期货交易所的投机商，实际上是一批从事信息研究的专家，他们总是赚得多、亏得少，否则这一行当早就绝迹，期货交易所也办不到今天了。

这就又出现一个问题：期货交易所里根本看不见任何一件实体货物，完全是一纸纸合约在那里卖去买来。这不是“买空卖空”吗？是的，长期以来我们对“买空卖空”是深恶痛绝的，其实，我们每个人都曾经参与过“买空卖空”的事。谁没有订阅过报刊？那么，你、报社、邮局不都在“买空卖空”吗？可见，我们对一些名词的概念、内涵都没有搞清楚，就在那里乱表态了，结果弄出自己做了、自己又反对的荒唐事！这就是观念转化的重要性。

我国农民进入市场的最大难题，是小生产面对大市场，极易结构趋同，一哄而上，一哄而下，短缺与过剩交替出现。现在“卖难”非常突出，效益低下，农民不知生产什么好，无所适从，叫苦不迭。主要原因是信息滞后，今年午收菜籽价高，秋季一窝蜂种油菜，明年可能又多了卖不掉；今年西瓜太多价低，明年可能种的人少，如果明夏气温再高些，那么明年西瓜又可能供不应求。期货交易所的价格信息是超前的，今年7月就有了明年7月、8月、9月等时间交货的小麦价格，3个月至18个月交货的价格都有，这就给农民以明确的价格信息指导，农民可以放心大胆地生产，没有投机商形不成这种机制，这就是投机商对市场经济的贡献，对农民生产者的贡献。

归纳起来，期货交易所的投机商，承担和分散了市场价格风险，使农民专心生产，从而促进生产的发展；投机行为可以缓和市场价格波动幅度，通过他们的吞吐，有利于市场价格的平稳；投机行为还可以直接影响资源的配置，从而能够引导生产，优化产业和产品结构。

当然，期货交易所的投机商要经过资格审查，让有本事的正派人而不是赌徒进入。我国正在筹备建立粮食期货交易所，我省也应向此努力，从而培育合格的投机商是重要一环。

农村要致富，农民须减少*

《人民日报》开辟《为增加农民收入而努力》专栏，我觉得非常有意义，这个题目应该成为农村一切工作的中心。读了许多富有见地的文章，深受启发，我也想谈谈自己的想法：要想致富农民，就要减少农民。

我国有11亿多人口，其中9亿在农村。9个人赚2个人的钱，这能有多大财喜？为什么当今农产品老是相对过剩，农业大省“卖难”突出？尽管原因是多方面的，但我认为主要是因为生产者多，消费者少，受需求制约。全国人均只有1.3亩耕地，一个农户六七亩，规模如此之小，何以能致富？减少农民，把农业劳力向非农产业转移，使耕地向耕田能手集中，既能在农村实现耕地规模经营，又能增加农副产品购买对象，这是农村改变面貌的重要一着。

现在人们对“民工潮”议论很多。这里面有农业比较利益下降，农民务农积极性不高的问题，应当引起党和政府以及全社会的关注，要使农业能够获得平均利润，否则农业将有萎缩之虞，影响社会安定。但同时我却认为这是件好事。农民自古以来安土重迁，“金窝银窝不如自家稻草窝”。著名大别山区“将军县”金寨县，为治淮需要兴建两座大型水库，淹没10万亩耕地，移民10万人，结果除个别人在外结亲安家外，其余悉数返回，因无耕地，穷了30年。如今他们成群结队离开穷山沟，外出务工经商，1992年光是从邮电局就汇回1亿元劳务收入，既为发达地区提供了廉价劳力，自己又见了世面，学了技术，许多人回家后自己办企业。这有什么不好？我国农民整体素质较低，商品意识较差，接受新事物和现代观念较慢，主要是人口不流动，长期居住在封闭的乡土社会所致。当然，劳

---

* 本文原载《人民日报》1993年11月27日。

务输出要加强组织性，避免盲目性。

世界上所有国家从落后走向发达都是把农民引向城市，只有我们国家是个例外。现在看来，让大量人口长期居住在偏僻分散的乡村，让大量劳动力长期积聚在低产出的种植业部门，可能是我们国家欠发达的重要原因之一。比方说我国第三产业不发达，吸纳的劳动力少，我就认为，除了认识上的原因，认为第三产业不是物质生产部门而未予重视，更重要原因是人口太分散，服务对象少，服务成本高，发展不起来。一个村庄只有十几户或者几十户人家，谈何建银行、办邮电所、修汽车站、开电影院，受教育更是困难，民族素质难以提高。可以说，分散的人口、分散的加工业，不可能有配套的服务业。只有人口相对集聚，才能相互服务，提供更多的就业机会，让子孙后代享受城市文明、工业文明的熏陶，推动社会进步。

安徽省委、省政府近来把农村劳动力转移当作促进农村奔小康的大事来抓，广泛进行调查研究，制订相应政策。提出三条思路：不离土不离乡；离土不离乡；离土又离乡。有些地方大力开发山水资源和庭院经济，发展精细农业，发展优质畅销高效农产品，增加农民收入；有些地方大力发展乡镇企业，拓宽非农营业门路，提高二、三产业收入比重；有些地方重点是组织劳务输出，广泛建立劳动力中介机构，大力发展劳动力经纪人队伍，鼓励领头人率领输出，亲友连带输出，专业部门向国外输出，逐步形成覆盖全省城乡的多层次、多渠道、多形式的劳动力市场体系和职业介绍网络。现在全省常年在外地就业的劳力约为 200 万人，季节性外出（农忙时归田）约为 300 万人，两者合计占全省农村劳动力数的 1/5，与省内乡镇企业就业的劳力相近。

要减少农民，鼓励农业劳力向非农业转移，必须有配套政策。一是要放活土地使用权，允许承包地有偿转包、出租、入股，使土地向耕田能手集中。二是改革户籍制度，首先放开县城及县以下城镇入户条件，逐步捅开城乡二元结构，为农民离土不离乡创造条件。对在县及县以下城镇有相对稳定职业，购有住房，并交纳一定数额基础设施建设费用的人，应批准落当地户口。这样做，有利于乡镇企业相对集聚，把乡镇企业发展、专业市场和批发市场的发育，与小城镇建设结合起来，提高我国的城市化水平。若能这样做，一定能加快我国经济发展的步伐，增加农民收入，逐步缩小直至消灭城乡差别。

关于改善乡镇企业所有制构成的建议*

安徽是一个以农业为主的省份，经济欠发达。党的十一届三中全会以后，农民开始利用包产到户所获得的劳动剩余办起一些家庭工副业，并逐步发展壮大。1980 年全省乡镇企业总产值不到 4 亿元，1991 年已达 360 亿元，发展速度是相当快的。

1978—1991 年，乡、村两级集体企业上交乡、村金额累计达到 18 亿多元。这些钱主要用于农田水利建设、小城镇建设、农村集体福利事业、乡村教育以及其他社会公益开支，成绩是显著的。

但是，全面分析起来，乡镇企业在所有制构成方面，确实有些值得研究的问题。1990 年，全省个体和联户企业产值占乡镇企业总产值的 55.8%，乡和村办企业产值仅占 44.2%；吸纳的劳动力前者为 63.5%，后者仅为 36.5%。1991 年情况略有改善，乡、村两级企业产值比重为 47.7%，上升了 3.5 个百分点，吸纳的劳动力则变化不大。这里需要说明的是，在被统计为“集体”的数据当中，有相当一部分是挂着“集体”招牌的私人企业。如果除去这一部分，则乡镇企业中的个体份额更大。这就是说，在乡镇企业的经济构成中，公有制尚未占主体地位。

由于乡镇企业中集体经济比重偏小，所以很多村的直接经营收入很少。据专题调查，全省村一级没有统一经营收入的占 46%，年收入 5000 元以下的占 30%，5000—10000 元的占 14%，年收入 1 万元以上的仅占 10%。据典型调查，一个村一年的干部补贴工资、行政管理费以及必需的公益事业支出，最少要 1 万元才能维持正常运转。这样算来，全省 90%

---

① 本文原刊国家体改委呈阅件，由中国社科院经济研究所《经济管理》1993 年第 3 期转载。

的村的集体开支，不同程度地要向农户提取，特别是那些集体直接经营收入的“空壳村”，不仅无力为农户经营提供服务，无力对贫困户提供支持，而且对农民是只取不予，最后必然影响干群关系，影响党的号召力和集体的凝聚力，影响基层政权的巩固。因此，现在要重视研究乡镇企业的所有制构成问题，特别是经济不发达的省份，更要研究如何使集体企业比个体、私人企业发展得更快些，以保证社会主义公有制经济的主体地位，带领农民实现共同富裕。

安徽省委、省政府对发展集体经济是极为重视的，早就指出发展乡镇企业要“集体为主、工业为主、骨干为主”；省委主要领导同志多年前就提出了要消灭集体经济空白村。但是，这个正确的意见并未为各级领导所接受，尤其是业务部门贯彻不力，具体的政策措施没有跟上，以致延误了经济的发展。

总结前一阶段工作的经验教训，根据我省实际情况，特对如何发展乡村集体企业，改善乡镇企业所有制构成，提出以下意见：

第一，农村党支部建设要明确地把发展村级经济作为重要任务之一，要号召广大共产党员带头兴办集体企业，并以此作为衡量基层班子的重要标准。任何时候都不要忘记一个中心、两个基本点，既要促进生产力的发展，又要坚持改革的社会主义方向。现在有的村级支部直接经营收入是空白的，却被评为“先进支部”，显然是不适宜的。

第二，在专业村、专业片的地方，村集体可通过提供服务的办法，如统一购买原材料、统一帮助销售产品、统一银行账号、统一收取税费等，把他们逐步引向合作道路。这也就是把农业上的统分结合、双层经营体制移植到乡镇企业中来，能统则统、能分则分，使集体统一经营的优越性和农户分散经营的积极性都得到发挥，以促进生产的发展。

第三，对贫困地区和“空壳村”，政府要采取倾斜政策，帮助其启动。可以把扶贫与发展集体企业结合起来，改变单纯救济的做法，用扶贫资金组织贫困户发展生产，考虑到贫困地区条件差，最好从开发性“绿色企业”起步，举办小林场、小茶场、小果园、小鱼池、种子示范等，逐步由低到高发展。

第四，健全地区性集体经济组织，兴办经营服务型经济实体。村一级要为农户提供产前、产中、产后服务，包括为群众代购代销农用生产资料和农副产品。这样既能满足千家万户发展商品生产的需要，又能通过服务创收，壮大集体经济的实力。

第五，实行全方位提留。根据国务院指示的精神，今后农民上交各项提留款，要改变按人或按承包田亩负担的办法，逐步做到按收入负担。务工经商户、劳务输出户、私人企业主等一切从事非农产业的农户，均应按收入高低交纳一定数量的集体提留，用作集体积累。

第六，发展集体企业，建立完备的集体经济积累机制。要因地制宜，创造条件，适宜什么就搞什么，开发型、加工型、服务型、流通型都可以。条件好的地方，要发展成型骨干企业，起点要高，上规模、上批量、上档次，争取占领更大的市场份额。条件差的地方，要甘于拾遗补阙，“小打小闹”。还可以由“能人”牵头，群众集资，兴办股份合作企业，以按劳分配为主，按股分红为辅，留下不可分割的公共积累，逐步壮大集体经济。这里的关键是要完善经营管理制度。实行承包制的，要按照“集体得大头，个人得小头”的原则，确定合理的上交基数，纠正低指标承包或无偿占用集体资源的做法。还要管好集体财务，民主管理，账目公开，交给群众一本放心账。这个问题不解决，群众对兴办集体企业就没有兴趣，就会把集体经济看成是少数人的“小金库”。那样的村是办不好集体企业的；即使办了，对农民也没有好处。

应当坚定不移地坚持发展乡村集体企业，壮大集体经济实力的方向。但是，也不可急于求成，更不能一平二调，绝不允许在群众身上打主意。强迫命令，不切实际地下达硬指标，限定时间“消灭空壳村”，甚至对乡村干部以惩罚和免职相威胁，只会造成混乱，把好事办坏。这方面的历史教训非常深刻，我们千万不能再重蹈覆辙。要保护个体工商户和私人企业主的合法权益，教育他们守法经营，按章纳税。不能从一个极端跳到另一个极端，采取剥夺、赎买的办法，去削弱个体和私人经济。要用加快发展集体经济的办法来增大集体经济比重，而不是用限制、打击对方的办法来“彼消此长”。对私人企业，既要允许存在，又要加强管理，惩治非法经营，杜绝非法暴富。对明显的私人企业，不允许其打着“集体”的牌子去享受国家的优惠政策，不能用国家的好处去养肥少数人，对于产权模糊的要加以明晰。

对我省农村奔小康的几点思考*

一、关于小康指标体系

我们用了 30 多年时间才解决温饱问题，今后 7—8 年内要到达小康水平，显然指标不能定得太高。可以认为，只要物质生活稳定达到温饱之后，并略有节余，其他方面有一定提高，就可以说开始进入小康阶段。中共中央政研室与国家农村经济调查总队曾进行专题研究，以后国家计委、农业部与国务院研究室也提出了要求，省委五届九次全会根据我省实际情况，提出了省、县、乡、村、户五个层次农村达小康的指标系列。主要指标是：人均收入按 1990 年不变价计为 1100—1200 元，食品支出占消费支出 50% 以下（恩格尔系数），人均砖混结构住房 18 平方米，文化生活支出不低于收入 10%，电视机普及率占农户的 70%，用电农户达 95%，行政村通公路 80%、通电话 70%，劳动力平均受教育 9 年，基尼系数小于 0.3—0.4（可以统计为 20% 高收入户与 20% 低收入户差距小于 3—4 倍），刑事案件发案率在 0.05% 以下。其中最重要的一条，是农民人均收入按 1990 年不变价达到 1100—1200 元，这与国家标准相一致。

我认为用 1100 元的指标，较为符合实际，切实可行。理由是：第一，小平同志说本世纪末国民生产总值翻两番，人民生活达小康水平。1980 年我国国民生产总值 4470 亿元，到 2000 年翻两番是 17880 亿元，则人均国民生产总值 1980 年价为 1382 元；与此增长适应，农民人均收入按 1980 年价为 579 元，若按 1990 年价则为 1123 元。第二，1990 年我国农民人均收入 686 元，而 1980 年的农民人均收入折成 1990 年价为 371

---

* 本文原载《安徽软科学研究》1993 年第 11 期。

元，这10年增长315元；而由686元到1100元的距离是414元，按可比口径，后10年较前10年增长100元，这既积极而又可能。第三，在1990年全国农民人均收入686元当中，可以划分为若干个区间，专家们调查分析，认为当年达到人均1100元收入的家庭组，生活质量要比686元的家庭组高出一倍，这样的生活可以称得上是农民心目中的小康了。

我们安徽省有5个层次指标，我认为是好的。但其中来自二、三产业收入占纯收入比重大于60%—65%一项，似须商榷。这就是说来自第一产业的收入人均384—440元就行了，我省1990年农民人均收入539元，据安徽省乡镇企业局分析，认为二、三产业占19%，亦即102元。那就是说，1990年农民人均收入来自第一产业的部分已经达到437元。总不能说90年代的10年，农村第一产业停滞乃至负增长吧？当然，我们要大力发展二、三产业，我省农村较之发达省份也主要差在乡镇企业上。但从指标的科学性上讲，也应改为“今后农民人均收入增量部分，二、三产业应占65%以上”，以此作为产业政策导向。

二、目前全国农村奔小康情况

1991年，全国有129个县农民人均收入超千元，平均数为1356元。1992年增加到210个县。主要分布在沿海发达省市。除河北省黄骅县外，全被广东、福建、浙江、江苏、山东及北京、天津、上海囊括。内陆省区全都榜上无名，我国6个产粮大省湖南、湖北、安徽、江西、四川、吉林，以县平均，人均收入没有上900元的，这也就说明农业比较利益低下，种粮得不到平均利润。

率先致富县的共同特点是：二、三产业发达，其产值占农村社会总产值80%，农民收入来自非农部分占85%，农村劳动力中务农人员低于50%。

1993年4月，国家有关部委在京召开了一次农村奔小康的经验交流研讨会，全国1991年平均收入超千元的县都参加了，我省亳州市、当涂县也参加了这次会议，这两个市县是我省省内农民人均收入较多的县，但人均收入也未超过800元，比全国先进县相差很远。

三、安徽省农村奔小康现状及难度

安徽省在全国农村率先进行改革，15 年来农业生产有了较大发展，现在已经出现了一批致富达小康的典型。比如合肥市郊区，1992 年农民人均收入超过千元，这是二、三产业发展的典型；砀山县张马吴村人均收入过了 5000 元，是开发性商品农业（水果）大发展的典型；石台县新中村人均收入 1400 元，是农民用自己双手改变穷山恶水，由穷变富的典型。这说明，只要努力奋斗，本世纪末全省达小康是可能的，应该有这个信心。

安徽省 1990 年农民人均纯收入 539 元，如果以 1100 元为小康目标，全国须增加 414 元，年递增 5.2%，我省则须增加 561 元，年递增 7.6%。而且，1991 年我省遭受特大水灾，人均收入降至 446 元，1992 年恢复到 573.6 元，这两年实际上是白过了。要在今后 8 年走完原来的路程，年均要递增 9.98% 才行。整个 80 年代我省农民人均收入增长了 280 元（按 1990 年可比价），90 年代增长的绝对值高出一倍；80 年代年均增长 28 元，90 年代 8 年时间要年均增长 70 元才行。我个人认为，至少对 13 个县、1000 万人来说，难度很大。

讲安徽全省的现状，是让我们头脑清醒，认识到工作的艰巨性。有人批评安徽是华东地区的“锅底”，我对此不敢苟同。比起沿海省份，人家天时地利都比我们好，历史的和现实的条件都比我们优越，劳动者整体素质比我们高，与苏浙鲁沪闽比，如果我们上了“锅台”，他们掉进“锅底”，反而是天大的怪事。问题是对比内地省份，我省农民人均收入位次一再下跌，确有深省之必要。

客观原因不讲也不对。自然灾害太频繁，淮河没有修好，沿淮行蓄洪区为了“大局”，多次忍受“局部”牺牲。水害未除，阜阳地区在 1985 年前的 35 年里，人均国家基建投入只占全国的 1/10，这种落后确实不完全是当地的问题。

农业部调查组指出安徽农村率先进行改革后，继续进取的精神变弱，这些年缺乏新的制度投入。社会主义市场经济转轨，由祖祖辈辈的第一产业为主转向一、二、三产业协调发展，不仅要生产还要营销，这没有外部推动力难以奏效。我们历史资源不足，省内缺乏中心城市，后来又未充分重视城市的发育，像阜阳那样1.8万平方公里、1200万人口的大地区，境内竟没有一座中心城市，距离最近的中等城市也在200公里以上，是一个典型的纯农区。所以在深化农村改革中，谈不上城市功能的辐射力，甚至因为城市改革的滞后增添了农村改革与发展的阻力。我认为，这是主客观原因都有的很重要的教训。干革命是农村包围城市，搞市场经济一定要走城市带动农村的路子。

四、我的建议

安徽省农村奔小康，我有几点想法。

（一）增强小康意识，把农民增收放在第一位

全党和全省干群都要明确，90年代安徽农村的主要任务，就是带领农民致富奔小康，一切工作都要围绕这个中心，为了这个中心。

效益原则是最根本的原则，必须把经济效益放在第一位。生产是为了销售，销售是为了增加农民收入，所以要优质畅销高效，不以产值、产量论英雄。承包田里是栽稻、种桑还是养螃蟹，乡镇企业办什么、怎么办，都要以市场信号决定，不能干图虚名、得不偿失的蠢事。

根据安徽农村实际情况，提出商品农业和乡镇企业一起上是比较科学的。乡镇企业是振兴农村经济的必由之路，这是不容置疑的，各地要积极发展，并着重效益；尤其要鼓励个体、私营经济发展，支持股份合作企业。但是，发展乡镇企业必须要有一定条件，完全不承认条件是不对的。对那些传统农区，尤其是交通不便的偏远地区，办乡镇企业条件较差，而又有荒山、荒水、荒滩、荒地和中低产农田可供开发，农民对此又较拿手，那就应当发展精细农业、高效农业、创汇农业，发展庭院经济同样能够致富。这样的例子很多。从这些绿色企业、蓝色企业起步，然后再创造条件发展工业企业，可能更现实。总之，要两点论，不要一点论。

（二）致富农民就要减少农民

我国有11亿人口，9亿在农村，9个人赚2个人的钱，肯定没有多

少油水可捞。为什么农副产品老是相对过剩，农民卖粮难突出？尽管原因是多方面的，但主要原因是生产者多，消费者少。我省农村人均 1.3 亩耕地，劳均 2.7 亩，一户农民经营 6—7 亩地，这能作出多大文章？除少数能人靠兼营他业增收外，多数农民只能过一种勉强温饱的生活。所以，减少农民，把农业劳动力向非农产业转移，使耕地向耕田能手集中，实现规模经营，是农村改变面貌的重要一着。

安徽省农村现有劳动力 2430 万人，劳均 10 亩耕地或 20 亩水面、100 亩山场，只需 714 万人；乡镇企业现已吸纳劳力 535 万人，外出务工经商常年的有 200 万人，包括季节性的达到 500 万人，剩余 700 万人以上。而且耕地越来越少，人口越来越多，剩余劳力将越来越增加。这就需要大力发展乡镇企业，同时组织劳务输出，包括向国外输出。农业内部通过深度开发，如精耕细作，发展优质高效经济作物、名特优稀产品等，也还可吸纳一些劳力。这就是通常讲的离土不离乡、离土又离乡和不离土不离乡三条路子。

为此，要深化改革，配套政策要跟上，在坚持土地公有和稳定家庭联产承包长期不变的基础上，放活土地使用权，使土地使用权进入市场，恢复其商品属性。可以有偿转让、出租、入股、继承和抵押；同时，对荒山、荒地、荒滩、荒水实行招标承包，或者拍卖长期使用权，通过这些办法使土地向耕田能手集中，使沉睡的资源尽快发挥效益，促进农村劳力向二、三产业转移，实现资源配置优化组合。而且，要改革现行户籍制度，首先放开县城及县以下城镇的户籍管理办法，只要有住房、有稳定职业、并且交纳一定数额的城镇基础设施设费用的，应当批准入户，成为本城镇的正式居民。

世界上所有的国家从落后走向发达都是把农民引向城市，只有我们国家是唯一的例外。现在看来，让大量人口长期居住在偏僻分散的乡村，让大量劳动力长期集聚在低产出的种植业部门，这可能是我们国家欠发达的主要原因之一。比方说我国第三产业不发达，我就认为，除了认识上的误区，认为第三产业不是物质生产部门而未予重视，更重要的原因是人口太分散，服务对象少，服务成本高，发展不起来，一个村庄只有十几户人家，谈什么建邮电所、办银行、修汽车站、开电影院？受教育更是困难，民族素质难以提高。现在可以这样结论：分散的人口和分散的加工业，不可能有配套的服务业。只有人口相对集聚，才能相互服务，提供更多的就业机会。有人说，发达国家出现了城市病，城里人又搬到乡下来住了。那是只知其一，不知其二。他们是全面发展了，消灭了城乡差别，家家户户有小汽车，处处通高速公路，住在任何地方都可以看电视、打电话、装管道瓦斯，孩子上学有校车接送，进城参加晚会很快就能到达……有了这些条件，富人才在乡下建别墅居住。没有第一步向城市集聚，就不会有第二步向乡村回流。我们也非走这条共同道路不可。比较起来，“农村病”比“城市病”严重得多，长期生活在封闭的社区里，享受不到城市文明、工业文明的熏陶，何能进步？浙江省就打算逐步把深山区的人口迁移出来，当然，我国农村人口太多，都挤进大城市不可能，这就需要重点发展中小城镇，把乡镇企业的发展，专业市场、批发市场的培育，与小城镇建设结合起来，形成一个个居民点。我想如果把合肥建设成 200 万人口以上的大城市，9 个省辖市发展到 50 万人口和 80 万人口、7 个地区所在地发展到 30 万人口和 50 万人口的中等城市，69 个县城成为 10 万人口的小城市，50 个建制镇成为各有 3 万人口、1769 个乡镇成为各有 1 万人口的居民点，那我省的城市化水平就会大大提高，我省城乡经济都会发展到一个新的水平。

（三）着力培育一代农民企业家

农业社会诞生了一批工匠之后，才出现手工工场。在由传统农业向现代农业转化，由农业国向工业国转化，必然要出现一代企业家阶层才能完成。在市场中直接进行要素组合的是千百万企业家，没有他们就谈不上市场经济。我参加阜阳农村改革试验区的实践得出印象，传统农区最先兴起户办联户办企业的，是农村的能人，这些人大约占农民数量的 10%。大多数农民要进步、要发展、要能人带领。技术人才是需要的，但现代化大生产是系统工程，更需要的是总体设计、总体组织，这就是经营管理人员，属企业家阶层。一个民族、一个阶级如果没有从本民族、本阶级中培养出千百万优秀的企业家，这个国家的经济就不可能振兴，这个民族的经济就不能兴旺。

经济界普遍认为，发达国家之所以发达，处在世界经济领先地位，是因为有一批大公司，有成熟的经理阶层。在我国实行社会主义市场经济体制，我觉得最大的难点在于许多农民根本不知道市场在哪里，基层干部素质也不适应，我本人就有一种危机感，深感有关商品经济的许多知识都不懂，经验更是缺乏，工作很难胜任。

我们的农村要变革，要大发展，也应该有自己企业家的摇篮。现在一定要重视这个工作，不能再耽误了。一大批农民企业家诞生之日，就是我省农村经济兴旺发达之时。

（四）示范村与贫困队一起抓，开源节流相结合

社会主义的本质特征就是共同富裕，所以我们在抓小康示范的同时，切不可忘记贫困地区和灾区，这既是共同富裕的需要，又因为那些地方潜力大，对提高整体水平非常重要。因此，在资金投向和领导工作重心安排上，既要考虑资源配置的效益原则，支持基础较好的地方先走一步，又不能忘记后进地方。要切忌形式主义，不搞花架子，把工作做得实实在在。不能只为了参观设“花瓶”。

农民奔小康，主要是发展生产，把经济搞上去。而要如此，关键在于调动人的积极性，保护农民的合法权益，防止利益流失。农业是弱质产业，它要经受自然的和市场的两个风险，党和政府必须给予特殊关心。要增加农业投入，加强基础设施建设，发展农业科技，搞好服务工作。同时，对大宗农产品要实行最低保护价，对农用生产资料要实行最高限价。当前很重要的一点是坚决落实中央政策，包括价格政策、储备粮制度。努力减轻农民负担，坚决做到把农村各项村提留和乡统筹费控制在上年农民人均纯收入 5% 之内。对基层干部既要教育，又要帮助，支持他们行使工作职责，发挥他们的积极性。建设一个好的党支部，带领群众致富奔小康。

安徽农村经济体制变革的三个阶段

——向台湾农业界同人介绍（安徽省农经学会理事长吴昭仁）*

台湾农业界 17 位先生来到安徽，与安徽省的同行进行学术交流与探讨，这将有力地促进皖台学术界的交往，增进同胞友情，我们感到非常高兴。首先，请允许我代表安徽省农业经济学会的全体会员，向各位专家、学者和随行而来的夫人们，表示热烈的欢迎。

现在，我把安徽省农村 40 多年来进行的生产关系变革情况，以及我个人的一些看法，向各位作一介绍。

安徽是个内陆省份，面积 13.9 万平方公里，人口 5840 万，农村人口占 84%。有 16 个地、市，72 个县（市）、区，1767 个乡镇，31495 个村。全省耕地 6500 万亩，林业用地 6270 万亩，水面 1580 万亩（其中可养水面 800 万亩），是个农业大省。

1950 年开始的土地制度改革，是农村改革的第一大步。实现了耕者有其田，极大地调动了农民的生产积极性。1949 年安徽全省粮食产量 127 亿斤，人均 430 斤，不得温饱，糠菜半年粮。1955 年达到 230 亿斤，人均 730 斤，温饱有余。农民至今仍然怀念那段峥嵘岁月。

1955 年以后，由于生产关系频繁变化，特别是实行了农民群众不欢迎的人民公社体制，生产力受到了破坏，出现了人所共知的三年困难时期。直到 1978 年，粮食总产仍不到 300 亿斤，人均 630 斤，还不如 1955 年。

1978 年冬开始的家庭联产承包制，是农村最重要的变革。

发端于我省肥西、凤阳县的包产到户，是农民群众的伟大创造，提出“交够国家的，留足集体的，剩下都是自己的”，土地所有权属集体，

* 本文写作于 1994 年 4 月 1 日。

经营使用权归农民，以家庭为生产单位，完成国家统派购任务，向社区集体上交公共提留。很快在全省乃至全国推开，由于深得农民拥护，加之国家又对农产品收购提价，超购加价，所以极大促进了农业生产发展。1984年上了一个台阶，粮食总产440亿斤，人均880斤。人均收入由1978年的113元上升到369元。此后农村经济形势一直较好，1993年粮食总产达到519亿斤，农民人均收入724元，创历史最高水平。

家庭联产承包制至今一直深受农民欢迎，所以这个政策长期不变。但农民的平均主义福利思想浓厚，人口增减耕地要不断调整，没有稳定预期，影响到用地、养地，特别是向市场经济转轨，更有许多不适应之处。因此，近几年提出了一些新的政策措施：（1）放活土地使用权，承包期延长到30年不变，在此期间增人不增地、减人不减地，开发四荒（荒山、荒地、荒水、荒滩）承包期可以更长些。这样改变的好处是：第一，割断人地的紧密联系，促进计划生育的健康开展；第二，有利土地适度集中，发展规模经营；第三，有利于农村劳动力向非农产业转移，减少农村人口。（2）放开县城及县以下城镇的户口限制，允许那些进城务工经商、有住房、有稳定的生活来源的农村人口在城镇落户。把乡镇企业的发展、市场的培育与小城镇建设结合起来，使农村人口逐渐向城镇集聚，利于发展第三产业，发展文教事业，提高民族素质。（3）层层建立劳务市场，有组织地转移农村劳动力，以改变大量人口长期居住在偏僻分散的农村、大量劳动力长期集聚在低产出的种植业部门、10个人中的8个人搞饭吃的落后局面。（4）健全社会化服务体系，推广专业合作（类似日本的农协）、“公司 + 农户”（类似泰国正大集团）等形式，解决一家一户办不了、办不好、不经济的困难，把分散的小农经济引入大市场。

下一步改革重点是推行股份合作制。这方面有些问题还在实践中，尚未形成比较成熟的模式，有的是我个人看法，与各位专家学者探讨。

任何事物都不是尽善尽美的，需要在实践中不断修正和完善，家庭承包制也不例外。土地按人均承包后，如何解决农户经营规模细小的问题？向市场经济转轨怎样加快农户与市场之间中介组织的发育？如何在坚持家庭联产承包制基础上更好地优化组合生产要素，以便更快地发展农村经济和实现规模经营？特别是农村二、三产业发展后，显然不是家庭承包制这种经营方式所覆盖得了的。阜阳地区较早提出乡办、村办、户办、联户办企业的“四轮驱动”策略，无疑是对农村发展的巨大贡献。但时至今日，新问题又出现了：乡办、村办企业的产权如何界定？是否又要回到“三级所有”集体经济的老路？实践证明那条路是走不通的，硬走下去也会像土地大呼隆经营一样，以失败告终。

阜阳农村改革试验区1989年就开始试验股份合作制。现在已有较规范的股份合作制企业1500家（经过会计师事务所验资、有公司章程、成立了董事会和监事会、分配合理并留有公共积累），资产规模达到6亿元。另外还有不太规范的股份合作企业5000家，形式多样，有个体、私营企业联合型，有合股、合伙企业进化型，有乡村集体和城镇二轻企业转化型，有新办企业一次到位型，也有多种经济成分混合型。为什么阜阳能成为安徽省率先推行股份合作制的地区呢？这是因为阜阳是个传统农区，城市化程度极低，经济基础薄弱。80年代初，原有乡村集体企业几乎是空白，农民利用包产到户后的有限劳动剩余发展二、三产业，多是从那些不起眼的、被人看不起的小商品起步，穷地方采取穷办法，户办、联户办搞起来的。发展到一定规模后，业主们普遍感到一家一户势单力薄，诸多问题是家一户办不了、办不好的。实践使他们认识到，在生产力不发达，企业规模较小的时候，户办和联户办企业还可以满足投资需要，但随着生产力发展和资本有机构成的提高，户办、联户办企业既无力承担巨额投资，也无力承担巨额投资所带来的风险，因而萌发了股份合作的念头。

实践证明，股份合作制至少有四个好处：有利于明晰产权，解决集体经济财产权属不清问题；有利于多方面集聚资金，扩大生产；有利于输入现代管理因素，加强廉政建设；有利于先富带后富，实现共同富裕。

股份合作制完全适合安徽情况，我们拟加快推广步伐。第一，新办乡镇企业（包括荒山、荒水开发）都可以采取股份合作制的形式，不再办那种产权虚置的乡、村集体企业和产权模糊的挂靠企业以及松散不定的合伙企业。第二，对原有集体企业，特别是城郊型和实力较强的地方，应尽快用股份合作制加以改造，使集体财产真正成为社区内农民共同所有，防止平调、萎缩和异化。第三，扶贫方法要改进，扶贫资金不一定都发到贫困乡村，还可以在邻近的中心城镇办股份合作企业，给集体以相应股份，录用贫困村组劳动力进厂务工，实行易地扶贫。这样既可解决贫困乡村人才、技术缺乏问题，又能促进后进地区劳动力转移和人口外迁，对集体和农户都有好处。待集体和个人都有发展后，再考虑将集体股权量化到农户。第四，土地股份合作是好事，但要讲条件，尤其是成立社区性土地股份合作社要慎重。

当前值得探讨的问题是，集体财产量化到户的具体政策。不少地方实行“三在村”（户口、居住、劳动在本村）和“五不准”（不准继承、转让、入股、抵押和出卖），两三年调整一次，增人增股，死亡及迁出者即丧失股权。我不赞成这种做法，农村改革的方向应是走向开放，打破社区封闭，促进劳动力转移和要素的优化组合，打破城乡二元结构，减少农民，最终消除城乡差别。当然，改革只能渐进，要照顾农民的承受心理。有的农民担心能人把财产带跑了，而他们要在故土世世代代繁衍生息，子孙后代何以生存？所以不能让财产流动。我想，可以参考耕地承包期 30 年不变，在此期间增人不增地、减人不减地的思路，在划分股权时，集体留股 30%，余下的 70% 按现有人口一次量化到户，允许继承、转让和自行处置。今后每若干年进行一次调整，已经量化到户的股权不变，对新增人口在集体股的增值份额中给予补偿。这既体现了股份制的流动性，又保留了合作制的社区福利性。

当然，股份合作制并不是农村改革的终点。从市场经济的观点来看，将来很可能是向股份公司与合作社两个方面分化，不过那是后话了。

股份合作制：农村经济的新生点*

发端于安徽省凤阳县、肥西县的家庭联产承包责任制，开创了我国农村改革的先河，极大地调动了农民的生产积极性，使我国农业获得了巨大发展，举世瞩目。

近两三年，一些地方农村又以股份合作制的形式，对传统集体经济产权制度进行改造，这是继家庭承包制之后，农村改革的又一重大进展，成为农村经济的新生长点。

有人说股份合作制非驴非马。其实非驴非马有什么不好呢？它是骡子，新品种，具有杂交优势。股份合作制与传统的合作制不同：第一，传统合作制是一人一票，股份合作制要兼顾股份，合作制只保息不分红（收入来源为按劳分配、互惠返还、股息）；而股份合作制是按劳分配与按资分配相结合，允许分红。第二，传统合作制是进退自由；股份合作制不允许退股。第三，传统合作制限制入社身份，集所有者、经营者、劳动者于一身；而股份合作制允许分离，可以既是股东又是劳动者，也可以只投资不参加这里的劳动。当然，股份制与合作制的内涵更不一样，突出不同的是：股份制认资不认人，合作制认人也认资；股份制鼓励资本流动，合作制社区性、福利性、公平性较浓。股份合作制的“杂交优势”就在这里，既注入了股份制机理，又保留合作制内涵。

阜阳农村改革试验区1989年就开始试验股份合作制，现在已有较规范的股份合作制企业1500家；另外还有不太规范的股份合作企业5000家，形式多样，有个体、私营企业联合型，有合股、合伙企业进化型，有乡村集体和城镇二轻企业转化型，有新办企业一次到位型，也有多种经济

---

* 本文原载《人民日报》1994年4月14日。

成分混合型。为什么阜阳成为安徽省率先推行股份合作制的地区呢？这是因为阜阳是个传统农区，城市化程度极低，经济基础薄弱，80 年代初原有乡村集体企业几乎是空白，农民利用包产到户后的劳动剩余发展二、三产业，多是从那些不起眼的、被人看不起的小商品起步，穷地方采取穷办法，户办、联户办搞起来的。发展到一定规模后，业主普遍感到诸多问题一家一户办不了，因而萌发了股份合作的念头。

股份合作制至少有四个好处：有利于明晰产权，解决集体经济财产权属不清问题；有利于多方面集聚资金，扩大生产；有利于输入现代管理因素，加强廉政建设；有利于先富带后富，实现共同富裕。

我认为，股份合作制完全适合类似安徽这样的经济欠发达地区，应该加快推广。第一，新办乡镇企业（包括荒山、荒水开发）都可以采取股份合作制的形式，不要再办那种产权虚置的乡、村集体企业和产权模糊的挂靠企业以及松散不定的合伙企业。第二，对原有集体企业，特别是城郊型和实力较强的地方，应尽快用股份合作制加以改造，使集体财产真正成为社区内农民共同所有，防止平调、萎缩和异化。第三，扶贫方法要改进，扶贫资金不一定都发到贫困乡村，可以在邻近的中心城镇办股份合作企业，给集体以相应股份，录用贫困村组劳力进厂务工，实行易地扶贫。这样既可解决贫困乡村人才、技术缺乏问题，又能促进后进地区劳力转移和人口外迁，对集体和农户都有好处。第四，土地股份合作是好事，但要讲条件，尤其是成立社区性土地股份合作社要慎重，安徽省大部分农村与珠江三角洲经济发展差距较大，因此除个别有条件的地方可以试点外，要切忌拔苗助长，以免影响家庭联产承包制的稳定。

当前值得探讨的问题是，集体财产量化到户的具体政策。不少地方实行“三在村”（户口、居住、劳动在本村）和“五不准”（不准继承、转让、入股、抵押和出卖），两三年调整一次，增人增股，死亡及迁出者即丧失股权。我不赞成这种做法。我认为，农村改革的方向应是走向开放，打破社区封闭，促进劳力转移和要素的优化组合，打开城乡二元结构，减少农民，最终消除城乡差别。当然，改革只能渐进，要照顾农民的心理承受能力。有的农民担心能人把财产带跑了，而如果他们要在故土世世代代繁衍生息，子孙后代何以生存？所以不能让财产流动。我想，可以参考耕地承包期 30 年不变，在此期间增人不增地、减人不减地的思路，在划分股权时，集体留股 30%，余下的 70% 按现有人口一次量化到户，允许继承、转让和自行处置。今后每若干年进行一次调整，已经量化到户的股权不变，对新增人口在集体股的增值份额中给予补偿。这既体现了股份制的流动性，又保留了合作制的社区福利性。

山区税费应当减轻*

最近，我到著名风景区黄山周围的绩溪、歙县、休宁三县山区进行了为期两周的调查。总的看来，山区也和广大农村一样，近几年经济有了较大发展，群众生活有了一定提高，社会秩序安定。但是，在完全没有粮地的深山区，农民生活仍很困难。我们在歙县金川乡算了一笔细账，1993 年农民人均收入较上年增加 61 元，而口粮、化肥、农药涨价人均增支 109 元，实际生活水平下降。这个账很有代表性，与其他村访问的农户所述相似。

群众反映最大的问题是林、茶税费太重，中间环节得利过多，影响农民收入。

人们普遍反映现在的木材价格贵，销区市场标准杉木 1 个立方要 1000 元以上，山区调拨价也在七八百元左右。那么林农到底能得多少呢？我们在重点林区的休宁县汪村乡木材收购站看到的是：1 立方长 10 米、围径 14 厘米的标准杉木，当地调出价为 692 元，交特产税 28 元，增值税 85.85 元，育林基金、更改资金为 101 元，收购站转手盈利 167 元，农民所得为 310.15 元，仅占当地销价的 44%，而且还要向村集体上交教育附加费、提留款、检尺费、砍伐证费等。不要说杉木成长期得 20 年，从购种苗、植树到这么些年的管护开销，就是这 1 立方约 1 吨重的 10 多棵树，从山上扛到公路边推木场，平均来回一趟要 10 公里路，要用多少个工！要是松杂木，所得不足 200 元，连扛运工钱也不够。

茶叶的税费同样过重。去年国家规定的税费是：特产税 6%，产品税 25%，地方附加 3.5%，总计 34.5%。今年新税制有所减轻，但由于财政基

---

* 本文原载《安徽日报》1994 年 5 月 25 日。

数无法填补，实际上还是按与去年持平的数额收取，市场上看到的名优茶几十元、上百元一斤，其实那个量很小，歙县年产茶 20 万担，名优茶不足 800 担。每担大路茶，农民得到的均价 387 元，要开支加工费 70 元、化肥 50 元，采茶时因活儿集中，一般都要雇用采茶工，所剩就无几了。

我们国家对农民实行轻税赋政策，农业税一般只占田地产出的 5% 左右。但山区林特产品税和育林基金、更改资金两费实在征收太多，前面讲到的休宁县汪村乡，人均收入只有 500 元，而人均净上交县财政就有 208 元。歙县岔口乡 1.1 万人，严重缺粮，是新安江水库淹没区，农民人均收入只有 380 多元，全乡依靠茶叶提供财政收入 142 万元，除县里批准乡财政支出近 100 万元外，净上交县 43 万元。

林茶税费为什么如此重呢？据说有历史原因。新中国成立初期在东北国有林区里，都是原始森林，天生的财富，因此认为只要付给砍伐工钱就行了，其余全部通过税收由国家拿走。而茶叶，当时被认为是高档消费品，茶叶也如烟酒一样征高税。今天情况变了，林材是人工林，茶叶工本费高而价格又上不去，应当调整税赋，与农区一样实行低税政策。

山区自然条件差，交通极其不便，人民生产、生活要比平原地区艰辛得多。生产 1 担茶叶要比种 1 亩田、收 1000 斤稻花费更多劳动，付出更多物化劳动成本，而所得收入反而低些。山区人民的货币（含金量）也不如平原地区，因为山货运出成本高，而售价又不能高，高了没有竞争力；吃的粮食、生产资料和消费品，从外面挑进山里加大了成本，购价又要提高。所以山区的货币与平原地区不等值。以抗美援朝时志愿军烈士许家朋命名的绩溪县家朋乡为例，群众对我们说："山区人民要吃饭，封山封不住嘴。"群众的话引起我们深深的忧虑，一定要正视粮价放开后给深山区带来的新问题。十一届三中全会以来山区面貌出现的可喜变化，主要得益于平价供应口粮的好政策。口粮稳山区才能稳。现在仍要对山区实行休养生息的政策，千万不能再出现新一轮毁林种粮。

值得探讨的土地租赁经营*

在人多地少、非农就业不足的传统农区里，如何促进土地向耕田能手集中、实行规模经营？这是自大包干以来人们着意探讨的一个课题。曾经有一种意见，为了防止分家造成的土地无限细化，主张“单嗣继承”。这显然不符合中国国情。常见弟兄分家连一块门板也要锯成两半，岂容土地只让长子独得？也有人提出，土地是一种稀缺而又不可再生的资源，为满足日益增多的人口之需，应该“按能承包”，以创造更多的社会财富。中国农民历来视土地为命根子，在二、三产业还没有充分发展的情况下，如果让多数普通农民丧失土地，他们何以生存，社会焉得安宁？有些地方实行“两田制”，口粮田按人口分包，责任田招标由能者经营，寻求土地的社会福利功能与资源配置效益原则的最佳结合。这种做法在有些地方虽然能解决些问题，但在一些传统农区仍然达不到设计效果。“你一定要这么做，我就哄你。”有的由一个农民出面接包，回来后仍分给原农户各自耕种。根本不存在什么规模经营。有的地方还出现许多“变种”现象。比如为了强行推广成片种植经济作物，把承包地分成口粮田和经济田两块，你不按规定种植某种经济作物，就不分给你经济田；有的是变着法儿增加农民负担，从农民手中抽回一部分土地重新招标发包，收取高额承包金。

安徽省阜阳地区遵照中央和省委的部署，延长承包期 30 年不变，生不增、死不减，允许土地使用权进入市场，依法有偿转让、继承、抵押、入股。沿淮行蓄洪区的贫困县临泉县，在进行了上述土地承包制度改革后，采取租赁经营形式，放活使用权，促进土地流转，现已成片有偿转让 2 万余亩，占全县土地总面积的 2%，引起理论界和实际工作部门的广泛

---

* 本文原载《人民日报》1994 年 12 月 26 日。

关注。例如，种田能手韦建华，租赁农民承包地100亩，每亩年租金400元，种植西瓜和蔬菜，原承包户可以安心外出务工经商，也可以受雇为韦耕种，每天工资4—6元。一年来韦建华获纯收入25万元。农民每亩地纯收入1100元左右，比自家耕种效益增长一倍，并不影响家务农活。经营能人刘显，自办脱水菜厂，租赁农民370亩地种植香葱，每亩年租金500公斤小麦，涉及500个农户，原承包户自愿者可受雇为其务工。育苗期技术性强，由刘显统一安排农活，每天工钱7元；出苗后由原承包户进行田间管理，按产计酬，每公斤鲜葱0.3元，农民每亩地的租金和工钱在2000元以上，刘显在脱水菜加工增值出口卖给外商后，年收入达百万元。单桥、田桥乡政府也各租赁200亩和85亩，机关精简后干部分流，农科人员有了示范基地，又为单位增加了经济实力。有些农副产品加工企业也纷纷参与租赁经营行列，为自己建立稳定的原料供给基地。在临泉，土地这一凝固多年的生产要素，一下子活跃了起来，多年探索终于有了实现的途径。

临泉的经验具有重要的理论意义和实践意义。我认为，它是在人多地少、农民视土地为主要谋生手段和生存保障的传统农区里，提高土地产出率、促进劳力转移、实现适度规模经营的成功之路；它体现了土地社会保障功能与资源配置效益原则的优化组合，因为不剥夺农民的财产权，所以易于接受；它利于能人效应的发挥，能够实现先富带后富，大富带小富，最终达到共同富裕；同时，它使外出务工经商者无后顾之忧，避免粗放经营，防止农业萎缩。

任何事物都不是尽善尽美的，都需在发展过程中不断完善。临泉的租赁经营都是生产经济作物，种粮效益相对较低，看来还要另寻新路。目前租赁者与原承包户利益悬殊似乎偏大，也需要继续探索更能体现社会主义共同致富原则的良策。

关于调查研究的研究*

调查研究，是指人们对客观实际的了解和分析，从实际出发，制定正确的路线、方针和政策，来指导我们的工作。

如果我们的调查研究不全面、不细致，偏听偏信，以偏概全，注重表象，就会得出不正确的结论，由此而制定的各项政策，就是一种官僚主义瞎指挥，不但不能解决什么问题，反而会引起更大的麻烦，使矛盾复杂化。比如农村问题，出现了一些令人忧虑的情况。前几年，政府和有关部门对农民问题也做了一些调查研究，制定了不少解决办法，但由于对情况掌握不清，对农民的困难估计不足，措施不得力，所以问题没有得到很好的解决。去年以来，中央和省里主要负责同志不断深入农村调查研究，掌握了真实情况，制定了有效措施，才使农村的情况大有改观。

由此看来，调查研究是关系到事业成败的大事，我们必须用科学的态度对待调查研究。最近，有关部门的负责同志向记者发表了对调查研究的看法。

不做对方"有准备"的调查研究。现在有些干部下去搞调查，首先是电话通知一二三，然后再一大帮人下去，搞得惊天动地。下级领导为使上级领导满意，精心准备，小心接待，挖空心思地准备汇报材料，动员人力物力打扮参观点，披红挂绿，叫你见不到庐山真面目。这种调查，得到的真情实感是很少的。考虑到生活安排和领导同志的安全，事前必须通知的话，但最好不要告诉调查内容，你把老底交给人家，人家就会想着法子对付你。

不要只看一个或几个好典型，上面到下面调查，下面总是想叫领导

---

* 本文原载《大参考》1994 年第 6 期。

看好的，看美的，吃香的，喝辣的，把领导高高兴兴地送走。比如说，外地的同志和朋友到安徽看农业，如果只看王大郢、博望镇，给人家的印象安徽的农村已经是工业化了，实际差之千里呢。前不久，台湾来了一批农业专家，看了王大郢后，感慨地说：安徽没有什么农业了。因此搞调查研究也要好、中、差三结合，先进的、中等的、落后的都要了解一番，做到正确导向领导决策的依据。

不要走马观花，蜻蜓点水。我们经常看到这样的情况，一个车队，一个点看十几分钟，一天看二三个县，这样走马观花能看到什么呢，只是一些表面的东西。这样不但不利于解决问题，而且会给下面带来不好的影响。更叫人不安的是，有的领导同志，走马观花之后，又做了一番指示，这番指示能有多大针对性。搞调查研究一定要深入下去。

不要给下面添麻烦。现在有的调查团很难伺候，讲吃讲住，给下面带来物质上和精神上压力。前不久，北京部里有个调查团，地方所花费用不说，光省里一个部门就补贴 5 万元。5 万元是个什么概念，100 个农民 1 年的收入。

不要报喜得喜、报忧得忧。我们有的干部喜欢听好话，往往谁夸夸其谈，谁就受表扬，长此以往，就形成了浮夸风。搞调查研究，我们要认真分析核实上报的每一个数字，不要轻易下结论。不要叫那些靠卖嘴皮子的人挡住视线。中央政策研究部门的一位负责同志到某省一个乡搞调查研究，这个同志非常认真，连一户 3 头牛和 5 头猪都算上，满打满算，乡镇企业产值只有 2700 万元，而这个乡向上报的数字却是 7200 万元，差距大得惊人。我们细想想，养 3 头牛、5 头猪怎么能纳入乡镇企业的轨道？若如此，岂不在 2000 多年前的先秦时期就有乡镇企业了。

现在对检查、评比、验收普遍反映不好，常常是只要招待得好、送礼多，就能过关，甚至还能戴上名不符实的桂冠。许多假先进、假名牌、假典型，甚至重大事故都是由此发生的。这既愚弄了领导，又愚弄了社会，造成极恶劣影响。

总之，我们要树立良好的调查研究之风，切实对国家对人民负责，踏踏实实做好各项工作，推动社会主义事业发展。

要重视农民的呼声*

近几年来，我们安徽农村也和全国一样，发展形势是好的。1991 年特大水灾的创伤已经恢复，1993 年粮食产量创历史最高水平，农民人均收入较上年增长 151 元，扣除物价因素仍然增长 9.4%。农民负担偏重问题得到了有效遏制，没有突破 5% 的限额。延长耕地承包期 30 年，在此期间增人不增地、减人不减地的政策已经落实到基层，受到了广大农民的热烈拥护。

据我在农村调查所了解的情况，农民和基层干群对农产品流通和农资供应问题意见较多。

第一，农用生产资料涨价过猛。不少农民对农业生产资料涨幅太大不满，说：“光控制粮食价格，不控制农资价格，这不公平。”如化肥一项，全省现行尿素价格每吨为 1600—1700 元，碳铵每吨 440—500 元，分别比去年上涨 30%—40%、40%—50%。据肥西县测算，今年与去年相比，种一亩中稻多开支稻种价 5.5 元、化肥 8 元、农药 5 元、水费 6.98 元、农业税 3.3 元、各项负担 3.75 元，总计涨价增支 32.53 元，按亩产 500 公斤，商品率 35%，提价 0.30 元每公斤计算，一亩中稻也只增收 5.47 元。特别是柴油今年涨到每吨 2300—2700 元，为去年的 6—7 倍。由于柴油太贵，导致抗旱费用太高。据省里抗旱调查组反映，二级站每亩提水灌溉一次，需 20—30 元，三级站为 40—50 元，农民反映负担不起，影响了抗旱的积极性。

第二，山区税费太多，茶叶流通严重受阻。据黄山市农经委报告，新茶上市之际关卡特多，稽查混乱。整个皖南地区茶叶外运的通道都有检

---

* 本文原载《农村工作通讯》1994 年第 9 期。

查站。据统计，从屯溪经安庆到合肥，沿途有 30 多道关卡；从黟县到芜湖，有 29 个检查站；从黟县到南陵 250 公里路段，检查站有 10 个之多。茶区设站，非茶区也设卡，稽查混乱。有的检查站对已照章纳税的客户，以所谓计税基价低为借口，擅自抬价强行计税、罚款。有的乱设名目，趁机“搭车”收费，还有的雇请无业人员，违反规定强要红包和烟钱。客商普遍反映：“路上关卡太多，乱收、乱罚，搞得我们不敢进、不敢收、不敢运。”受此影响，茶区茶叶难销。

第三，对油菜籽、棉花摊派任务和罚款不满。肥东县乡村不少墙壁上用石灰水写着：“少种一分棉，罚款五十元”“少交一斤棉，罚款五块钱。”该县一位副县长说：“肥东棉花种植任务 10 万亩，售皮棉 8 万担，完不成任务，只好按承包田亩分摊，每户按田亩交售，一亩 3.5 公斤，少种或不种的按 1 公斤 10 元交钱。”肥东县一位副县长说：“我们实在是讲不出口，但没有办法，只好规定每亩承包田交 20 公斤油菜籽，少卖 1 公斤罚款 0.6 元，全县有 6 个乡完不成，其中三十铺乡欠 30 万公斤，用 18 万元现金抵补。该乡 4 万人口，人均摊到 4.5 元。”

太湖县城西乡在“文化大革命”时期称为凉亭公社，60 年代就办了一个油坊，为农民来料加工，如今却被勒令停产。油菜籽只准粮站独家收购，完成任务后方准农民用自家菜籽向粮站换油。

一些运销专业户说：“党的政策是实行社会主义市场经济，号召农民参与流通，在卖粮难时，表扬我们为农民办了好事，现在市场一紧，我们又成了‘不法商贩’。”有的基层干部说：“以后不要说什么市场经济、生产自主权了，统购就是统购，免得农民骂我们自己打自己嘴巴。”

粮棉油流通中的几个问题*

安徽一些地方农村干部，向记者反映，对定购粮、油、棉的价格不满意，要求重新调整政策。记者在调查中感到，这是一个值得重视和研究的政策问题。

放开一年后的粮食市场全面收紧，国家规定早稻收购价为 0.44 元，省内加价 0.04 元，合并为 0.48 元，而大米销售 1 元。在一般情况下，米糠价等于加工费，大米 1 元，稻谷价格是 0.7 元左右。地方干部反映：今年粮食收购难度大，恐怕要六大班子一起上、后面跟着公、检、法才能解决问题。农民反映说：上半年是市场经济，下半年是计划经济。就是说农民买生产资料是市场供应，农民卖粮食就变成计划收购。

油料问题更为变出，国家 1990 年就停止订购。今年开始分配计划收购，国家规定收购价 1.05 元，可上下浮动 10%。而自由市场价格为 1.5 元。产油县每个农户分配收购任务，如完不成任务，每斤罚款 0.3 元。某县有个乡少收 60 万斤油菜，就罚农民款 18 万元。有的农民说：去年不让我们种油菜今年让我们交，这不是坑人吗？有个市的乡镇油厂全部关门，只准粮食部门一家收购。一些专业户说：在农副产品卖难时，我们受表扬，现在成了抬价收购的不法商贩，心里不服气。

国家规定，棉花收购价 419 元每担，而市场价格是 700 元左右。由于硬任务，有的县就规定，少种 1 分棉花罚款 50 元。去年有个县收棉 40 万担，棉麻公司赚了 3000 万元，小棉纺织厂赚了 4000 多万元，两家都感谢党的政策好。这种低价收农民的棉，国营大纺织厂调不到棉花，农民卖不到钱，受利的是棉花公司和小纺织厂，实际这是一种保护落后，牺牲农

---

① 本文原为中央台张树国记者对作者的访谈录，原载《大参考》1994 第 18 期。

民的做法。当然，国家要增加农民收入，光靠提价也不是办法，应该把农产品加工增值部分给农民。现在是种粮的不如卖粮的。如果把加工增值的利益让给农民，物价不会出现太高的情况，而能促进流通和工业部门的改革，农民和收购部门要有均衡合理利润。

现在的收购价，农民本应能够接受的，由于流通领域利润太高，分配不公，造成农民心里三个不平衡。一是对只限农产品价不限生产资料价不平衡。凤阳县小岗村农民曾问一个省里领导干部：为什么只限收粮价，不限化肥价，讲理不讲理？二是对政策多变不平衡。去年中央农村工作会议说农产品保量放价，政策只有 4 个多月就改样了，成为保量限价。三是流通部门留利太大不平衡，说是农业部长斗不过商业部长。

为此，这位长期搞农业的负责同志，提出三条建议。

一是国家总的指导思想，应是增加农民收入和增加农产品有效供给放在同等地位。现在把米袋子和菜篮子作为衡量干部政绩的标准，没有提到农民钱袋子。农民不增加收入，米袋子和菜篮子是保不住的。我们国家是以工农联盟为基础的国家，如果城乡差距拉大，工农联盟的合力值得忧虑。

二是发达地区和不发达地区差距越来越大，工业地区和农业地区差距越来越大，农业大省不仅农民积极性受到影响，政府部门的积极性也受到影响。国家如果采取继续对发达地区倾斜的政策，那么我们国家是多民族国家，要重视维护民族凝聚力。

三是搞市场经济一定要坚定不移地实行，对改革中出现的问题，要用改革的办法解决，不能走回头路。粮、油、棉供应偏紧，利用行政手段限价，搞统购统销，不利生产发展，而且影响上下级和干群关系。要维护国家团结统一，维护政策的稳定性、连续性和权威性，从而才能提高地方对中央的向心力。

探寻规范提取之路*

在集体经济薄的传统农区里，农民负担偏重一直是党和政府关注的焦点。其中有社会上方方面面向农民乱伸手的问题，也有因为提取办法不规范，有人乘机浑水摸鱼的问题。太和县的办法好就好在把提取的办法规范化了。

他们这样做，粮站满意，定购任务完成顺利，主渠道掌握了充足粮源；财政满意，税收及时足额入库；银行满意，统一结算，减少了货币发行流通，又不打“白条”；基层干部满意，他们省去了大量时间和精力，更免除了干群摩擦的烦恼。最关键的是农民群众满意，全县夏秋两季征收任务都只在半个月之内全部完成，没有一户因负担问题上访申诉，各户负担款公开、公平、公正，只有一个标准，任何人都不能乱收乱摊乱掏腰包，也不能徇私情不交或少交。因为村里开支要到乡统一报销，也杜绝了村干部吃喝和胡支乱用，消除了群众的怀疑。

广大干群为什么欢迎这一改革呢？首先是因为这样做堵塞了漏洞，减轻了农民负担。过去虽有不得突破上年人均纯收入 5% 的规定，但那往往只是统计表上的数字，实际是今天上门收校舍危房修缮费，明天又收修桥铺路金，后天又说要招待上级来人大家摊钱……农民搞不清一年交了多少次，记不住有多少收费项目，更讲不准共出了多少钱。现在一年只这一次，摆在明处，杜绝了乱七八糟的摊派。其次是一次提取，利于总量控制，各项开支都只得量入为出，专款专用，不能互相挤占再出新花样了。最后是村干部用钱虽不像以往那样自如，心里有些失落感，但毕竟减少了很多烦恼，免除了群众的怀疑，有更多时间精力用于抓工作，所以还是高兴的。

---

* 本文原载《人民日报》1995 年 1 月 10 日。

在洪灾面前的祁门干群*

5月26日，我到黄山参加华东六省一市农经站长会议。到屯溪后，听说祁门县25日凌晨2时至7时，5个小时下暴雨253毫米，闪里镇等3个乡镇损失惨重。散会后，我于28日去了祁门。

在闪里镇，看到房倒屋塌，稻田和茶园沙压，农民家中泥水狼藉的惨景，心情十分沉重。但随后听了县、镇干部汇报，与基层干群交谈，听到、看到许多可歌可泣的人和事，又是万分感动。

5月23日才去祁门报到的新任代县长项金如，25日晚在沉睡中被暴雨惊醒。接着，县委江书记和其他副书记、副县长都起了床，相互间频繁电话联系筹划抗灾，晨7时就紧急集合，分头行动。

暴雨就是命令。与此同时，县水利局全体领导成员在凌晨2时30分就到办公室。因为电话中断，杨副局长与司机3时整在倾盆大雨中冒着生命危险行车30公里，赶到溶口电站，把价值30多万元的电机紧急吊起，使其免受洪水侵害。

流源电站早晨5时开始进水，员工们想起下游的闪里镇很快会有危险，但电话打不通。他们设法到国税所查所长家里电话号码，把他叫醒。这位老所长步行10分钟到了镇政府，这时已是早晨5时40分。6时整，住在镇里的所有干部就分头通知乡镇企业搬走重要财物，挨家挨户催促群众疏散，为人们赢得了宝贵的一个半小时。7时半巨大的洪峰冲泻到闪里，房倒屋塌，猪鸡漂走，然而人员无一伤亡。1980年7月31日，水位比今年低24公分，但那时死亡11人。民政、水利部门的同志到许多农家看了现场后都认为，这样大的突发灾害没有伤人，是出乎意料的大好事，

---

* 本文原载《黄山日报》1995年6月9日。

是出色工作的结果。

那位老所长由于先报信救人，返回后才安排自家，结果家里受了损失。

闪里镇党委、政府一班人，在洪水到来时都没有顾自家，各家都有不同程度损失，汪书记家损失三四千元。他们当天就决定，自己的 5 月份工资缓发，先帮助重灾户，每户先发 300 元。然后又自发捐款，党委、政府机关中 10 多人共捐出 1100 多元。

山洪退后，镇里干部分三组行动，慰问受灾户，送粮送钱上门，安置倒房户住宿，帮助寻找流淌的财物，组织防疫人员上门送药和消毒，治安巡逻，紧急筹集种子补种，清扫学校复课等。

一切都安排得井井有条，群众人心安定，社会秩序良好。

基层干群的英雄行为，十分令人激动。

老村委会主任共产党员陈大章 55 岁了，得悉要发山洪后，首先想到的是村里一位 95 岁的孤老太。他先到她家，背起就走，冒雨走了 10 分钟，背到较安全的镇小学二楼，然后才回家安顿。我看到他家厢房倒了，卧室内也被洪水洗劫得乱七八糟。

镇办企业厂长任仲儒，得悉要发山洪后，一直在厂内忙着搬运机械和重要财物，家里房子倒了全由老婆、孩子张罗。

意小学校长陈洁，一直在校内忙着搬走教学设备，从窗口救出 4 名群众。我在现场看到，学校已整理就绪，明日可以复课。但 7.5 公里外陈校长的家同样也遭水灾，而他至今也未回家看看。

县农行闪里营业所，在得知山洪要来后，共同决定全力以赴搬账册、搬保险箱、搬公家财物，在这些没有安全转移前，一律不得先顾自家。结果每个人都做到了这一点，灾后照常营业，工作未受到影响。

……

在祁门县、闪里镇的一天，我受到了一场生动的、现实的社会主义思想教育。在自己和自己家庭有可能要蒙受生命财产危险的紧要关头，是先为自己逃生，为自己家庭奔忙，还是先为别人生命着想，为国家和集体财物着想，这对每一个人都是一场严峻的考验。这不是在表态大会上空口说大话，而是面对突如其来的活生生的现实，当场要兑现。我为这些普通基层干部的崇高选择而折服！

现在社会风气不太好，人们时常对干部、对党员、对基层的七站八所，有这样那样的议论，而现实向我们证明：在关键时刻，还是这些党员、干部过得硬。他们的工资不多，社会地位也不算高，然而他们的精神，他们的行为，却令所有的人感动、崇敬。他们才是真正地在学孔繁森，是我们自己身边的楷模！

为农服务的好典型

——记颍上县卅铺乡农技服务站站长朱永祥*

颍上县卅铺乡农技服务站站长、农民技术员朱永祥，为农业生产提供产前、产中、产后全套服务，与农户签订联产技术承包合同，在正常年景下如果减产，由他负责赔偿，连续两年承包的200公顷小麦，平均单产比本乡其他农户高出150公斤左右，深受农民欢迎。省委主要负责同志在得悉这一信息后，称赞他是为农服务的好典型，并要求在农业社会化服务体系建设中大力推广这个站的服务经验。

卅铺乡过去小麦亩产200公斤左右，朱永祥自家种的地却达400公斤。他分析了原因，主要是群众种麦科技水平低、品种不优、用种量过大、施肥方法不科学。在省农科院杨教授指导下，他从1992年起，向农民推广“8801”和“马厂二号”两个良种，宣传降低播种量、科学施肥和适时浇灌，结果凡是按他的办法干的，都获得了增产。

1993年秋种时，朱永祥在乡领导支持下与农户签订合同，进行科技联产技术承包服务，在新庄子村签订了23公顷的合同，种植小麦品种为“8801”，保证亩产350公斤，如无不可抗拒灾害，达不到的产量由站里赔偿，超产的部分农技站与农户对半分成。在余塘子村签订“马厂二号”小麦43公顷的合同，保证亩产300公斤，达不到产量也是由站里赔，超产的部分双方对半分成。1994年麦收时，地区农业局局长亲自测产，县农业局和种子公司专业技术人员到现场监打，结果“8801”品种平均亩产470公斤，“马厂二号”平均亩产387公斤，麦茬红芋定产每亩1750斤，实收平均亩产1965公斤，农民人均收入由上年的665元猛增到1025元。

---

* 本文原载《安徽日报》1995年6月15日。

朱永祥的科技联产技术承包规定“五统一”:（1）统一耕种。一律机耕、机播，由农技站组织机手服务；统一播种量。过去农民每亩下种 20 公斤，现在只要 12.5 公斤，并由农技站统一供种。(2) 统一施肥。化肥由农技站统一购买提供，保证无假冒伪劣，施肥方法也由站里指导。(3) 统一田管。灌溉、植保等，都由站里统一测报、指导、实施。(4) 统一收购。朱永祥指导的 66.7 公顷小麦都作为良种，农民收获后统一由农技站向外推销，因为是常规品种，朱永祥给农民的收购价，是按市场商品粮价加价 40%（马厂二号只加 20%）。朱永祥在开展技术承包中主要是赚取经营种子的利润，服务基本上不收费，供种、供肥、机播作业也都先记账，农民卖麦时再结算扣回。为了解决农户卖种后的口粮问题，朱永祥还统一加工面粉、面条，按实际价格送货到村供应。在为农服务当中，他的服务站也壮大了，有机耕队、农资门市部、山芋（三粉）经销部、农科组,1994 年经营额 230 万元，利税 11 万元。

1994 年的成功使朱永祥信心增大。去年秋种时，他扩大承包 133.3 公顷，全部是“8801”品种，并在淮河对岸的霍邱县城西湖租赁 66 公顷地种植一麦一稻。6 月 8 日小麦收打结束，由于去年播种偏早，冬季高温早发，今春又受旱和受冻，亩产不如去年，但均产仍达 410 公斤，比当地其他农户高 100 多公斤。

在乡党委和乡政府的支持下，现在朱永祥和他的农技服务站已发展到 13 个人，准备培训一批科技副村主任，由站里发工资，让他们与农户签订合同，联意承包或进行技术指导服务，提高全乡的农业科技水平，使全乡的产量上再上一个新台阶。

最近，省委书记卢荣景听取了朱永祥开展联产承包服务活动的情况汇报，给予了充分肯定和赞扬，他要求有关部门认真组织机关干部、农业科技人员和农民技术员，真正沉到农民中去，上门服务，为农民办实事、办好事、办他们自己办不了的事，从而为安徽尽快由农业大省变为农业强省，为农民致富奔小康，做出扎扎实实的贡献。

我对安徽省情与安徽农业发展的看法*

1995 年召开的安徽省全省农村工作会议，是近年来规格最高、参加人数最多、成果最大的一次会议，在农业生产和农村工作许多重要问题上达成了共识，对促进我省农业和农村经济乃至整个国民经济持续、健康、协调发展都有着极为重要的意义。

第一，明确了农村工作总的指导思想是以奔小康统揽全局，把增加农民收入和保障农产品有效供给放在同等重要地位，核心是使农民增收。我认为这个指导思想非常重要，也完全正确。

搞农业当然首先要抓粮棉油生产，让人民丰衣足食。只有农副产品充裕，市场繁荣，才能有效扼制通货膨胀，支撑国民经济持续、健康、协调发展，维护社会稳定。但是，怎样才能做到保障农产品有效供给呢？我认为关键在于提高农民生产者的积极性，如果农民认为务农效益低，种粮划不来，他们就不可能积极生产。因此，抓米袋子是重要的，抓菜篮子是重要的，抓农民钱包同样重要。安徽是农业大省，近 10 年来，平均每年都调出 50 亿斤商品粮，为国家建设和人民生活作出了重要贡献。但是，农民人均收入却在全国中下位次。1994 年全国农民人均纯收入 1220 元，安徽只有 973 元，这说明务农效益低。今后我们要继续发展农业生产，继续为国家作贡献，这是大局。但是，5000 万安徽农民同样是我们的大局，必须把农民增收摆在极为重要的位置上。

小平同志早在 70 年代末就提出，20 世纪末人民生活要达到小康水平。农村小康指标有 15 项，其中第一项是硬性经济指标，即人均收入按 1990

---

* 本文原为作者于 1995 年在安徽省全省农村工作会议阜阳地区大组会上的发言，原载《安徽农村通讯》。

年不变价达到1100—1200元。据国家统计局计算，1994年的1000元只相当于1990年的664元，安徽1994年农民人均收入973元，只相当于1990年不变价的650元。按照小康下限今后5年要增加450元，年均90元。而1990—1994年的四年内，从539元增至650元，只有111元，年均增加28元。2000年就算21世纪了，从现在起的5年，增长速度是前四年的3倍，任务极其艰巨。有些县市的同志说，要提前三年达小康，这可能是把“不变价”与“现行价”混淆了。1994年全国有上海（3437元）、北京（2401元）、浙江（2225元）、广东（2182元）、天津（1836元）、江苏（1825元）这6个省市在换算后达到小康规定的人均收入指标。而我省达到全国平均水平1220元的县市才5个（天长、宣州、绩溪、旌德、青阳），都是人口较少的县。还有12个县在800元以下。所以我省达小康要付出极大的努力。当然，一些城市的郊区要好得多。

第二，重申了农村生产的指导方针要坚持一个稳定增长、两个加快发展，这是经过多年实践证明了的正确方针。

粮食要随着人口的增加而稳定增长，但靠的是提高单产，而不是增加面积。我省现时粮经比例是73∶27，看来还应多发展经济作物，也许65∶35甚至6∶4更为恰当，因为经济作物比粮食效益高。开发性农业与乡镇企业都要大发展，用两条腿走路，两句话一起讲。乡镇企业是振兴农村经济必由之路，是农民奔小康的重要途径，一定要咬定青山不放松，风吹浪打不动摇。但是，强调重视、大抓乡镇企业，绝不是可以忽视或者放松农业。农业仍是母体产业。处理这二者关系的原则，就是因地制宜，分类指导，扬长避短，发挥优势。一切以当地条件为转移，有条件有效益办乡企，就应大上快上，发展速度再快也不为过；暂时不具备条件的，就强化开发性农业，逐步创造条件办企业。效益原则是最根本的原则，这方面同样可以运用“猫论”的法则。

3月23日《人民日报》发表了新华社两位记者写的述评性文章，介绍苏北北部农村的发展经验。这几年北部干部都在寻找加快发展的途径。“风雨兼程下江南，踏破门槛找项目，四处筹资竖烟囱”，生搬硬套苏南经验，大办工业。其结果呢？正当苏南人为“无工不富”而欢欣鼓舞的时候，徐州、淮阴、盐城农村的一些干群却哀叹“无工不穷”。工业没有办好，钱砸进了水里，背上了沉重的还本付息包袱。后来他们调整思路，把发展多种经营作为启动经济发展的突破口，“提着菜篮子奔小康”“赶着畜禽奔小康”“养蟹养鳖奔小康”“依靠传统技艺奔小康”，很快改变面貌。有着650万人口的盐城市，过去同我们的淮北农村一样穷，去年农民人均收入达到1488元。记者把结论作为标题：思路明，全盘活。我认为，这个经验对我们应该有所启示。我并不是以这个例子来否定乡镇企业，而是说有的干什么事都要讲条件。

人类社会的发展是由农业社会到工业社会、到科技社会、到信息社会这样一个过程。传统农区由于历史的局限，一下子大上工业确有所短。因为这不仅是少数先进分子、领导干部的事，而是群众性事业，有赖集体素质的适应。那么，首先夯实农业基础，提高产出率，提高商品率，农业发展了，一部分农民转入经商；商贸发展了，一部分商业资本就会转向工业资本，从农副产品加工增值开始，促进工业发展。工业上来了，人口集聚了，小城镇发展了，第三产业跟着发达起来。这恐怕是经济发展的自身规律，不可违拗。不经历这样一个过程，传统的社会关系难以松动，人才得不到锻炼，资金无从积累，更重要的是企业化生产经营管理经验得不到培养提高。

第三，提出了安徽要实现由农业大省向农业强省跨越这一整体思路。我认为这是符合安徽实际的。

有段时间，有些宣传媒体热衷于“轻工大省”“黑马”“划时代发展”等，而对于“农业大省”好像有点羞羞答答，耻于出口，因此要“重塑安徽形象”。我认为，这几年安徽的工业，特别是轻工业，确实有了长足发展，美菱、荣事达、扬子、芳草、古井……确实在全国很有名气，这是安徽的光荣和骄傲。但是，是不是“轻工大省”，让省外的人多讲岂不更好？！当然，有些农业大县是工业小县、财政穷县，人们希望我省做工业大省，这种心情是可以理解的，我本人也是如此。何况我们都有压力，因为曾经有一种说法，安徽再不快上就要成为“华东的锅底”了。其实我对这种说法不以为然，我认为安徽是“华东的锅底”很正常；相反，如果安徽上了“锅台”，让上海、江苏、浙江、山东、福建跌进“锅底”，那倒真是咄咄怪事。人家早在100多年前，上一个世纪，就与外部世界有广泛接触，大批华侨这些年来为家乡传递快捷的信息，支持许多资金，我们国家对外开放又是从沿海开始的，历史的资源和现实的区位优势，是安徽无法比拟的。我倒是认为，如果安徽与内陆省份比、与中西部比，要是跌进“锅底”，那才是真正的耻辱。这就是省情。不注意这一点，容易急躁，欲速则不达，甚至会出现浮夸等不实事求是的行为。

安徽省工业方面一下子与发达地区比还不行，实力不够，冒不了尖。现时全省的纺织业不如一个常州市，日用品、家电能与上海竞争吗？外贸也肯定比广东差一大截。而农业确实有许多项排在全国前列：每年调出50亿斤粮，是全国仅有的9个粮食调出省之一，黄河故道百万亩连片果园面积全国第一，亳州中药材市场营销量全国第一，阜阳黄牛全国第一，皖西大白鹅全国第一，沿江螃蟹产量全国第一，去年出口香港市场占全国出口量40%以上，歙县茶叶也是全国最大产茶县……上个月我接待上海一个学习考察团，共计17人，他们开宗明义地说：“黄菊同志派我们来安徽，学习土地承包制度改革和税费收取方法改革经验。”我听后非常欣慰。这么多年来，我们一直学上海、学沿海，什么时候听说过上海学安徽？前些天，在中央农村工作会议上，方兆祥副书记被指定作大会发言，介绍安徽的土地承包制度改革和税费收取方法改革经验，整个会场为之轰动。姜春云同志说安徽这两项改革是成功的；国务院研究室副主任杨雍哲同志说，北京许多人讲这几年农村改革沉寂了，而安徽不是这样，安徽农村改革一直很活跃。去冬以来，除了西藏，各省市区都有人去阜阳，连台湾也来了三位教授进行研究。与此同时，有位副省长在人民大会堂作了10分钟的演讲，汇报安徽消灭荒山和进行林业第二次创业，引起强烈反响，江泽民总书记亲自签署，以中共中央和国务院的名义，授予安徽省委、省政府以奖牌。所以我认为，安徽是农业大省，把农业这个基础搞扎实、大发展，不仅符合经济发展规律，而且在政治上也是正确的，它给安徽带来了荣誉，提高了安徽的知名度。

当然，我们讲安徽是农业大省，并不是以此沾沾自喜。承认现状是为了改变现状，由农业大省向农业强省跨越，向经济富省迈进，绝不是要停留在农业大省的位置上。而且，省内经济发展也不平衡，有条件的地方还是要大上工业，大上乡企，只是说暂时条件不具备的，不能生搬硬套，要用两条腿走路，两句话一起讲。何谓农业强省？计委正在研究监测指标。我认为起码要包含三个内容：一是农业综合生产能力提高，抗灾能力显著增强，农业生产稳定地保持在一个较高水平上，处在全国前列，不仅省内丰衣足食，而且对国家作出较大贡献；二是在生产发展基础上，农民收入有较多增加，达到和超过小康要求的水平，城乡差别缩小；三是农村经济结构、劳动力结构、产业结构、产品结构都进一步优化，一、二、三产业协调发展，不再是初级产品和原料基地，而是加工增值，提高附加值，延长产业链条，二、三产业成为主导产业，大批劳力转入加工业和服务业行列。比方说，棉花、蚕茧发展了，带动纺织业、丝绸业、服装行业大发展；畜牧水产业发展了，带动食品工业、皮革产业的兴起；木材、毛竹增多，带动林产工业、造纸工业的腾飞……农业强省与工业大省会同时出现，经济富省当然也就在向我们招手。

正确的思路对全局的影响是无可限量的。关键要形成共识，才能步调一致。不知我的一孔之见能否起到一点推波助澜的作用？

为农服务的一项创举

——宁国县发展民办服务事业的调查*

这几年，宁国县不仅乡镇企业发展和财政收入增长走在全省前列，而且在为农业生产服务方面也有许多创新，尤以民办水利、民办植保、个体农机户包耕包割包脱粒、民办龙头企业带动农户加工增值，搞得很有起色，深受农民欢迎。最近，省委书记卢荣景在看到这方面的汇报材料后指示："宁国县民办为农服务的经验，在全省农村值得推广。"

一、民办水利

港口镇地势偏高，干旱年景农民饮用水困难，田块常常受旱。1993年4月，54岁的农民肖邦德，出资1万元，在村边打了一眼直径6米、深8米的大口井，由12马力的柴油机抽水，这不仅使附近两个村民组农民免除了跑几里路挑吃水的困难，而且能为当地电灌站补充水源，灌溉26.7公顷水稻。在肖邦德的带动下，山门乡株木店村吴运祥等3户农民，1994年用自家好田换其他农户岗洼田3.4亩连片，投资3.3万元，耗工1850个，开1口当家塘，蓄水2.4万立方米，既能养殖鱼虾家禽，又保了8公顷农田灌溉。这两户都是为农民1亩田灌1次水，收费6—10元，一般水稻田灌两次水即可保收，农民非常高兴。笔者计算可比江淮地区农民灌水花费省一半。

宁国县政府、县水利局因势利导，宣传、鼓励、推广这一民办水利做法，制订了奖励措施和相关政策。凡建当家塘蓄水4000立方米以上者，奖励造价的35%；打井、筑拦河坝灌溉农田3.4公顷以上的，补助1/4。现全县有个体办水利的107户、联户办水利的291处、股份合作管理水

---

* 本文原载《安徽日报》1995年9月17日。

库2处，农民共投入建设资金628.3万元；在全县189座电灌站中，已有62座由农户或联户承包。太平乡吃水困难，打一口井约需1300元，县里每口井奖100元和2袋水泥，现在农民打井772口，解决了5000人吃水困难（过去常用消防车送水）。陈副县长告诉笔者说，农民承包的电灌站，在现在抗旱结束后，机器都抬到家中擦得油光锃亮，还有塑料布盖着；灌溉及时，农户摊钱也少得多，是大好事。

二、民办植保

现在公办乡农技站能发挥作用的不是很多，到村一级的病虫防治力量更是薄弱，且因农民科技水平低，不仅因病虫造成的损失重，还常常因打农药中毒死人。宁国县甲路镇西坑村农民肖大春，初中毕业，在县植保站支持下，把原镇里的两台旧机动喷雾器修好，代农民喷药治虫。1993年开始包40公顷水稻，每亩收费3元（工钱2元，机械折旧费0.5元，油费0.5元）；如由肖供药，他按县里售价，不加利润。农民非常拥护。1994年扩大到附近两三个村，共200公顷水稻，都由他包治病虫，今年又扩大到邻县旌德的村庄。群众反映他承包的病虫防治有三个好处：（1）防治及时，抢在病虫为害早期打药，今年水稻白叶枯病流行，他承包的田块比其他村要少打药2次，既减少了农民开支，又增产10%；（2）从此农民无一人因防治中毒，稻、油的农药残留也少；（3）价格公道，从1993年至今都是每亩3元，不涨价，比农户自家用小喷雾器省工省钱。肖大春说，明年他要多带几个徒弟，办个民办植保公司，把全镇的稻、油病虫防治都包下来。县植保站正在总结他的经验，拟在县内推广。

三、民办机耕、收割、脱粒

宁国县因乡镇企业较发达，农民收入较高，很多农户种田是雇人耕耙和收割。县农机局适时组织机手承担这一任务。虹龙乡已进行3年，有40多人做代耕工作，第一年牛耕1亩田收费50元，机耕35元；第二年牛耕55元，机耕为35—40元；今年又涨价，但机耕价便宜10元左右。经测算，机耕田块要比牛耕每亩增产稻谷35斤。今年县农机局帮3户农民买了联合收割机，每台 13400 元，局里垫付 2000 元。1 台机器 1 天可收割、脱粒 1 公顷水稻，基本上可以承包两个村民组的（约 14—20 公顷稻子）的收割、脱粒任务，每亩收费 45 元，比人工少支出 15 元，既降低了成本，又不误农时，还可防止收割期连阴雨损失，农民很欢迎。据计算，1 台联合收割机 2 年即可收回成本，机户有利可图，能够推开。

四、民办龙头企业

笔者现场参观了两户民办龙头企业。一是农民何宝健，在县农经委支持下，办出口加工厂，收购农民竹材，雇工 100 余人，编织日本人要的竹制品；同时供应日本洋葱、牛蒡种子，与农民签合同，种植上千亩，由他收购，再加工出口到日本。附近农户都富了起来，人均收入 2000 元以上。二是农民官昌国，向农户供应塑料丝，附近家家户户穿刷子，再由他统一收购向外地推销。我与附近农民座谈，都说这些大户做了好事，农民最盼这种服务。一个曾经担任村主任名叫王世林的农民说，这个村过去社会治安不好，小青年们无事生非，近几年有活干，安静了。穿刷子，老人、小孩都可以干，残障户也被带动起来，早晚弄一弄，1 年少说也有一两千元收入。当地竹子多，过去每担 12 元，现在涨到 24 元，也是因为竹板可以穿刷子才使种植竹子增值的。

也谈农技推广*

农技推广搞不好，科技不能转化为生产力，即使有科技成果，农业生产也攀不上高峰。

农技推广是一项重要事业，它的服务对象是农民群众，社会效益高，政府财政确实应予大力支持。但在财力偏紧的情况下完全依靠财政不现实。叫苦多年，哀求了多年，改善得有限。我们是否也应该来点“逆向思维”，想想别的途径？能否把社会效益与经济效益结合起来，在帮助生产者增收的同时，也改善一下自己的服务条件？

这几年在农村调查中，我发现了许多这样的事例：安徽颍上县卅铺乡农技服务站站长朱永祥，与农户签订科技承包合同，保证小麦亩产 300 公斤，达不到的他赔，超额的部分对半分成。结果连续三年单产较周围农户增产 150 公斤。1994 年秋种起，他到淮河对岸的霍邱县承包农田种粮，头年 1000 亩，次年 2000 亩，每亩付承包金 100 元至 250 元。他的站已积累近百万元。宁国县甲路镇农民植保员肖大春，代农民喷药治虫，今年承包水稻 3000 亩、油菜 1000 亩，每亩收 3 元，由于防治及时，农民增收 10%，又节省费用一半以上。他本人收入超万，计划明年办一个植保公司，把全镇农作物病虫防治都包下来。

这样的例子还可以举出很多。他们做到了社会效益与自身经济利益的结合，既把现代技术推向农村，帮助农民群众提高了素质，增产增收，本身也获得了较大利益。各级农技推广部门是否也可借鉴这个路子呢？我也曾想过，比如虫情测报这类工作，只能考虑社会效益而不能考虑“有偿服务”。但宁国的实践提示我们，如果把病虫害预报与防治结合起来，统

---

* 本文原载《人民日报》1995 年 12 月 6 日。

一服务比对家家户户服务省钱、省工、省设备，还可防止药害伤人，服务者也同样有较好的效益。

需要说明的是，我绝不是提倡农技推广都应该自负盈亏，搞企业化经营，财政“断奶”。那样会走向歧路，把人们都引向挣钱，而不讲为农民服务，甚至坑蒙拐骗、假冒伪劣一起出来，那就贻害无穷了。我只是说，农技推广工作也可以用两条腿走路，国家继续大力增加投入，同时也要自己武装自己，改善服务条件，更好地为农业再上新台阶做出贡献。

农村调查随感录*

下乡调查，所见所闻，感触良多，爰为之记。

一、基层渴望宽松环境

不少乡镇干部说，谁不想集中精力抓经济？苦于没有自主权。一是中心工作太多。计划生育，粮棉油收购，社会治安，订阅报刊，举办养老保险，推行火葬乃至卖老鼠药，打狗……都是硬任务，指标弄不好就得进“笼子”。二是检查评比过滥。3天一评，5天一比，天天都有调研考察的。有位乡长对我说，时近中午听到汽车喇叭声，头皮就发麻：又要陪餐了。耗费大量的精力、财力不说，还容易掺假，谁接待得好，表面文章作得巧妙，就能过关甚至评优。三是任务压得太重。经济发展，财政增长，完成任务进度等等，常常不切实际而又催得很急，承受不了。强迫命令，弄虚作假，由此而生。

二、扶贫要雪里送炭

我在好几个贫困乡都发现，扶贫资金没有用到贫困户头上，而是支持了贫困县的“冒尖”户。

开发性扶贫是对的，但有的引起误解，认为就是支持大户发展乡镇企业。办企业当然可以，但起码应与贫困户劳动力就业挂钩。一般说，一个贫困户有一人在企业做工，家里买口粮不成问题，而且能提高他们的智力，对稳定脱贫有利。而不少地方连这一点也做不到，就把扶贫资金成千上万地给了个体户。银行也愿意贷给他们，他们的还款能力比贫困户强，

---

* 本文原载《大参考》1996年11月5日。

再加上不正之风的影响，使得这种“锦上添花”相当突出。

搞市场经济要优化配置资源，让商业银行扶贫不现实，他们要考虑资金安全；企业要盈利天经地义，不能苛求他们到偏远山区去投资。政府要以扶贫为己任，做抽肥帮瘦工作，实现共同富裕。这既是社会主义的本质特征，又是安定社会的需要。因此，扶贫资金一定要用到贫困县的贫困户头上，而不能用去垒大户。

三、干部奖励要用得恰当

有一个乡，书记、乡长年得奖金 3 万元，村干部平均 8000 元，村民小组干部也平均得奖 4000 元。而且全部取之有据，是按文件规定得的。这实在让我纳闷，一个省部级公务员一年工资又有多少？有的同志告诉我，过去县直机关干部不愿下乡任职，乡里干部想点子钻进城；如今情况变了，县里干部愿意下去当乡长、书记，因为收入多，而且不用搬家，上下班小车接送，早出晚归。

为什么“合法”奖金这么多？因为各项工作，特别是财贸任务，都与奖励挂钩，还美其名曰：“激励机制。”我在一个乡看到“红头文件”，讲是农民负担按“夏六秋四”分两次收，但同时又规定 7 月 10 日前收清的，给乡村干部奖励 10%。订阅报刊及保险收费的奖励订得最细，分档次兑现。完成定购有奖，罚款有奖，对指导性计划收购的农副产品，农民卖不齐的就交评议差价。这是没有法规依据的乱收费，但基层收得最积极，农民少卖一斤油菜籽交 0.3 元，少卖一斤棉花交 3 元，就是因为有提成，又能得财政“上台阶奖”。有些地方农民负担重，统计数字不实，都与此有关。

现在农民负担有总量控制，集资要按程序审批，建议基层的奖励权也要上收。利辛县西潘楼镇农民占用耕地建房仅 2 亩，按税率只需交耕地占用税 2000 元，而县里下达任务 18 万元，镇对村分解成 199 万元，实收 181 万元；按自定的奖励规定，乡村干部得奖 26 万元。全乡财政收入 230 万元，却上报 407 万元，上了台阶，镇政府得奖 5 万元，财政所得奖 6000 元，知情人无不咋舌。国家派人来查，省里通报处分。应当从中吸取教训。

四、要真正重视农技推广

去年我省有一个县级市，招考 30 名交警，录取人当中有 25 人是农技推广干部；今年某县招考巡警 30 人，录取 27 人，其中有 21 人是农业技术员、助理农艺师，他们都有大专或中专学历。为什么招 30 人却只取 27 人？因为另 3 人是大学本科毕业的农技骨干，县委最后“把关”不准改行。

民警是重要而又光荣的岗位，对此我绝无贬低的意思。但我省是农业大省，农民从整体上说文化素质不高，农村迫切需要科技，农技人员是少了而不是多了。为什么大批农技干部要跳槽改行？原因不言而喻：工作条件差，生活待遇差，社会地位低。人们听说这两件事，不免感叹一番，“这是农业和农村工作的悲哀”！

农民负担“反弹”的原因分析和对策建议*

安徽省农民负担一直是南轻北重。1992 年，由于党中央、国务院的高度重视，省委、省政府抓得狠、抓得紧，再加上对利辛县一个案件的严肃处理产生的影响，故而负担更重，1993 年有较大好转，全省普遍控制在国家规定的不超过上年农民人均纯收入 5% 以内。但是，1994 年以来，“反弹”现象愈演愈烈，据最近省减负办与省监察厅执法检查统计，沿淮和淮北地区相当多的地方，农民税外负担高达上年人均纯收入的 15%—20%，有的甚至更高。信访明显增多，并引发了恶性案件。像阜南县中岗镇沈寨村，因村干部与联防队员持械上门扒粮，开枪致一死两伤恶性事件；蒙城县范集镇加码征收定购粮和提留款，农民人均负担占收入 30%，虚报财政收入，虚报黄牛饲养量，以此取得“十强乡镇”称号，被中央电视台曝光；宿州市因农民负担过重，有不少乡镇农民先后集体上访，最多一次约有 800 人在市政府门前静坐等，影响非常恶劣。

一、农民负担重原因

有人说，农民负担是“葫芦”，用劲一按它沉了下去，手一松它又浮了上来。我认为可能原因如下。

第一，集体经济薄弱。搞建设，发展经济，奔小康，这是需要投入的。如果把苏南、浙江以及一些发达地区的农村与我们相比，我想他们的投入要比我们大得多，“负担”也比我们重得多。但是，他们的集体企业发达，许多开支都是集体负担了，有的项目（如孩子学费）即便让农民多出几个钱，因为生活富裕也无所谓。而我们这里一切公益事业开支都要让

---

* 本文原为作者于 1995 年 12 月 18 日在“保护农民合法权益座谈会”上的发言。

农民掏钱，农民收入又低，当然就显得负担重了。

第二，干部“政绩”的困扰。“人过留名，雁过留声”，谁都想在任上留点“政绩”。出于个人升迁也好，出于事业心也好，一概如此。“要想富先修路”“再穷也不能穷教育”“搞市场经济信息最重要，必须上程控电话”……钱从哪里来？只好大家摊。心情迫切，顾不上农民财力。

第三，财政上台阶的压力。“亿元县，千万元乡镇，你何时达到？”层层下指标，超额重奖，落后非但挨批，连工资也不保，哪个不急？有个县特产税下指标2000万元，按人头分摊，比上年猛增3倍，是皖南一个地区的2倍，占江苏全省的1/8，它哪有那么多“特产”？财政首长叹了苦经：“我县财政只能达到7000多万，上级硬让过亿，有什么办法呢？”于是就分摊到农民头上。还有的地方出孬点子，把属于农业税范园之内的作物花生另拉出来交“花生税”，按人头、田亩分摊。有的因“税”名目受限，只好把集体资金充抵财政收入，集体开支另向农民增加摊派。

第四，监管不力。农民负担交由农经部门监管，这个部门缺乏手段。过去说增加农民负担是“部门行为”，现在变成了“政府行为”，许多集资摊派都是主要负责人确定的，不好监督。

二、深层次原因

上面讲的是“面上”原因，还有深层次原因。一是吃“皇粮”的人太多。二是干部对领导负责与对群众负责很难统一。虽说各级政府负责人是民选，他要对选民负责，但主要还是上级任命。上级布置的任务必须完成，群众的要求、呼声往往放在其次。从群众那里筹款多，房子、马路漂亮，就能受表扬、得提拔，有谁问过他建设资金从何而来？

三、南轻北重原因

上面讲的原因，应该说不含地域差异性，为什么我省南轻北重呢？我个人分析又有三个不同。一是南方集体经济相对好些，即便穷困山区也还有个集体林场，北边“空壳村”多得多。二是北部自然条件、经济基础不如南方，水利兴修任务重，学校等公益事业欠债多，因此开支要大些。

三是北方人的性格比南方人粗犷。这要一分为二，既有雷厉风行一面，又容易强迫命令。南方干部收不上提留、统筹款，宁可自己不要报酬，也不会干撬门扒粮、牵牲畜、搬东西一类的事，而北方人往往这些粗暴的事也干得出来，所以北方农村出事多。因此，全省都要加强政策、作风、工作方法的教育，而北方尤其显得重要。

根据安徽省政府统一安排，1995 年 12 月下旬，我和省减负办两位同志一道，到池州地区进行执法检查。我们未通过县、乡，直插东至县庆丰乡马桥村、贵池市解放乡白洋村和梅街镇新街村、青阳县五溪乡云山村，访问农户，并与闻声聚来的一二十位农民座谈。农民们除了对收购棉花打白条不满、对猪头税按户收 8 元不高兴、对村办企业经营活动不知情，对“负担”问题未提出任何意见。因为有的多年未收过“两费”，最高的村一年人均也未超过 30 元。白洋村条件最差，村办林场年收入一万元左右，村里所有用项都从这里开支，村干部补贴最多的一年也只 500 元，偶尔上级来人还要在他们家就餐（没有招待开支）；组里干部全部是尽义务。1.1 万人口的梅街镇，镇办工业产值 3 亿元，1995 年入库税金 710 万元（其中农业税 60 万元、乡企税 600 万元），净交县近 600 万元，镇里只有 2 部旧的仪征车，其中一部是计划生育专用；书记和镇长合用一部“大哥大”，谁外出办公事谁用。1994 年农民人均纯收入 1216 元，名列全省第二位的青阳县，农民家庭殷实，而县里副书记、副县长没有“大哥大”，全县 19 个乡镇也只有个别好的乡镇有一部桑塔纳车，其余都是“仪征”和“吉普”，只有三个镇的干部配了“大哥大”。5 天检查，使我们深受教育。当然，群众该交的“两费”还是应该收的，借以提高农民的集体观念，促进农村两个文明建设的加快发展。我建议省内南北之间多进行些双向交流，互励互进。

四、从源头抓起

我同意许多同志的分析，农民负担重，必须从源头抓起。达标、升级几乎都是上级布置的，诸如教育达标、卫生达标、体育达标、社会治安综合治理达标（包括乡公检法建设）、道路达标、通信达标、康居工程达标以及多种多样的“先进”标准，大量是上面下达的。打分，公布，对好的进行表扬，甚至以奖励为手段；对差的进行批评，甚至“进笼子”。这些事都是好事，都应该办，但是钱呢？谁拿钱？文件上只提要求，不提钱的出处。让下面怎么办？财政是吃饭财政，这些钱只好让老百姓摊，让企业摊，压得群众和企业喘不过气。你能都怪基层干部吗？他自己掏不起钱，不服从上级又不行。连报刊订阅也多数是压下来的，不订也得订，“精神文明”的大帽子堂而皇之，而订了又看不到，他们真难啊！

有位同志在一个县召开基层干部座谈会，一位 60 多岁的老村支书讲了一段话，使我久久不能忘怀，每当想起心情就很沉重。他说的道理是：与老百姓接触最多的基层干部如果作风很坏、造成的影响也十分恶劣。我觉得这些话值得深思。因此，抓减负工作，既要保护农民积极性，也要保护基层干部积极性。除了类似纪王场案件、沈寨村案件那样违法乱纪、为非作歹的基层干部，一般应立足教育帮助，上级要为之承担责任。要头痛医头，不要头痛医脚。

五、对策建议

如何有效扼制农民负担？我就现阶段实际提几点建议。

第一，统一认识。主要是领导的认识，特别是党政主要领导的认识。农民问题始终是中国革命和建设的首要问题。在中国，不懂得农业，就是不懂得国民经济；不了解农村，就是不了解中国社会；不关心农民，就是不关心衣食父母，就不能稳定大局，当然也不可能是一个称职的领导，更不会是一个成熟的政治家。一千多年前的唐太宗尚知“民如水，君如舟，水能载舟，亦能覆舟”的道理，我们今天难道不如他？我们的革命是农村包围城市取胜的，共产党的政权主要是农民拿 2000 万人头换来的，今天切切不可忘记农民。为什么今天农村社会治安不好，反动道会门猖獗，车匪路霸横行？原因是多方面的，境外敌对势力的破坏，我们打击不力，基层组织软弱，一手硬一手软等，都是。但归根结底罪恶要从产生罪恶的社会环境中去追究原因。这几年农民收入增长趋缓，就业不充分，城乡差别造成心理上的不平衡（尤其在青年人心中）等，如果再由于负担太重引发干群矛盾激化，更易为坏人煽动利用。

具体到“负担”的解释上，有几个问题要统一认识。一是生产投入也是负担。因为国务院92号令解释农民负担“三提”的第一项公积金，就明确指的是“农田水利基本建设，植树造林，购置生产性固定资产和兴办集体企业”，不能说投入不是负担，去另外筹款。二是修路、办学等包括在5%之内。因为92号令“五统”就指的是“乡村两级办学（即农村教育事业费附加）、计划生育、优抚、民兵训练、修建乡村道路等民办公助事业”。注意，这里指的是乡村，不包括县道、乡公路，也不包括县里的学校。乡以上是财政负担的。不能在5%之外再筹款办这些项目。个别必需的，要依程序报省减负主管部门、计划、财政、物价四厅局联合审批（必要的教育集资报县审批），地市及省直其他部门都无权下达此类文件。在“约法三章”执行期间，除小学危房维修外，一切集资都停止审批。三是减轻农民负担指的是减轻农民合理负担。不合理负担不是减轻的问题，而是坚决废止；合理负担要控制在农民承受能力范围之内（5%），好事不能一个早上办完。四是集体还贷也在5%之内的“公积金”中开支，不是法定另行摊派。所以用贷时要考虑还款能力，首先要从自身效益中开支。另外，我个人意见，发动群众兴修水利，改善生产条件，在自愿前提下，可以多投劳；但如搞以资代劳，要注意群众的承受能力，由本人申请才行。

第二，发展集体经济。要加快改革，要赶上先进地区，要尽快使农业大省向农业强省跨越，确实要增加投入。5%中，公积金只占1%左右，非常不够。关键是发展集体经济，用集体统一经营收入来办事业。农民除积累工外，不能超越民力而多掏他的腰包。过去确实存在对发展集体经济重视不够的问题，“统分结合、双层经营”中，统的一块很弱，今后各级都要引起高度重视。有条件的要大办集体企业，没有条件的，可整治“四荒”，但不要拍卖，因为拍卖所得极易一次性用掉；而要招标发包，作为村组集体经济收入来源。

第三，实行法制化管理。农民负担监督管理要尽快立法，依法行政。特别是明确违法的、加重负担的如何处理不能老是“要怎样”，结果什么也要不到，成了一种善良愿望的表达，成了一种被置之不理的哀求。现下，要坚决按国务院92号令、省政府45号令和“约法三章”办事，坚决不准突破5%，所有已经明令取消的项目任何人不得恢复，一切需要农民出钱、出工、出物的达标升级活动都要停止。特产税、屠宰税、耕地占用税、计生罚款坚决不准按人、按田亩分摊。订报刊、参加保险、组织统一服务要坚持自愿，不能强迫。棉、油、烟等指导性计划产品，完不成收购的，一律不准罚交“差价款”。违者，谁出主意谁负责，谁签发文件谁负责。要加大查处力度：一是新闻媒体有选择地曝光，以不影响社会稳定和授人以柄为准绳；二是除了监察、审计部门，由于减负关键在主要领导，建议加强人大监督，可以搞点代表质询、特殊事件专项调查等；三是要按省政府处罚条例认真处理，不能“下不为例”，比如个人得好处（多占、得奖等）必须偿还，受提拔的也要对照处理。

第四，加强乡村集体财务管理。实行“村组有乡代管”制度，用钱审批；但乡里不得占用、平调村资金。集体资金不得列入财政，不能改变资金性质，可存在合作基金会内，专款专用。要半年公布一次，交给农民一本放心账。省监察厅、财政厅、农经办三家将联合开会部署。

第五，改进工作之风，注意工作方法。现时，工作作风和工作方法问题，已经成为我们事业兴衰成败的关键，有许多事，不是因为没有明确的法律法规或政策规定，也不是因为没有好的设计，而是在执行中走了样。农民负担的恶案，就往往与干部作风有关。根据我的实践，觉得应注意这样几个问题。（1）进行结构调整，推广规模种植，实行区域化生产，明确主导产业，这些都是对的，是好事，但一定要加强宣传，进行示范、引导，采取科技服务的办法让农民得到实惠，自愿接受，不能强制，不能侵犯农民自主权，否则要在市场波动时承担经济责任。（2）推进农村城镇化进程，要建立在经济发展的基础上，水到渠成，因势利导，千万不可干撤村并庄、驱赶农民进城的蠢事。（3）奔小康的本质是促进物质文明和精神文明建设，提高人民的生活水平和生活质量，因此关键是发展生产、增加农民收入，绝不能搞形式主义，更不是盖几间小洋楼让人参观了事。（4）开展奖励评比要讲政治，禁止任何部门用“回扣”“劳务费”的办法，让乡镇干部为其开展工作，以防止增加农民负担，弄虚作假，诱导干部犯错误。（5）上级下乡检查工作要胸有全局，分类指导，注意政策，特别是表扬一个地方建设成绩时，要弄清建设资金的来源。如果靠加重农民负担搞“政绩”，非但不能表扬，反应批评查处。（6）严禁公检法和“小分队”人员参与向农户收钱、收粮、收物的行动，以免矛盾激化，引发恶性案件。（7）对待特困要照顾，酌情减免负担，不要绝对平均主义，有些恶案常常在这些农户中发生。（8）对拒交税费的“钉子户”，不要直接与其冲突，而是交由人民法庭公开审理，依法裁定，既教育本人，又教育其他群众。总之，要增强群众观点，坚持实事求是的作风，耐心细致地处理问题，把事办好，千万不要好心办坏事。

第六，继续探索减负办法，寻求规范提取之路。对省已批准实行征实改革的地方，要坚决按方案办事，严禁在征实之外再加码（包括教育集资）。要跟踪调查，细致研究，兴利抑弊，完善办法。在未进行全面总结并经专家论证、省里验收之前，不扩大推广。

农技推广工作的反思*

农业生产一靠政策，二靠科技，三靠投入。政策要稳定，不能经常变。农民最欢迎的农业基本经营制度——家庭联产承包制，已经写进了《中华人民共和国农业法》，用立法形式固定下来了。国家投入是随着财政的增长而增加，不可能苛求。因此，今后农业生产的发展，主要是靠科技的进步。是不是可以这样说：我国农业生产的发展，已经由 70 年代末、80 年代初的主要依靠政策调动积极性，转到了 90 年代的主要依靠现代科技的武装了。当然，我并不是说政策的作用不重要了。

我省的农业科技水平一直不容乐观。无论是科技贡献率、生产第一线农业科技人员比例，还是农村劳动者的整体科技文化素质，都处在全国中下游位次。粮棉单产不仅低于江浙，近些年也低于山东。

农技推广搞不好，科技不能转化为生产力，即使有科技成果，农业生产也攀不了高峰。农技推广是事业，服务对象是农民群众，社会效益高，政府财政确实应予大力支持。但财政就是这么个现状，显然完全依靠财政不现实。叫苦了多年，哀求了多年，改善得有限。我们是否也应该来点“逆向思维”，想想别的途径？农技推广能否有限度、有选择地推向市场？能否把社会效益与经济效益结合起来，在帮助生产者增收的同时，也改善一下自己的服务条件？无偿服务虽然伟大，但自身生存条件都不具备，谈何去为大众服务！

这几年在农村调查中，我发现了许多这样的事例：

——颍上县卅铺乡农技服务站站长朱永祥。他与农户签订科技承包合同，保证你小麦亩产 600 斤，达不到的部分他赔，超额的部分对半分

---

* 本文原为作者于 1996 年 1 月 20 日在中央驻皖新闻单位科教兴农研讨会发言。

成。方法是“五统一”：由他统一机耕，统一定量供种，统一配方施肥，统一治虫灌溉，统一收打交售。真正实现了科学种田，连续三年单产较周围农户增产 300 斤。1994 年秋种起，到淮河对岸的霍邱县承包农田种粮，头年 1000 亩、次年 2000 亩，每亩付承包金 100—250 元。他的站已积累财力近百万元，人员 20 以上。

——省农科院女研究员浦玉华。到阜南县帮助扶贫时，长期住在公桥乡，宣传、示范、辅导农民栽桑养蚕，又帮助乡里建起烘茧站和缫丝厂。农民人均增收 400 元，乡财政增收 100 万元。乡里在乡政府院内建了一座功德碑，又花 10 万元在合肥为浦教授买了一套住宅。

——休宁县科协的食用菌协会。帮助贫困山区的岭南乡发展香菇，包供菌种、包教技术、包收购对外销售。全乡人均增收 500 元，其中黄岗村人均增收千元，农民一举脱贫。协会现在办公室、厂房、宿舍齐全。

——宁国县甲路镇农民植保员肖大春。修好 2 台机动喷雾器，代农民喷药治虫，今年承包水稻 3000 亩、油菜 1000 亩，每亩 3 元，由于防治及时，农民增收 10%，又节省费用一半以上，更保证了人畜安全。他本人收入超万元，计划明年办一个植保公司，把全镇农作物病虫防治都包下来。

——临泉县农村能人韦建华、刘显。他们分别租赁农民承包地 100 亩、375 亩，每亩年租金分别为 500 元、1000 斤小麦，种植经济作物。转让土地的农民仍可在他们的指导下从事田间管理劳动，获得工资。由于科学种田和科学管理，发挥了规模效益，土地产出率大大提高，农民比自家耕种收益提高 1—3 倍，韦、刘年收入几十万元、上百万元。更重要的是，农民在他们指导下干活，等于是现场实习，接受生产技术和经营管理知识培训，以后可以自己独立生产经营。

这些事例从不同的侧面说明了：他们都做到了社会效益与自身经济利益的结合，既把现代技术洒向人间，帮助农民群众提高了素质，增产增收，本身也获得了较大利益。

各级农技推广部门是否也可以借鉴这个路子呢？我也想过，例如虫情测报这类工作，只能是社会效益而不能考虑“有偿服务”；但宁国的实践提示我们，如果把病虫害预报与防治结合起来，统一服务比家家户户进行更好，省钱、省工、省设备，还可以防止药害伤人，服务者同样有较好的效益。

必须说明的是，我绝不是提倡农技推广都应自负盈亏，搞企业化经营，财政“断奶”。那样会走向歧路，把人们都引向挣钱，而不讲为农民服务，甚至坑蒙拐骗、假冒伪劣一起出来，那就贻害无穷了。我只是说，农技推广工作也可以两条腿走路，国家继续大力增加投入，同时也要自己武装自己，改善服务条件，以便更好地为安徽农业再上新台阶服务。

一家之言，考虑很不成熟，希望能引起讨论和指教。

宁国经验的启示*

在不久前召开的全省农村工作会议上，省委、省政府作出决定，号召全省各市县向宁国学习。回良玉省长要求把宁国真经学到手。作为帮助总结宁国经验的省政府调研组的一名成员，我有幸在宁国调查学习一周，深受教育，深受鼓舞，获得了很多有益的启示。

一个山区小县何以能在我省率先进入全国百强？我们调研组认为最主要原因是有一条符合县情的发展思路，而且历届领导班子一任接着一任干，不断充实、不断完善，而不是不断变换新花样。改革开放 17 年来，县委书记换了 5 任，县长换了 6 任，都是在继承中发展，从来不“扭秧歌”。经济发展是一个积累的过程，绝非一日之功，国外一些知名的大企业往往是经过几代人的努力才得以成功，“暴发户”是很少见的。想起有些地方张书记上台挖河，李书记当权填沟，一个将军一道令，人人都想出快速政绩，怎么能成大器呢？所以调研组在撰写宁国经验时，特别将这作为第一条经验，而且加上一句：宁国的成功，现在的领导人有很大贡献，历届领导人也功不可没，我认为这是正确地反映历史真实，也是正确反映了事物内在规律。

人是我们伟大事业的决定性因素。宁国交通不便，自然资源也不充裕，成功之处在于有一批出类拔萃的坚持改革开放路线的人。调研过程中给我印象最深的有三位同志。一是 80 年代初期的县委书记方大林。那一届县委就提出，宁国发展路子要以粮食为主干，山林开发和乡镇企业为两翼。后人沿着这条路子走下来，今天宁国乡镇企业走在全省前列，开发性农业也大发展，全县农民人均有 1 亩经济林和 1 亩竹林，纯收入名列全省

---

* 本文原为作者于 1996 年 3 月 6 日在安徽省直机关学习宁国经验汇报上的发言。

前茅。云梯乡党委钟书记概括为“乡镇企业富财政，开发性农业富民众”。全县农民负担只占上年人均纯收入 1.5%。更重要的是，方书记忍辱负重保护优秀企业家夏鼎湖。他力排众议，顶住压力，保护了一个人，影响了一大片，今天回过头来看更觉意义深远。后来的领导人也都这样做，因此这么多年来，宁国没有一个企业家中箭落马。本地能人留在本地，有的乡镇企业家在外地、外省转了一大圈，最后还是回到家乡求发展，外地、外省的能人也纷纷来到宁国。在我们的访问中，不少人至今仍怀念这位离开十多年的老书记，这是非常难能可贵的。

夏鼎湖确实是一位精明强干的企业家，他的企业经营管理水平为众多行家称道，在深山沟能办出一个获得国际质量认证的密封件厂，有美国人出 9000 万元与他合资，生产的液压千斤顶全部出口，实属不易。不少年轻企业主在与我们交谈时，都说在学校读书时就暗暗下决心，将来要像夏鼎湖那样办厂。今天，宁国不仅有夏鼎湖、陈仲明、陈锦华、黄长书等 80 年代就崭露头角的企业家，而且涌现了一批 40 多岁、30 多岁、20 多岁的经营能人和后备人才。这是能人效应、“裂变”效应，也可以说是夏鼎潮效应。我们在访问中曾要求老夏从企业的角度谈谈对县委、县政府组织经济发展的看法，他很富哲理地说：办工业也与农业一样，农村改革最成功之处就是还农民以生产经营自主权；宁国县领导班子的突出特点是着力为经济发展创造一个良好环境，而对企业的经营较少干预，因而各个企业能在市场经济大潮中纵横驰骋。我想，这恐怕是宁国县经济快速发展的一条重要真经，值得各地领导同志认真回味。

我们调研组的人都对洪信余厂长怀着深深的敬佩。他 60 年代从哈工大毕业，分配在七机部一院从事国防科研，在一些国内外知名专家和我军著名高级将领直接领导下工作。这段经历使他有着精深的学识和丰富的阅历，并且铸就了他对事业的忠诚。“文化大革命”期间，不让他为国防工业献身、因为无所事事回到家乡宁国，在一个可怜巴巴的农机小厂里当技术员。是金子总会发光的，改革开放后他当上县经委主任，1984 年又当选分管工业的副县长。一上任就显示了他的真知灼见，“小三线”移交时他提出“不要木器要铁器”，家具让上海人带走，机械设备留下来。这使得宁国的“小三线”厂真正是财富而不是包袱，装备了县办工业，也武装了乡镇企业。1987 年他又辞去官职，不当县长当厂长，不恋官场恋市场，重新回到县农机厂，他首先把乡镇企业机制引进国有企业，带头破“三铁”，干部聘任制，工人签合同，全员（包括他自己）劳动工资与效益挂钩。经过八年的努力，那个原来 300 人、300 万元产值的小厂，今天自有资金 1.3 亿元，年销售额 3.7 亿元，1995 年交税 1100 万元，主导产品三环牌农用车销到全国 20 多个省区，并且带动了县内 32 家配套小厂。在他的影响下，全县不少机关干部自愿弃政从工从商，有好几位厂长、经理不愿被提拔当副县长或去地区当官。而且全县较早实行了市场机制，政府只管自己该管管的事，由市场去优化组合资源，明晰产权，大集体工人可以当国有工厂厂长，乡镇企业可以兼并国有企业。最近，他们又考虑在资本运营和法人权益改革上进行新的探索。人们常说机遇稍纵即逝，我想，搞改革也有个抓机遇问题，宁国在经济体制改革上确实比有些地方看得远、早半拍，因而产生了早发效应。看来，市场经济就是要抢时间，以新取胜，以先取胜，如果老是跟在别人后面爬行，恐怕是难以爬到别人前面去的。

一个国家，如果没有一批知名的大公司，这个国家的经济不可能走在世界前列；一个民族，如果没有一批从本民族诞生的出类拔萃企业家，这个民族也难以领先于当今世界民族之林。一个地区、一个行业何尝不是如此！宁国的优势在于，它已经有了一批骨干企业（超亿元产值的有 7 家、超千万元产值的有 51 家），一批名牌产品（“O”型密封件、风形钢球、飞达碳素管、华贝皮装等），一个梯形结均的企业家群体。这是宁国的希望，“可持续发展”的源泉，再创更大辉煌的根基。

狠刹三股歪风*

当前整个形势是好的，改革开放取得了很大成绩，经济有了很大发展，人民生活有了较大提高。但是，在大好形势下，切不可忽视消极的一面，即街谈巷议中的“三股歪风”。

一曰浮夸风。不知从何起时，“吹牛”之风愈演愈烈。乡镇企业产值“有水”已是尽人皆知，财政收入也有假，这不得不叫人大吃一惊了！某乡为“率先”摘取财政收入过千万元的桂冠，把满打满算的200万元报成1100万元，党政两个一把手在县内打擂台，到地区作报告，上省介绍经验，好不风光！而实际情况如何呢？由于摊派过多，负担过重，有的农民群众连温饱都成了问题，这能让群众没有意见吗？请问，高层领导知不知道？

有些事往往让人感到奇怪，为什么有的县财政收入增长四成、五成，甚至成倍增长，却不能按时发放工资？原来是“空转”“可用资金少”这些新名词在作祟！有个工厂交200万元税，交了退，退了再交，反复几次成了600万元的账面数字。财政收入也有“不可用资金”，这实在让人弄不懂。这种浮夸风不刹，能不影响我们的党群、干群关系？能不影响党和政府的威信吗？有位当县长的朋友告我，他为“财政上台阶”得了万元奖金，不好意思拿，更成了咄咄怪事！

二曰形式风。参观、检查、考察满天飞，哪个乡镇一天也要接待几场。开不完的会，喝不完的酒，汇不完的报，评不完的比……这就难怪层层都在想方设法应付。好在交通工具越来越先进，不通车的地方不去，于是路边树、路边田、路边房也越来越整齐、漂亮了。某县就规定，沿公路两侧300米之内——坐在小车内能看到的范围，不准有破房、草房，统

---

* 本文原载《党员生活》1996年2月21日。

统都要集中到“小康村”，进入“规划区”，盖新瓦房、楼房。于是又出来一个新名词：“形象工程”。粉要往脸上搽，人要衣装，马要鞍装，“理由”充分得很。可群众却不买账，说这是“驴粪蛋”——外面光。

时常觉得纳闷，领导一再号召调查研究，难道对这些愚弄领导、愚弄社会的事一点不知道？原因在于，我们的少数领导同志，习惯于听汇报，即使下基层，一出去就是一个车队，前呼后拥，当然很难接触到群众。基层干部也大有讲真话的，但沿途闹哄哄，谈何“倾听群众呼声”？可见，领导干部要想掌握工作的主动权，掌握第一手资料，就必须了解实情，不要按形式，被“牛皮匠”所愚弄。

三曰腐败风。请客送礼，已经是小菜一碟，不足挂齿。什么花钱办事、花钱生儿子、花钱免（减）刑……人们均已见怪不怪。目前甚至已经出现了拿钱买官的事。有的是贿赂人大代表，有的是直接贿赂领导干部，以达到提拔、当官的目的。淮北某地区好几个老友告诉我，买官、卖官已经明码标价，乡镇两个一把手 3 万元一个帽子，我看不会是空穴来风。

曾经读过一本关于安徽老乡胡雪岩的书。胡本富商，花钱捐官成了“红顶商人”，不过那是清朝的事。不料今天这类事居然已经在我们身边发生。从工农业生产上讲，有投入就会有产出；从商业服务业来讲，蚀本的买卖不做。花钱买了官，他能不捞回去？！这样，贪污腐败行为就会生生不息，形成恶性循环，我们干部队伍的纯洁性也就被污染、败坏了。

当然不是说这三股歪风目前已经到了 12 级台风的地步。况且，我们党正在积极采取措施狠刹。而是说，力度要加大，风源要找准。在我们前进的道路上，小风小浪是不可避免的，我们经得住。但真的让它酿成了飓风，翻船、触礁的危险也不是完全不存在。不然的话，陈云同志为什么要说“党风问题是关系到党的生死存亡的问题”呢？

农业经济转变增长方式的思考*

党的十四届五中全会提出，经济增长方式要由粗放型经营向集约型经营转变。我认为，这个决策对我国经济持续、健康发展极为重要，农业上尤其如此。这是因为，我们的农业生产，就大范围来说，现在基本上还是粗放型经营。主要是体制问题，没有做到资源的优化配置。

以家庭联产承包为主的统分结合双层经营体制，符合农业生产特点，能够适应不同水平的生产力，获得广大农民的热烈拥护，应当作为我国农业的一项基本经营制度长期不变，对此不能有任何犹豫和动摇。但是，任何事物都不可能是尽善尽美的，都需要在发展过程中不断充实和完善，包产到户也不例外。按人口平均分配的土地承包制度，不仅经营规模细小，而且与市场经济的资源配置效益原则相悖。同样 1 亩地，能人经营可以收 2000 斤粮，种植经济作物创上万元的产出；而让一般农户耕种，则可能只收五六百斤粮，千把元的产出。现时我省粮食平均亩产、经济作物亩均产出，要比江浙低 1/4—2/3；我省淡水可养水面在全国处于第二位，而淡水鱼类产品却是第六位，就说明潜力很大。我们人多地少，土地作为一种稀缺而又不可再生的资源，显然应当交由能人经营，以为社会创造更多的农副产品，满足国家建设和人民生活日益增长的需要。

但是，现实情况又不允许我们完全按照效益原则来配置资源。历史上的历次农民革命都提出“平均地权”，实现“耕者有其田”。再说，传统农区的农民主要是以土地为主，在非农就业还不充分的情况下，如果把土地集聚到少数能人手里，那么大量的普通农民何以生活呢？所以，现时只

---

* 本文原为作者于 1996 年 6 月 14 日在安徽省政府办公厅综合调研室座谈会上的发言。

能实行按人分田，土地承担着农民的社会保障职能，维系着国家的稳定。

然而，这绝不是说，在农业上就不能实行社会主义市场经济体制，就完全不能优化配置资源。应该寻求一种实现土地的社会保障职能和资源配置效益原则相结合的机制。安徽农村的实践表明，这种最佳结合的形式现在已广泛涌现。

临泉县单桥乡农民韦建华，向周围农民租赁耕地 100 亩，经营一季西瓜、一季蔬菜，亩产值 5000 元以上。每亩地每年给原承包者租金 500 元，没有务工经商而愿继续务农者，可受雇于韦建华，在韦建华的指导下进行田间管理劳动，另得工资。管理 1 亩地年工钱 700 元左右，加上租金共约 1200 元。据统计部门资料，安徽农民经营粮食的，1 亩地 1 年收入（未扣除活劳动成本）660 元，经营棉、油等经济作物的，1 亩地 1 年收入 800 元左右。韦建华本人经营 100 亩，年收入 25 万元。这样做对双方都有利。

颍上县卅铺乡农民技术员朱永祥，科技承包 1000 亩耕地，仍由原承包者分户耕种，朱实行五个统一（统一供种、统一机耕、统一植保、统一灌溉、统一销售），收取服务费。保证小麦最低亩产 600 斤，达不到的包赔；超过 700 斤的部分，朱永祥与农户对半分成。实行结果是：小麦平均亩产 800 多斤，高出常产 300 斤，农户每亩增收 200 元，朱永祥本人一年收入也在 10 万元以上，并为社会提供良种 125 万公斤。

萧县许岗村党支书王庆习，鉴于当地农民在煤矿务工的多，把全村 1100 亩耕地接过来统一经营，种植小麦、玉米、瓜菜，实行间作套种。原承包者 1 亩地得 400 斤小麦、300 斤玉米的租金，不做工继续务农的另拿工资。统一经营后，1 亩地粮食产量 2000 斤，加上瓜菜纯收入 2500 多元，超过单个经营者 2 倍。

这类事例还能举出很多。它说明，在包产到户不变的情况下，同样可以做到农业的集约型经营，提高土地产出率，实现增长方式的转变。路子就是所有权、承包权、经营权三分离。农地仍是集体所有；农民得到一份承包权收入，体现了土地的社会保障职能；要素流动，土地由能者经营，体现了资源的优化配置。这就做到了土地的社会保障职能和资源配置效益原则的结合。这样做的结果，耕地向经营能人集聚，既提高单位产出率，又发挥了规模效益，还能使农业也实行企业化经营，为农业生产输入了现代管理因素，提高了科技含量，使千家万户的小生产更好地与社会主义大市场相衔接。从而有利于促进农村的分工分业，促进农业劳动力向非农产业转移，实现城市和乡村、工业和农业经营方式的统一。同时，它进一步告诉人们，农业同样会出现企业家，务农效益不比务工者低。不仅是耕地，山场、水面也都类似。当然，这一切都必须坚持自愿原则，双方签订合同，不能用行政干预的办法去强制推行，更不允许回到旧体制“统”的老路上去。

寻着这条路子走下去，大中型企业会更愿意介入农业，不仅农村能人愿意做务农大户，城市的能人也会看中农业而下乡，农业科技人员更会到实践中去大显身手。如此这般的话，农业经济将能够成倍、成几倍增长；大量普通农民在能人带领下，农业科技水平、劳动者的整体素质也将会较快提高。

在当今形势下，一个国家，如果没有一批知名的大公司，这个国家的经济就不可能走在世界前列；一个民族，如果没有一批从本民族诞生的优秀企业家，这个民族也难以领先于世界民族之林。一个国家、一个民族是这样，一个省、一个地区、一个行业，何尝不是如此？！我认为，在农业上我们也应当更自觉、更积极地去推动这个转变的进程，使安徽农业尽快实现区域化布局、专业化生产、企业化经营，形成更多具有“特色+规模”的农业企业，涌现一批享誉国内外的优秀农民企业家，从而使农业大省的安徽在国际大市场上占有应该属于她的一席之地。

太和、涡阳两县税费收取办法改革的情况和建议*

太和、涡阳两县都是安徽省淮北平原上的农业大县，人口都超过 130 万人，人均耕地 1.3 亩左右。因为自然条件差，集体经济基础薄弱，过去农民负担较重。问题的复杂性还在于，现行的税费收取办法日趋繁杂，种类多、科目多、标准多，外行听不清，内行讲不准；干部一年到头忙收钱粮，农民一年究竟掏了多少腰包，谁也记不清、道不明，干群双方都有怨气。由于掌握难、管理难，这就成了农村“三乱”的一项重要源头原因。长期以来，人们就想探索一条规范提取之路，以便有效地扼制农民负担。

经省政府批准，这两个县先后于 1994、1995 年进行税费收取办法改革，把定购任务、农业税、“三提”、“五统”捆在一起，每亩地交 100 斤粮，夏季小麦六成，秋季杂粮四成，农民除此之外有权拒绝一切没有法律、法规依据的摊派。粮站收粮后，以乡为单位计算，定购任务内按平价，超购部分按市场价，折成现金后，属两税的交乡镇财政所，属“三提”“五统”的交乡镇经管站（其中的村提留实行“村组有乡代管”），结余部分作为“第三块资金”，留作集体积累，用于以丰补歉，也可经乡人代会通过后用于集体公益事业。

试点两年来，改革取得了初步成功，各方面反映良好，普遍认为这项改革化繁为简，标准明确，便于农民掌握和监督，便于有关部门操作，收到了既能减轻农民负担、改善干群关系，又不影响国家和集体应有利益的积极成效。粮站满意，定购任务完成顺利，主渠道掌握了充足粮源；财政满意，税收及时足额入库；银行满意，统一结算，减少货币发行流通，又不打白条；基层干部满意，他们节约了大量时间和精力，更免除了干群

---

* 本文原为作者于 1996 年 7 月 4 日在全国政协减轻农民负担研讨会上的发言。

摩擦的烦恼。最关键的是农民满意，因为一切都放在明处，一个标准，任何人都不能乱收乱摊乱掏腰包，也不能徇私情少交或不交，做到了公开、公平、公正。1994年反映最好，坚决按设计方案执行，没有征实外的推摊集资。我曾经未通过县、乡，直接进村上门访问了20多个农户，没有一个农民提出不同意见。在我的印象中，这么多年来农民对某项政策表示完全拥护的，除了包产到户，大概就要算这次了。但是，1995年因为大环境影响，上面开口子、周围县市负担反弹形势严峻，这两个县也受到一些影响。首先是地区统一规定，教育双基达标人均集资25元，这就开了征实后又收钱的先例；接着有的乡镇搞起计划生育保证金，强行统一服务收费等。再加上资金管理不规范，乡里留得多，给村里的少，村干部也有意见。但即便如此，这两个改革试点县的农民总体负担水平比周围县市好得多，信访少得多，社会秩序也安定得多。1996年伊始，政府就宣布，征实外的25元教育达标集资取消，坚决堵住征实外的一切口子，相信今年的效果会更好。

据了解，上级财政部门有的同志不赞成这项改革，意见有三：一是税费捆在一起，给群众错误印象，以为税额增加，坏税的声誉；二是特产税均摊不妥，应向“纳税人”计征；三是由征代金改为征实是倒退，不符合改革的大方向。我认为这些意见有一定道理，但更重要的是理论要符合实际，具有可操作性，关键看群众欢迎不欢迎，不必过于拘泥形式。农民可不分什么税和费，都是从自己腰包掏钱，他们并不计较名称。特产税按税率计征是好，但千家万户小生产，谁家有台账？谁也搞不清，哪家农户种了多少特产品，产量多少，卖过几次，收入多少，应交多少税。真要分户分品种计税，恐怕10个农户就得配1名税收专管员，收的税还不够成本开支。事实上，没有搞改革的县，生产环节的特产税也都是分摊的。我们这项改革是在以种养业为主的农区进行的，我倒认为这样做有利于促进农户优化产业、产品结构，更好地发展优质、高产、高效农业。至于什么“倒退”，那在实行社会主义市场经济体制后，为什么还要保留粮食定购？既然要完成定购任务，就不能认为征实是倒退。

综观这两个县的改革实践，我认为这个思路是好的，是以农为主地区综合完成各项任务，有效扼制农民负担，正确处理国家、集体、农民三者关系的一条比较成功的路子。至于个别乡村征实后又开了口子，那是执行上的偏差，是大环境造成的，主要是上级机关的责任。也就是说，农民负担加重不是改革引起的，不改革负担会更重，乱加码更方便。但也教育我们，实施这项改革要具备相应的条件，不要一哄而起。

第一，要精细计算，征实标准要与定购任务、两税、5% 的提留统筹款大体相当，否则，要么是影响定购任务的完成，影响国家税收、集体资金的数额，要么是农民吃亏，增加负担。

第二，只有以粮为主的传统农区，同时乡镇企业又不太发达，农民收入主要来自种养业的，才可以这样改，否则会造成负担不公平，影响农民务农积极性。

第三，关键是按方案办事。再好的政策也要人去执行，坚决堵住征实后的任何口子，是这项改革成败的关键。否则，将会走向初衷的反面，给增加负担的行为提供了方便。因此、要选择政策水平过得硬的县去实行。

第四，特产税平摊是不好，这是没有办法的办法。因此，分解特产税任务时，一定要实事求是，大体上取之有据，不能为了增加财政收入而年年无根据地加码。两税及“三提”“五统”剩余下的，要作为“第三块资金”，留作集体积累，以丰补歉，不能把多余的钱都纳进“特产税”。

第五，要加强资金管理。税、费要严格分开，不能混淆两类不同资金的性质；乡统筹在乡用，村提留在村用，不能平调，不能挤占挪用；特别是村提留要到位，否则，会失去村干部的拥护，要么他们向群众重复提留，要么撂担子不干，最终导致改革的失败。

最后，我还要补充一点。太和、涡阳的改革，省里是由我主持的，我当然是赞成的。但我也深知，这个办法只是治标，而非治本。解决农民负担问题的治本之策在于发展经济，特别是壮大集体经济，进行社区建设和从事公益事业，主要应依靠集体积累去进行；改革现行干部管理制度，使得各级干部必须做到对上级负责和对人民群众负责的高度统一；健全农民自治组织，从法律上维护和提高农民的自我保护能力。总之，它有待于改革的深化，党风和社会风气的好转，民主和法制建设的加强。在具体操作上，最终还是应该除费正税。公民与国家之间的经济关系，是纳税和享受服务的关系。每个公民按照自己收入多少，向国家依法交纳一定数额的税赋；除此之外，只能是在完全自愿的前提下对社会、对社区捐献财物，不再承担任何理由的集资摊派，否则就是非法行为。但是，我也认为，目前实行费改税还有一定难度，这是因为我们国家实行的是有中国特色的社会主义制度，这个制度在农村的体现是，我们的农民不是分田单干的个体户，而是统分结合双层经营体制的集体经济组织成员。这是《宪法》规定的。既然是集体成员，那在分配关系上就要体现国家、集体、个人三者利益。如果农民只是向国家交税，这就少了集体这一层，理论上一时难以讲通、也无法向国际上交代。所以，似应谨慎从之。正因如此，我们安徽把这项改革称为税费收取方法改革，而不是税费合一，更不是费改税。这个问题只好留待理论家们去研究解决。

扶贫款和贫困户*

我在好几个贫困乡都发现，扶贫资金并没有用到贫困户头上，而只是支持了贫困县的“冒尖”户。

开发性扶贫是对的，但在一些地方引起了误解，以为其就是支持大户办乡镇企业。办企业当然可以，但起码应与贫困户的劳动力就业挂钩。一般说，一个贫困户只要有一人在企业做工，家里买口粮就不缺钱，也有利于他们开阔视野，对稳定脱贫有利。而不少地方连这一点也做不到，扶贫款下达后就成千上万元地批给了个体户。银行也愿意贷给他们，因为这些人还款能力比贫困户强。这样，类似“锦上添花”的事相当突出，“雪中送炭”的事则少多了。

搞市场经济要优化资源配置，讲究效益。商业银行当然要考虑资金安全，提高资金使用效益，但是讲安全、讲效益并非只能靠支持大户。各地政府更应该以扶贫为己任，想贫困户之所想，急贫困户之所急，其中也包括动员方方面面的力量拉贫困户一把，以逐步实现共同富裕的目标，这是社会主义的本质特征。我们的扶贫资金一定要用到贫困县的贫困户头上，而不能仅用于垒大户。

---

* 本文原为中科院李振声等三院士于 1996 年 9 月 7 日到安徽考察农业科技体系建设时作者的汇报。原载《人民日报》1996 年 10 月 17 日。

东中西部地区协调发展之我见*

东部地区与中西部地区经济发展差距在扩大。如何加快中西部地区的发展步伐，逐步缩小这种差距，是一个特别值得重视和研究的课题。我这次与会，主要是想听取专家们的意见，借以拓宽视野，指导自身的工作。这里也把自己的一孔之见讲讲，敬请批评指教。

（一）对中西部地区与东部地区的差距要有个正确的认识

"协调发展""共同富裕"，这些提法我都拥护，但我认为必须掌握好"度"。我们安徽在行政区划上属于华东地区，经济发展大大滞后于沿海。曾经有人批评："安徽再不加快发展要成为华东地区的锅底了。"我对这个批评就不以为然。试想：华东地区的江苏、浙江、上海、山东、福建等省市，早在100多年前就与外部世界广泛接触，城市化水平又高，我国对外开放是从沿海地区开始的，这种历史资源和区位优势内地省份无法比拟。如果安徽上了"锅台"，让江，浙、沪、鲁、闽跌进"锅底"，岂非咄咄怪事！更不用说与广东相比了。东部地区与中西部地区差距也是这个道理。

中西部地区要加快发展，不应以"后进有理"而自我安慰。我并不是因为自己是安徽人，就为安徽比不过沿海发达省份而辩护。我只是说，这种比有好处，可以加压，促人奋进；但如压力太大，就要考虑负面影响，容易急躁，欲速则不达，什么"过热"就来了，甚至吹牛浮夸也说不定。总之，我认为要承认这种差距，正视这种差距；现在看来这种差距还要延续一段时间，切切不可操之过急。

（二）中西部地区经济发展要因地制宜、发挥优势

东部沿海地区发展快，主要快在二、三产业上，这是公认事实。世

---

* 本文原为作者于1996年11月27日在全国中西部地区经济发展研讨会上的发言。

界上没有一个国家是依靠农业而成为经济强国的。所以，过去有个说法——无工不富。

中西部地区要加快发展，能否把重点放在二、三产业上呢?

我是做农村工作的，安徽的农村经济发展思路，有段时间对乡镇企业，特别是对乡镇工业，强调得很突出。这几年安徽的乡镇企业确实从无到有发展很快。但后来我们认为，安徽现在仍是农业大省，是传统农业区，占人口总数 82% 的农民，相当的多数主要收入来源还是种养业，因此，农业这一块儿不能放松。1988 年省委、省政府提出“一个稳定增长（粮食），两个加快发展（开发性农业和乡镇企业）”的方针，是正确的，没有过时。所以，要两句话一起讲，两种生产一起抓。关键是因地制宜，扬长避短，发挥优势，把效益放在第一位，适合干什么就干什么。这并不是说我们要“固守农业社会”不前进，只是说，在那些劳动者整体素质还不高的地方，不能超越客观实际。在一个省范围内也是有地域差别的，条件好的地方二、三产业发展得快；条件暂不具备的地方不放松农业，“牵着黄牛奔小康”“提着菜篮子奔小康”“依靠传统技艺奔小康”，由种养业到加工业到出口创汇，一步步地前进。

中西部地区农业优势不能丢。问题是在农业上面向市场，优化产业和产品结构，把效益放在第一位，大力发展高产优质高效农业。要做到这一点，关键是深化改革。按人分田，不论劳动技能和经营素质，一律一个农户 0.42 公顷耕地，这么小规模是富不起来的，而且也不符合市场经济优化配置资源的原则，不符合经济增长方式两个转变的要求。但是，现阶段土地的社会保障职能不能改变，在非农就业不充分、不稳定的情况下，农民不可能放弃耕地。怎么办呢? 我认为应该寻求一种土地社会保障职能和资源配置效益原则相结合的机制，这就是在签订 30 年不变的承包合同之后，通过有偿转让的流转机制，使耕地向经营能人集聚，提高产出率，发挥规模效益。这种形式在安徽农村已大量涌现。

临泉县单桥乡农民韦建华，向周围农民租赁耕地 100 亩，经营一季西瓜、一季蔬菜，每亩产值 5000 元以上。每亩地每年给原承包者租金 800 元，愿继续务农者，可受雇于韦，在韦的指导下进行田间管理劳动，另得工资。管理 1 亩地年工钱为 700 元左右。加上租金共约 1500 元。据统计部门资料，安徽农民经营粮食的，每亩地每年收入（未扣除活劳动成本）660 元；经营棉、油等经济作物的，每亩地每年收入 800 元左右。韦建华本人经营 100 亩，年收入 25 万元。双方都有利。

颍上县卅铺乡农民技术员朱永祥，科技承包 1000 亩耕地，仍由原承包者分户耕种，朱实行五个统一（统一供种、统一机耕、统一植保、统一灌溉、统一销售），收取服务费。保证小麦最低亩产 600 斤，不足者他赔，超过 700 斤部分对半分成。最终实行结果是亩产 800 斤以上，农户增收，朱本人一年收入也在 10 万元以上。

芜湖县优秀农民企业家夏成水，他创办的"金田集团"，从事农产品加工经营，让利于民。去年，他承包三元乡蔡塘自然村，实施"致富工程"，对全村 60 户 230 人，一年付给 15 万元承包费（人均 600 元），作为福利保障，组织农民种粮、养鱼、喂猪、制茶，从事加工业，另得工资，实现规模经营，建设小康示范村，使人均收入成倍增长，集体财富逐年增加。

萧县许岗村能人王庆习，鉴于当地农民在煤矿务工的多，把全村 1100 亩耕地接过来统一经营，种植小麦、玉米、瓜菜，实行间作套种。原承包者每亩地得 400 斤小麦、300 斤玉米的租金，不做工继续务农的另拿工资。统一经营后，一亩地粮食产量 2000 斤，加上瓜菜纯收入 2500 多元，超过单个经营者收入的 2 倍。

这类事例还能举出很多，这说明，在包产到户不变的情况下，同样可以做到农业的集约经营，提高土地产出率，实现增长方式的转变。路子就是所有权、承包权、经营权三分离。农地仍是集体所有；农民得到一份承包权收入，体现了土地的社会保障职能；由能者经营，体现了资源的优化配置。这就做到了土地的社会保障职能和资源配置效益原则的结合。这样做的结果，耕地向经营能人集聚，既提高单位产出率，又发挥了规模效益，还能够使农业也能按企业化原则经营，为农业生产更多地输入了现代管理因素和科技含量，使千家万户的小生产更好地与社会主义市场相衔接，有利于实现城市和乡村、工业和农业经营方式的统一。同时，它进一步告诉人们，农业同样会出现企业家，务农者效益不比务工者低。不仅是耕地，山场、水面也都类似。

以上讲的是微观问题，在宏观上，中西部省区在不放松农业的同时，当然要下大力发展工业、发展交通、发展商贸包括外贸。但也有个因地制宜、实事求是的问题。

（三）政府对中西部地区政策倾斜是必要的

现在我们面临两种选择：市场经济要求按照效益原则配置资源，资金投放、项目选址都必须把效益放在第一位，这显然对中西部地区不利；但是，国家是统一的整体，各地区、各民族要协调发展，这样才能稳定大局团结一致，这就要求差距必须维持在一定限度之内。如何解决？

经济问题不是道德问题，要求企业照顾不发达地区，要求商业银行扶贫，显然不符合经济规律，办不到。但是，政府一定要做这个事。在市场经济国家里，企业都以赚钱为目的，而政府通过税收、对贫困线以下居民补助，来调剂贫富，维持社会稳定，恐怕就是这个道理。也就是说，企业可以嫌贫爱富，政府应该做点“劫富济贫”的工作。所以，我认为政府一定要对中西部地区政策倾斜，帮助发展，以使东部与中西部地区差距保持在社会能够接受的范围之内。

第一，政府投资的项目，要照顾中西部地区，不要都放在发达地区。特别是中西部有资源的，应就近办厂，不要运原料去发达地区搞加工。

第二，价格政策要公正。现在不仅是工农产品价格剪刀差，农商差价也很突出，农民说种田不如卖粮，养猪不如卖肉，利益分配不公。工业品内部价格也悬殊，采煤与发电的效益就大不一样，对资源省区不利。要改变这种政策导向。

第三，要帮助农业大省进行基础设施建设。最突出的是交通和水利。现在连大江大河治理也要地方负担、农民负担，显然是不对的。这实际上不是倾斜的问题，而是等价交换；国家要拿粮食，就应该帮助农业大省改善生产条件。

让贫困县从达标压力中解脱出来*

减轻农民负担问题是党和政府关注的焦点。让贫困人口尽快过上温饱生活，进而脱贫致富，更是社会主义制度的本质要求。因此，在贫困县、乡做好减负工作，就显得更加重要。

少数地方农民负担偏重，原因是多方面的，重要原因之一是集体经济落后，而各项达标升级活动又滥。这是值得引起我们注意的。

在最近召开的中央扶贫开发工作会议上，时任总书记江泽民说："在贫困县，一切与脱贫无关的检查、评比、达标活动，都要坚决停止。"总理李鹏说："不要再对贫困县按经济实力、增长速度以及其他与扶贫无关的经济指标排位次，把贫困县、贫困乡从各种达标升级、评比排队的压力中解脱出来，以利于集中精力打好脱贫攻坚战。"贫困县、贫困乡的任务就是尽快脱贫，"贫"未脱，食不饱，穿不暖，谈何达标升级？对这些县、乡搞检查评比，实际上是对基层干部和农民群众加压，压力过大就容易出问题。希望各级不要这样做，以便集中一切人力、物力、财力和领导精力，一心一意地、聚精会神地发展经济。

---

* 本文原载《安徽日报》1996 年 12 月 2 日。

减负的关键在于反腐败*

中央十三号文件下达后，减负形势较前大大好转，不少县、乡一把手亲自宣讲文件，有的还签订责任状，实行一票否决权。肯定地说，今年的农民负担会比上年大大减轻。但是，我心里仍不踏实。原因有三。一是我在接触中感到，相当一些部门仍在念念不忘他那个不切实际的达标升级，有些县乡干部仍在琢磨开展集资活动。只是现时风向不对，不敢出台，而在那里等待时机。二是有些乡村把钱用在了头里。“乡乡柏油路”“村村通程控”，教育达标等，已搞了两三年。有的采取“推磨转圈”的办法，排在前面的乡村实现了，现在停止集资，排在后面的乡村有意见；有的是用贷款完成的，现在停止集资，欠贷谁还？利息越拖越重。三是前两年负担重，有的把农民负担款纳入了收入盘子，现在收入减少，而支出是刚性的，怎么办？目前干部短期行为严重，谁都敢借债，而还贷似乎是后人的事，让后人擦屁股。据我了解，许多乡村也像有些企业一样，“负债经营”，有的乡欠贷几百万元，甚至上千万元。所以，我担心当前的好形势能维持多久？

有人说，农民负担像葫芦，按一按下去了，稍一松手又浮上来了。农民负担为什么是个顽症？大家说原因有三：集体经济薄弱；想尽快发展；吃皇粮的太多，“食之者众，生之则寡”。我都同意。但我认为，还有两个原因，人们不大好讲。一是干部体制。上级任命，决定一个干部升迁荣辱的是顶头上司，而不是人民群众，这就很难做到对上级负责与对群众

---

* 本文原为作者于 1997 年 5 月 17 日在中纪委、监察部召开的涉农案件研讨班上的发言。

负责的统一。领导机关考察干部，往往只凭马路修得宽、房子盖得漂亮、小集镇建设好……，就认定是开拓型干部，有政绩，得提拔。有谁问问他的建设资金从何而来？二是激励机制。不少部门用物质利诱的办法，让基层干部为他们开展业务。比如保险、订报刊、收购农产品、完成财贸任务等，都明确提成、回扣、劳务费、奖励指标。修路、盖房子等工程也有好处。有的乡干部一年中，这方面收入有好几万元，超过他工资许多倍。所以我们省委副书记方兆祥在一次会上曾说，增加农民负担对某些人讲来，是正中下怀，有名有利，名利双收。何乐而不为？

如果认为上述两条确是原因的话，我提三点建议。第一，提拔干部一定要听取群众意见。特别是县、乡两级，中组部能否明确，要征求监察部门和减负部门的意见，分清是真政绩还是假政绩；如果用增加农民负担去垒政绩，那不是功而是过，对这样的人不但不能提拔重用，而且应受到查处，我们不能让少数投机者用农民的血汗染红他乌纱帽的红顶子。第二，物质奖励主要是对科技发明者和劳动模范，对公务员的工作不准直接与物质利益挂钩，而只能是对特别优秀者，由人事部门审核提前晋升工资，否则易于造成吹牛浮夸和侵害国家、人民利益。请中纪委、监察部能作出明确规定。第三，最主要是要加大反腐倡廉力度。这原因、那原因，腐败是农民负担重的最重要原因。卖官买官，贪污受贿，大吃大喝，铺张浪费，钱从何来？所以我认为，社会风气端正之日，才是农民负担彻底减轻之时。

农业产业化与农民合作组织*

感谢徐静主任给了我这么好的学习机会，听了各位专家学者的发言深受启发教育。根据会议组织者的安排，我就“农业产业化与农民合作组织”问题讲点看法，请同志们指教。

（一）农民如果不组织起来就要受穷

让千家万户的农民都适应市场，很难办到。因为单个农民不可能掌握千变万化的市场信息，也难以抵制商人各个击破式的价格盘剥。特别是我国农户经营规模太小，抵御市场风险能力更低。据我在农村调查的经验，农民能够按照市场需求发展生产的，大约只占总人数的10%，绝大部分农民都是一种依附型的素质，看到别人种西瓜赚钱他就种西瓜，看到有人栽桑养蚕赚钱他又会去栽桑养蚕，于是就容易一哄而上，一哄而下，使得市场上的农副产品供给常常是短缺与过剩交替出现。这不仅影响了正常的市场秩序。而且最终吃亏的还是农民。

综观各国的农业生产，几乎都是走组织起来的路子。我在美国看了一个奶牛场，主人告诉我，如果不参加同业生产组织，每磅牛奶就只能卖12.5美分，而组织成员则能卖13美分。

因为同业组织统一报价，你不买，在周围地域就都买不到。我在法国一个养猪农户家中，与主人和合作社主席一起交谈，他们都说如果不参加合作社，就既要忙于饲养，又要联系销售，还得找车运送，精力上顾不过来，经济上也不合算。合作社把这些全包了，只收取服务费。至于日本农协的作用，更是人所共知。我访问了福冈县吉井町农协，种柿子，从整枝打杈到花期授粉，农协都进行技术指导；农户把收摘后的柿子送到农协

---

* 本文原为作者于1997年5月26日在全国农业产业化研讨会上的发言。

的加工厂，按质按量分拣，逐个贴上商标，送到东京银座超级市场出售；不参加农协的只能在地摊上卖。当然还有厚生、供销、金融、保险等一系列服务，所以没有一个农民不参加农协，相反有大批非农人员也申请参加，成为“准会员”，享受农协的优惠服务。看来，我国农民也要走共同的发展道路。

（二）我国农民不是不愿合作，而是我国的农村合作事业走了弯路

引导农民走合作的道路是中国共产党人坚定不移的方针。但恰恰是我们的农村合作事业搞得不成功，以致现在有些农民一听讲合作就害怕，以为又要归大堆。其实，农民反对的是剥夺农民财产权、侵犯农民生产经营自主权的人民公社体制，并不是反对合作服务、共同受益的合作制。土改后的互助组与初级社农民普遍欢迎。所以我认为，农民不是反对合作，而是你那个合作没有搞好；恰恰相反，农民迫切希望提供产前、产中、产后服务，为他们办那些一家一户办不了、办不好、不经济的事。而这些正是农业产业化题中应有之义。

（三）农业产业化是重新构建农民合作组织的契机

农业产业化主旨是以市场为导向，把农业的生产、加工、销售诸环节连接起来，依靠龙头企业带动农户发展生产，在不改变包产到户这个基本经营制度情况下，使生产达到“小规模、大群体”，加工、销售能够上规模、上档次，更好地适应市场需求。其结果是农民增收，企业增效，市场兴旺。

不论是“公司 + 农户”还是“市场牵农户”，核心都要处理好相互利益关系，做到利益均沾，风险共担。这本身就体现着合作的因素。

安徽的农业产业化发展得还不够理想，但已从中看到了合作的构架和巨大作用。

例如巢湖市的养鸡产业化。龙头企业华丰公司对养鸡户实行“三赊销一回收”（赊销鸡苗、饲料、禽药，回收肉鸡），保证在正常情况下农户每养一只鸡最低利润不少于 1 元。该公司联系近千农户，每年收购宰杀成鸡 600 万只以上。公司难以直接与上千农户打交道，于是每个饲养小区成

立一个组织，上连公司，下接农户，成为公司与饲养户的桥梁与纽带。他们负责技术指导，运送雏鸡与成鸡，进行财务结算，处理环境与周围关系。以服务为宗旨，每只鸡收取5分钱的服务费，深受农户与公司双方的欢迎，成为不可或缺的中介。因为养鸡也是有一定风险的，他们从今年起，打算组织养鸡户在每只鸡获利1元以上的部分，提取10%作为风险金，存入饲养小区合作基金会，用于以丰补歉。这样的合作组织农民都拍手叫好。

又如宿州市蒿沟乡。农民种植瓜菜较多，目前尚无牵动性的龙头企业，村里成立服务大院，提供机耕、种子、化肥、农药等项服务；销售时，农户自己有销路的自己卖，自己无销路或者价格不理想的，服务大院车队统一运出去，给农民一个保底价，超额利润返还。这也是在产业化进程中形成的农民合作组织。

再如砀山县张马吴村的果农协会。借鉴日本农协的经验，对农民生产砀山酥梨和红富士苹果，进行技术指导，统一购进化肥、农药，销售时统一报价，并对外联系销路和组织运销。只收取一定的服务费，不以营利为目的。这对于抵制生产资料假冒伪劣产品，防止商贩杀价盘剥，反对乱摊派、乱收费增加农民负担，以及维护正常市场秩序、维护砀山梨的良好社会信誉，都起着不可估量的作用。亳州是中药材重点集中产区，涡阳是苔干菜集中产区，祁门是食用菌的集中产区，他们也都成立了类似的专业农协组织。

芜湖县金田集团又创造了一种新的合作形式。他把该县三元乡蔡塘村成建制吸收过来，作为农业车间（有63户，共230口人，以及全部耕地、山场、水面）。不论大人、小孩，不论是上学还是在外打工，每人每月发50元生活补贴，作为基本保障。对这个村全面规划，用现代科技装备农业，以市场为导向安排各项生产，每个劳动力充分就业，各尽所能去种田、养鱼、喂猪、管理经果林以及进集团所属企业当工人，另拿工资。这就是在不改变农村现行基本经营制度情况下，提高了农民组织程度，实现了资源优化配置，做到了适度规模经营，并且对农村的福利制度、社会保障制度、劳动力就业制度、社区建设和社区管理制度等，进行了创新性探索。

我认为，这样的组织农民，与市场联系更为紧密，能够推动农业现代化的实现，对农民增收更有利。当然，只有在具备相当条件的地方才能进行。

安徽较早实行包产到户，集体经济比较薄弱，乡村也没有成立合作经济组织。十三届八中全会决定加强农村基层组织建设，其中包括乡村集体经济组织建设。我们曾想利用土地二轮承包的机会，建立村级经济合作社，作为集体土地的发包方。但在运作过程中，农民反映极其冷淡，认为有它不多，无它不少。有的地方建立了组织，增加了干部，反而加重了农民负担。有的不成立组织，村民委员会照样行使土地发包权。因此我想，既然社区性合作组织农民并不欢迎，对经济发展实际作用不大，是否就不必再过于强调；而专业合作农民欢迎、对生产发展有利，应在这方面下力，运用推进农业产业化的机遇，自觉地、积极地把专业合作搞起来。农业产业化的实现形式是多样的，不能一个模式；但是，很可能“合作组织 + 农户”的形式更普遍，更受农民欢迎。美国的许多农民合作组织办了大企业，合作组织的“企业 + 农户”就比“私人公司 + 农户”对农民的好处更多。

现在要注意两种倾向：一是有些干部怕讲合作，担心引起农民顾虑，是否政策变了，影响包产到户的稳定。我认为这种顾虑是不必要的，因为农民欢迎合作服务，只要你的专业合作确实为他办事，又是自愿参加，他们就会欢迎。二是不能刮风，要水到渠成。现在有些事不是没有好的政策、好的设计，而是在实施中走样、变形。比如讲产业化，有的地方就强制统一种植，摊派集资办龙头企业，也不问市场如何，农民是否接受。好事办好不容易，好事办坏非常容易，切切不能把好事办坏。

关键在于增强领导可持续发展意识*

历史要延续，民族要生存，社会要发展。我们这一代人无论如何不能吃祖宗饭，断子孙路。涉云同志就农业的“可持续发展”讲了非常好的意见，我实在没有新的内容可补充。我考虑一个问题：如何使专家学者们这些好建议付诸实施！我觉得，核心在于增强决策层的可持续发展意识，因为关键在他们。

我在工作中，感到以下三个问题值得重视。

一、要注意用人机制导致的干部短期行为

可持续发展立足于长远，它与短视不可同日而语。现行干部体制以“政绩”取仕，而对于基层来讲，哪里房子盖得漂亮，马路修得宽，小集镇拉的架子大，那里的干部就能干，是开拓型的，可以提拔。有的地方原有村庄依旧，又在好地里盖一片小洋楼，说是“小康村”，参观不息。一位村支书占地 1.5 亩盖宿舍，有 2 个车棚，还有游泳池，被当作社会主义新农村的“典型”炫耀；连合肥市也西、南、北圈了三大片“开发区”。我省人均只有 1.07 亩耕地，经得起如此占地吗？有些领导人只顾自己出短平快的“政绩”，不太顾及后人的生存问题。

二、要解决好高速发展与可持续发展的关系

安徽是发展中省份，许多经济指标与发达省市距离较大，因此强调高速追赶。但过于强调速度就容易忽视生态环境与主客观条件问题。有些

---

* 本文原为作者于 1997 年 6 月 11 日在安徽省社科院“可持续发展战略研讨会”上的发言。

地方小纸厂、小皮革厂污染严重，甚至有一个5万人的乡镇，连续几年没有一个青年够参军条件；有的乡镇企业低水平重复建设，建成就关门，欠了一大笔贷款，弄得农民还本付息，负担很重。我认为，似乎有些领导人特别重视的事，更容易惹麻烦。比如现在提倡农业产业化，这无疑是完全正确的，但过热了就要“刮风”，为了建基地就强制种植，侵犯农民自主权；为了建龙头企业而乱铺新摊子，不研究市场销路。这样极易造成损失，挫伤农民积极性，半途夭折，谈何可持续发展？比如银杏，已有专家警告，我国现在栽了10亿棵银杏树，挂果后年产10万吨，而全世界一年销量仅2万吨，你卖给谁？

三、要力求违规处理适当，防止负面效应

计划生育非抓不可，这几年抓得也算得力。但“超生罚款”似应再研究。“拿钱买儿子”已经成了群众的口头禅。有的村支书私下议论，现在农民负担控制紧，只有“超生罚款”群众不敢提意见，也告不赢。所以“超生罚款”成了基层主要财源。于是，有些农民超生实际上被默许，甚至受到怂恿，基层干部并不去防患于未然。这使我想起春节前夕在农村调查得知乡镇治安小分队“自负盈亏”，所以他们抓赌不禁赌，抓住了就罚，再抓再罚，没人赌他就罚不到钱。这样的机制只会把好事办坏。不重新思考不行啊！

明年种什么，该问谁？*

不少农民说，现在到处都在讲调整产业结构，可是谁能告诉我，明年究竟种什么呢?

明年种什么?这个问题实在不好回答。

因为市场变化太快。商品是物以稀为贵，今年某种产品行情好，但如果许多人一窝蜂地种同一种产品，结构趋同，明年就可能超过市场需求，价格也会掉下来。

明年种什么?这个问题不应该由政府来回答。我这样说，并不是认为农业在由计划经济向市场经济转轨过程中，政府可以撒手不管，把农民推向市场了事，而是说，政府的主要任务，是提供信息，搞好服务，保持良好的市场环境，让农民在市场竞争中去适应市场。如果继续具体安排种什么，不种什么，某项作物多少面积，那仍然是计划经济时代的做法，难免失误。

其实，明年种什么，这个问题也不难回答：种优质高效作物。政府在这方面有许多事可做。我在安徽农村调查，当地的做法如下。

第一，引导农民学习先进科技，运用良种良法。阜阳就出了三招：建立黄牛改良中心，从国外引进 50 多头良种公牛，争取 3 年内把全区 400 万头肉牛全部改成良种；推广山芋脱毒栽培，把山芋胚胎进行脱毒处理，使山芋既增产又优质；兴办大型种子包衣工厂，把棉花、大豆、玉米、花生、小麦种子全部进行包衣处理；各乡镇农技站、畜牧改良站负责对农民指导和落实。

第二，引导农民发挥当地比较优势，发展特色产品。现在大路货滞

---

* 本文原载《人民日报》1999 年 11 月 11 日。

销，有特色的农副产品常常供不应求。比如安徽亳州的中药材，国内外知名度高，全市 110 万农民，60 万劳动力，有 30 万人从事药材的生产、加工和销售，在那里没有买不到的中药材，也没有卖不掉的中药材，四口之家的药农，仅此一项年收入万元以上。此外，涡阳苔干、太和香椿、砀山酥梨、和县辣椒、黄山茶叶等，都有较大批量，销路广，效益好。

第三，推进产业化经营，实施名牌农业、商标农业、订单农业。1997 年安徽评选了 22 个省内农产品名牌，1998 年又评选了 21 个，大大地提高了农民的农业生产品牌意识。全省都在大力推进“公司 + 农户”的营销方法，运用龙头企业带动农户进入市场，签合同，发订单，让农民种植时无后顾之忧。阜南县今秋种植 40 万亩油菜，农民普遍拿到了油厂每斤 1 元的最低保护价订单（到时再按市场价保底上浮）；临泉县白庙镇 4000 亩大棚蔬菜，多数都与武汉农贸市场签订了购销合同。芜湖市金田集团与 10 万农户签约，包收他们种植的优质稻。

尴尬与犹思*

安徽是农业大省，又是大包干发祥地，中央主管农业的一位领导同志，多次来视察，调研、指导农村工作，我有幸参与全程陪同六次。每次都深受教育，深有感慨！

1995 年他专门来调研扶贫。事先交代不让当地官员在边界迎送，只让省里接应的同志与他坐一部中巴，带带路就行。在由一个国家级山区穷困县到另一个国家级山区贫困县时，一入境就随机在一个小村子停下。遇见几个妇女各扛一捆树皮，他问她们干什么？答曰："目前青黄不接，树皮卖给供销社造纸用，换点钱买口粮。"这时走来一个男青年，首长问他干什么的，答曰："是民办教师。"于是就说："你有工资，家里买口粮不用扒树皮卖吧？"这位民师说："乡里每月给 50 元津贴，但要在秋收后的中秋节和春节分两次发，现在我家也无钱买米。"我看见首长眼内有些湿润，上车也很长时间无语。

当晚 7 时 15 分到县宾馆。华灯大放，喷泉闪光，一派升平。行李拿进房，7 时 30 分进餐厅，8 时开汇报会。省里随行人员未及与县里人讲路上情况。县委书记汇报第一句就说："我们是国家级贫困县，但现在正脱帽加冕，摘去贫困帽子，向小康迈进，这几年 GDP 增长多少，人均收入增长多少，财政收入增长多少……"正当这位书记唾星四溅，越讲越神气时，首长发问："你们财政收入增长这么快，工资能按时发了吧？"书记马上讲："我县从不拖欠工资。"首长不客气道："怎么我今天见到一位民师，连每月 50 元的津贴也不能按时发呢？"这位书记脸红了，他根本不知道首长此前已接触了该县人员，遂问："什么地方？"答曰某某村。书

---

* 本文原载《新安晚报》2001 年 9 月 20 日。

记马上说：“那是我们县唯一最穷的村。”首长说：“恰巧就被我们碰上了。”随后他接着说：“我不是不相信你们汇报的那些数字，但我更看重群众实际生活水平是否有提高……同志们，你们都很年轻，希望你们经常到农户家中去，特别是要关注贫困山区的偏远农户。脱贫是艰巨任务，而有些地方，一时脱贫了，稍不注意，又会返贫，千万不能盲目乐观，自欺欺人。”我见到这位书记脸上冒汗，原准备的稿子念不下去了。

第二天到另一个国家级贫困县，首长在车上提出看水库淹没区群众家庭。水库淹没区是我省最穷的地方，因为许多农户没有了赖以生存的土地。但带路的人却把我们带到了淹没区所在乡最好的一个村子，群众住瓦房，有电视机，人均收入在全省平均数以上。首长问随行的省领导：“这是淹没区的一般情况吗？水库在哪里？”当地县委书记说：“那里路不通，车子进不去。”答曰：不通车就步行进去看看。书记又说：步行太远。见首长执意要去，随行省领导就说：“上车，开一段是一段，实在不能开车再下来走。”结果一车顺利到达水库坝埂之下。当地人均不到1分地，也没有什么工副业，除了一部分人外出打工，大部分人家生活极其困难，患病人口很多，大家都很尴尬。后来有次闲谈这次经历时，参加陪同的一位省领导说：“当时如果地下有洞，我真要钻进去。”

1999年8月，这位领导来我省两个地区调研农业产业结构调整问题。相关地市仍然一路安排他看“闪光点”。一个国家级贫困县带他看一个“小康村”，宽马路、新楼房，要他入户参观，并就地开座谈会。他只在村口下车几分钟，几乎未说话，就上车准备走，并在一个事先未做安排的过路村庄，让车停下，与一位坐在牛粪堆旁吃饭的赤膊农民，交谈了20分钟，还去他家未翻盖的旧屋仔细察看。晚上县委书记汇报，才讲头一句他就说：“你不要照稿念，脑子里有什么讲什么。”书记懵了，半晌不知从何讲起。首长马上又说：“我今天下午很郁闷，不知你们究竟想让我看什么？我一再说这次来是调查研究，不是参观取经，不想只看‘闪光点’。”见屋内气氛太凝重，他缓和了一下，很“艺术”地转了个弯子：“去年我在另一个省看贫困县，县委书记带我看的村子比今天你们的村子更好，马路更宽，房子更漂亮。我问他：‘这样的村在全县占多大比例？’他支吾一会儿说：‘大约 20%。’我说：‘可能不到 20%，即便占 20%，那还有 80% 的村民生活状况如何？共产党人是为绝大多数人民谋利益的，我想看看 80% 农户的真实生产生活状况。’他说路不好走。我说不好走也慢慢走进去。后来到了一个村，与先头看的村简直是天壤之别。我生气了，对他说：‘北京郊区的房山县，还有相当一些农户，看 9 英寸的黑白电视，你们县难道比京郊农村还发达吗？既然是国家级贫困县，为什么专门让来人只看好的呢？如果全国农村都那么好，还要我们这些人下来干什么呢？共产党的中央如果不了解真实情况，他能制定出符合实际，实事求是，为多数人谋利益的政策吗？同志，请不要忘记你是个共产党员！’。”

这些话虽然是拿外省举例，但会场上的人都知道其深刻内涵，于是第二天的路线，连夜重新安排。

慎作指示*

20 世纪 80 年代，我省南方有个小山村曾经名噪一时。当时他们也确实称得上是模范村。该山村地处深山坳里，自然条件极差，群众生活原来十分贫困。自 1968 年起，外地文争武斗，他们却在党支部带领下，艰苦奋斗，高山栽杉、缓坡种茶，石头缝里点棕榈，家前屋后插药材和桑麻。20 年来，支部书记换了三茬，一茬接着一茬干，不改初衷，使得面貌大变。全村人均有 20 立方米的杉木蓄积量，2 亩茶树，10 株棕榈树，中药材和桑茧收入也很可观。全村无一户超生，没有一人刑事犯罪，适龄儿童全部入学。因此，支书作为全国农业劳模参加国庆 40 周年天安门观礼。我以此村为例，把它与江淮地区同样一个穷村的经历作对比（后者 20 年中，七易“战略”目标：栽松、换杉、种油茶、植桑养蚕、兴茶叶、用板栗代粮，后来又转营柑橘。总之不断跟着“风向”转，到头来山河依旧，穷困不改）。1990 年 2 月 2 日在《人民日报》“今日谈”发了一篇题为《稳定才能出成果》的短文，议论事情就怕变来变去，张书记上任布置扒河，李书记上台又指挥填沟，一个将军一道令，换一个领导变一个新花样，何能成器？而皖南小山村的优势是“地理位置”好，深山野岭，交通不便，不管是东南风、西北风，还是宋玉的“大王之风”，都刮不到。现在有些地方动不动就“刮风”，“风灾”太大，想不到《人民日报》给评了短论一等奖，不足 800 字却发了 800 元奖金。

这几年那个模范村没有了声音。据知情的一位朋友告诉我，出名后，上级帮助修通了公路，参观取经的人多了，媒体宣传多了，去视察的高级领导更多。尤其是去的领导们，几乎人人都要做些“最新指示”。这个说

---

* 本文原载《新安晚报》2001 年 9 月 30 日。

要调整产业产品结构，不能年年老套路；那个说要大力发展乡镇企业，无工不富；还有的说山区闭塞，只有走出山门，进入城市，才能接纳新思想、新观念，跟上时代的步伐，因此应到合肥、南京、上海等大城市去开设窗口，获取信息……弄得村里干部不知所措。听吧，不知听谁的好；不听吧，又怕被批评骄傲自满，走向落后。于是，只好跟形势，到乡里办工厂，进城开商店，终因不懂行，三折腾、两折腾，背了不少债，多年拿手的开发山区农林特产也耽误了。

类似事情恐怕不在少数，某城市郊区有个村，原来工副业搞得很好，后来几级领导都表扬，指示他们发展壮大，做大做强。从资金上，人员上，给了很多支持，舆论上很多鼓励，要他们办公司、办集团，面向全国、走向世界。尽快把年产值由上百万元发展到亿元、十亿元、百亿元……弄得村支书被吓跑了，生产直线下降。人们议论，他是个农民，没有多少文化，锻炼几年，充其量当个连长、营长，哪能一步登天当军长、兵团司令！

我非常理解有些领导同志的好心，他们希望农村尽快脱贫致富，希望工作的地方尽快赶上发达地区。这种精神、这种追求，是值得赞许的。但是，一定要实事求是，不能拔苗助长。否则，只会事与愿违，欲速则不达。

当干部一定要有好的思想作风、工作作风与工作方法。经济自有其发展规律，不可为追求个人政绩而随心所欲。领导机关和领导人员，对所辖地区的工作当然要进行指导，但这种指导主要是了解情况，制定政策，运用政策引导，而不是具体干预、包办代替，更不是瞎指挥。我个人有个不成熟的建议，领导同志到先进单位视察时，如果你认为那里确实好，就给予肯定和鼓励，酌情帮助解决他们自己不能解决而又确需解决的难题；最好不要轻易发表刚性指示，因为你对他们具体情况不一定了解得那么深透，而且你也不可能对每个行业、每项工作都那么懂行，不知然否？

挂职存疑*

家乡来人说，现在县官不知怎么那么多：书记一个班，县长一满桌，在宾馆整整占了一层楼。我也纳闷，经了解，方知是层层下派造成的。省市首脑机关为了培养接班人，派了一批干部下去挂职锻炼，而有些工作为了突出重要性，上级主管部门又派了诸如科技、扶贫、乡镇企业专职的副县长。

培养接班人是关系我们事业千秋万代的大事，当然还该抓紧。但是，把准备提拔的干部派下去挂职，锻炼一两年再重用，这种方法究竟如何？县里领导班子本来有分工，又要派专职副书记、副县长，利弊孰大孰小，我看值得商榷。

市场经济的本质特征是竞争，其人员当然应是竞争上岗，管理者也不应例外。为此遴选人员下派锻炼，实为计划经济的残留。而且，法律明文规定，县长是人大选举产生，你派去副职其合法性又如何？

在实践中，这种做法助长了干部的短期行为、形式主义和不正之风。抱着“镀金”心态下去的同志，很少认真沉下去，深入细致地工作，注意可持续发展；而是现烧热卖，做表面文章，希冀快出成绩。不少人以“公关”为业，跑资金，跑项目，修几条马路，建几座桥梁，搞几个“形象”工程，就像某明星做广告说的：“这种漂亮，看得见、摸得着。”

现在不少地方，盲目建设，重复上马，只要有钱就大胆用，因为还债是后人的事，以致负债累累。常常是前面人提拔走了，让继任者为其填窟窿，叫苦不迭。有的由于种种原因，锻炼回来后，没有高就，又引发矛盾。

---

* 本文原载《新安晚报》2001 年 10 月 15 日。

人所共知，官多弊端多。分工太细，没事干，扯皮。有的一位副县长分管一两个科局，有的两位副县长分管一个科局的不同股。虽说这些官员不占编制职数，但照样都配车、配秘书、配司机。周五下午一阵风回家，周一上午又一阵风来上班，难怪现在批评某些乡镇是“走读干部。”基层同志不服气，原来市县也是如此，上行下效。谁能说得清，他们吃、住、跑花了多少钱？何况又多了一大帮服务人员。

更重要的是，这种培养方法给人思想上、心理上造成的影响值得重视。20 世纪 30 年代著名文化人许地山，解释自己为何取笔名“落花生”时说，他非常赞美“花生”的品格：花生不像苹果，苹果把自己的果实高高地挂在树木的枝头，让人一眼就看得到，花生却把自己深深地埋藏在地下，踏踏实实而不是张扬地做出自己的奉献。我们今天培养的干部，是要他们像苹果一样，还是像花生一样？

当然，下派挂职锻炼也不是一无是处。如果非这样不可，但愿能采取措施，趋其利，避其害。

管　嘴*

长期在机关工作，记得当年与领导出差，都是一车四人：首长、秘书、警卫员、司机。从无边界接送，吃饭四菜一汤，当地办公室主任陪餐，按出差标准付费。如果是自去食堂，则自负盈亏。不知从何时起，情况大变。前些年与一位首长下基层，从省城出发时 9 人一部中巴车，经过地市县，“雪球”越滚越大，最后到一个乡镇时，竟然发展到大小车共 9 部的浩荡车队。打前站车，开道车，采访车，省里中巴车，地区中巴车，县里中巴车，镇上迎接车，最后还有一部“收容车”，开饭满七桌。我看了一下，还有服务人员、厨房师傅、值勤警察和民兵没坐，恐怕还要开三桌，都不一定都坐得下。

现在群众对吃喝议论极大，简直是深恶痛绝。一次巧遇一群下岗工人上访，众说他们厂是被领导吃穷拿垮的。外国有个“加拿大”，中国有个“大家拿”。工人几个月拿不到工资，领导们天天吃喝拿，厂招待所餐厅是“抹桌布不干”。现在停产下岗了，某些领导们卖设备照旧吃。“改制裁人我们认了，这样‘吃老共’该管一管吧！”

我做过农民负担监督管理工作，发现负担重的乡村几乎都与干部大吃大喝有关。一个千把人的村，一年招待费少说也一两万元，开会吃，调研吃，征兵吃，结扎吃，卫生检查吃，排涝抗旱吃，来人更得吃，实在没有名目时，就轮流到家吃。乡镇每年一二十万元，还不包括办企业的业务接待。个别极端的乡村，数字高此几倍。当地饭店也有喜有忧，既有生意兴隆、财源滚滚，又有因长期打白条赊欠而关门倒闭的。我本人就亲历过一个真实的笑话：老伴家乡几个农民来找我，说他们村干部成天吃喝，群

---

* 本文写作于 2001 年 11 月 11 日。

众怨声载道，问我能不能派几个人去查账，看看他们一年究竟吃了农民几多血汗。我与县里商量，从县、乡抽了 5 个人去该村内查外调。可是到第 4 天，这几位农民又风风火火地来找我，要求赶快停查。我惊问何故，难道涉及你们自己也参与吃喝，怕查出后下不了台？答：不是，已经吃下肚的吐不出来了，查账的人也天天在吃喝，还要摊到我们头上。

难道这吃喝成了癌症，治不了？其实，也不是每个人都好吃好喝，因为形成了风气，双方都有心理障碍。来人不招待好点，怕人说不尊重，看不起；来客过于推辞，又怕被议论，不识抬举，故作清高。是否定个规矩，大家都要遵行。回想我在国外考察时，主人招待，包括什么午餐会、晚餐会之类，都是很简单的，客人回旅店后往往还要补点面包、饼干之类填肚子。私人朋友之间交往更有趣，看起来围桌而坐，谈笑风生，其实常常是 AA 制，统一结算、自掏腰包，类似我们的小朋友之间“打平和”“玩家家”。我们一再说要与国际接轨，这方面是否也接上呢！

我们国家还不富裕，不少企业不景气，有些乡镇不能按时发工资，农民增收又很乏力，这些地方群众的心态可想而知，公款吃喝实在讨人厌，影响政府威信，影响社会稳定，应该下大力制止。

能人经营是企业做大做强的重要因素*

一个国家如果没有几家知名的大公司，这个国家的经济难以走在世界前列。每个省同样如此，如果没有大公司、大集团，这个省的经济也不可能在兄弟省、市、区中称雄。

我省在全国较早推行农业产业化经营，七八年以前，省政府就组织实施了“8152”工程（培育 8 大农业主导产业、10 个产业化重点县、50 家龙头企业、20 个名牌农产品）。经过这些年的努力，这项工作取得了很大成绩，为农民增收作出了富有成效的贡献。但也必须承认，农业及其农产品加工方面至今仍未出现有较高知名度的大公司，原来已有一定规模的 50 家龙头企业，也没有一家称得上做大做强。原因当然是多方面的，我认为，与这些企业经营管理水平，特别是与创业者的思想观念陈旧有相当关系。我过去曾与这些公司有过多次接触，觉得其中很大一部分是血缘式、地缘式、朋友式企业，长期处在熟人社会里，按照传统的亲情关系办事，较少吸纳现代因素。企业的经营管理人员，多是最初的农民创业者、合伙者，很少有经过专业学习、专门培训的企业家型人才。这就难怪当年的小草仍是小草，灌木还是灌木，长不成“参天大树”，完不成“双汇”“春兰”那样的蜕变和飞跃。

泰国的正大集团，是闻名世界的大型农工贸一体化跨国公司，我国有关部门和高层领导曾多次指出，他们“公司 + 农户”的成功经验，对我们的农业产业化经营有重要借鉴意义。这个集团是 20 世纪 20 年代华人谢尹初创办的，当时只是个卖菜种的小铺子，如今壮大成为有 40 亿美元资本的大公司。谢老先生去世后，他的四子谢国民担任公司董事长。谢国民

---

* 本文原载安徽省委党刊《江淮》2002 年 9 月 1 日。

把他的三个哥哥尊为名誉董事长，本家族股份全部分到每个成员名下，按期分红；同时规定，集团所有行政管理人员一律从社会上招聘，谢氏家族成员全部不得在本公司任职，就连当个会计、保管员也不行。理由是老板家族成员如果在本企业任职，可能影响管理人员履行职责。据说，国民曾留学英国，他的这一招是从英国学的。英国人长期有个规矩："功以爵授，职以能授。"有功劳让你享受荣华富贵，但任职一定要凭借才干，绝不搞资历照顾。这就不像我们历史上的农民起义，"江山是老子们打下的，都得弄个师长旅长干干"！今天我省的一些乡镇企业、民营企业，就是吃了这个亏。用一个不很恰当的比喻：有的人只能当连长、排长，小打小闹时他能领头冲锋陷阵；而到了战略、战役决战时，他就"抓瞎"了，一下子当不了军长、兵团司令。特别是有的人只相信自己的亲人、熟人，甚至是"不用人才用奴才"，觉得只有那样才放心。企业何能大发展？

在"8152"的50家龙头企业中，有一家当年很有希望的公司，几户农民和基层干部领办，搞农副产品加工。企业发展后，牵头人有头脑，认识到再由他们几个创业者经营管理，力不从心，事业做不大，于是设计从社会上招聘人才参与管理。他请安农大一位知名教授出题笔试，从100多名参考者中录取40人，然后又请专家、领导进行面试。应试者可以说个个不凡，有国有中型企业离岗老总，高级职称的工程师、会计师，还有一位能说满口的美式英语的外贸人员。几个考官都非常高兴，郑重向企业推荐了10多位人才。但后来居然一个也未聘，企业管理层还是原班人马。据说是决策层开会通不过，害怕"大权旁落"。这就是农民意识可悲之处，丢不掉"武大郎开店，伙计不能高于老板"的心态。这件事已经过去4年，这个企业也原地踏步了4年。每想及此，我就感到，观念问题仍然是影响我们事业发展的重要原因。安徽是个人杰地灵的省份，但如不转变落后的传统观念，实在是不行了！

股份制这个企业制度，我认为最大的贡献有二：一是正如马克思讲的，它能有效集聚资本，办成仅靠个人资本一时难以办成的大事，如修铁路、建水坝等大型工程；二是能优化组合资源，为所有权与经营权的分离提供了条件。有资本的人不一定都是经营管理人才，而企管专家又不一定都能自身完成资本的原始积累，股份制使这二者结合了起来。我不否认农民企业主的才干，的确有许多人在创业过程中不断提升自己，事业兴旺发达；但也要看到，学识、知识、见识是一个长期积累的过程，企业经营管理更是一门专业学问，小老板和企业家不是一回事。市场经济发达国家的许多大公司，最初创业者或其后代成员至今仍执掌企业担任首席执行官的，已经屈指可数。我们的乡镇企业、民营企业，恐怕也要走这条路，在企业发展到再由自己掌管已经力不从心时，就应该有自知之明，聘请能人经营，否则就适应不了竞争社会的法则，使辛辛苦苦开创的事业败下来。

新闻明星*

小侄子到农村调查，乡长陪同访问几户农民。每到一家，乡长都把小侄子的头衔介绍一下，但谈完后百姓几乎都要问一句乡长：“同志你是……？”这时小侄子很纳闷，村民怎么连乡长也不认识呢？于是在快要离开时，他就针对一户的提问抢先说：“他是你乡的王乡长，你不认识？”谁知这位老实巴交的农民，回答得极其“生动”：“我认识县长，不认识乡长。县里有电视台，县长天天上电视，一开电视就能见到，乡里没有电视台。”

时任总书记在论述加强和改进党的作风建设时，突出强调“核心是密切党和群众的血肉联系”。回想我们党从小到大、从弱到强，从只有50名党员到现在全国执政，不就是靠的与全国人民的血肉联系，靠的干群、军民鱼水情！怎么今天只有电视上才能认识领导干部？连乡长、镇长也很少进村入户？

当然，领导参与一些重要活动，电视镜头多一些也必然，况且他们到工地，下车间，进商场，入农户，主持剪彩，大会作指示，也是有很多人参加的。但人们总是议论，这些场合都是群众听领导训话多，领导真正听到群众呼声的很少。尤其是电视画面上表现的那些“下基层调研”，前呼后拥、车水马龙，互相讲话也听不清，还谈什么“调查”“研究”？何况常常只是看几个花瓶，观一场表演而已。其中，积极作用不是很大，消极作用倒是不小。

这几年，青年人中当“追星族”的确实越来越多。歌星、舞星、球星、影星、电视明星……追的人都多得很，有些“星”就是被“捧”红的。

---

* 本文写作于2003年1月12日。

然而经常在报纸上留名、广播上留声、电视上面留像的“新闻明星”，追得多不多呢？我说不清楚。龙永图近来在报纸上、电视上确实露面很多，据我这个社会接触面不广的人了解，人们对这个“明星”还真是喜欢。这是出于对国家入世的自豪，出于对 WTO 知识探求的渴望，也出于他对祖国荣耀所做贡献的尊敬。但是对其他官员热衷于当新闻明星的态度如何？恐怕不一定乐意去追（要追我想也一定是人以群分中的小星追大星而已），甚至如同对那些看腻歪了的广告一样，碰上了就按键换台。还是要有点自知之明，不要以为露脸多，就能被炒火起来。

领导干部不要争当新闻明星，这也是改进作风的中心内容之一。只有那些真心真意联系群众，倾听群众呼声；只有那些实实在在为群众办事，而不是图虚名，搞形式主义；只有那些凭真才实学苦干，为国家、为一方赢得荣誉、创造辉煌的人，人民才会发自内心地拥护，而不是虚张声势、哗众取宠、名不符实地自我标榜。

希望所在（一）*

许多年没有进过山里了，今年春节终于有了这个机会。应皖南东至县之邀，我去参加他们的农村工作会议。早到半天，利用这个空子，去了属于这个县“山势最高、路最难走、耕地最少、农民最穷”之列的高岭村。全村700多口人，居住在方圆10里的一个个山峰上，土质瘠薄，山上不长树，只是些石头、砂砾、芭茅草和荆棘丛。人均3分地，还严重缺水。这几年，国家给了许多帮助，多个家庭用上了沼气，一次性投资的70%是政府发的。村干部报酬和全村公益支出，也基本上是财政转移支付。

农民生活主要靠外出打工。500个成年人里有300人常年在外。留下的全是老老小小。在当地同志的引领下，我随意走进了几户人家。

第一户人家是一位60多岁的长者，正坐在火桶里取暖，见我们是陌生人，立即起身让座、递烟，并让老伴出来沏茶、端茶点盒，非常客气。我观察了一下房舍，无论是堂屋、卧室，还是厨房，都收拾得干干净净，与淮北和合肥周边农村穷困人家大不相同。闲聊中得知，他家6口人，除老两口外，男人还有一个哥哥，近70岁了，是个“好人”（山区缺碘，有些人小时脑发育不全，智残。严重的是吃饭不知饱，下雨不知跑），靠他们抚养。三个子女均已成人，都在外面打工，正月初八前后走了。两个大的儿子，已经30多岁了，都因家乡自然条件太差，外地女孩不愿来，本地女孩拼命挤出去，讨不到老婆。这是两个老人最大的心病。说着说着，两人都掉下眼泪：“都怪我们思想落后，当时没有撑着给他们念书，今天的人，宁可大人要饭，也让孩子上学，只有念书才有出路啊！”

第二户人家是一位妇女，已近60岁了。她同样有三个孩子，老大大

---

* 本文写作于2004年2月16日。

学毕业，在安庆石化厂搞技术，就在那里成家生子了。老三是女孩，在合肥打工，也在那里落了户。节后年初二，女婿就来接去省城过了一个星期。说到这里，老人非常自豪：“如果不是女儿在合肥，我一个乡巴佬哪能进省城？”讲到二儿子，老人的眼睛顿时暗了下来。老二今年 31 了，在浙江打工，虽说年收入除了在外面开销，还能剩个万儿八千的，但同样娶不到老婆。“当年我们夫妻使劲累，也只能供一个上大学，老二考上了县高中，没有让他念。这孩子懂事，爸爸死了，他没埋怨过我；可我知道他的心里不好受。他念书不比哥哥差啊！”

第三户人家是一位年轻妇女，她正在收拾行囊。我问她是否外出打工。她说，孩子爸在杭州做工，初八走的。孩子 12 岁，在县城上小学，她在学校附近租了一间房子，月租 50 元，陪儿子念书。听说小儿上学，妈妈租房“陪读”，我是既感动又惊奇，问了她很多。知道这儿山势太险，人烟稀少，想就近念书不大可能，而又非让孩子念书不可，所以就下决心进县城陪读了。父亲上过高中，有文化，干技术活，收入比粗工高得多。妈妈陪读，母子二人一年花费 5000 元左右，还有点节余。家里常年“铁将军把门”，过年三口之家才回家团聚一次。“我们大人还指望什么呢？就巴望孩子将来有出息。读书和不读书不一样啊，即便干不了大事，有知识去打工，也比别人挣钱多，活儿还轻巧。”女人说得满脸笑容。

在村部里，我们见到了村委主任。他说他的孩子刚 9 岁，在县城读小学三年级，是祖父“陪读”，也是 50 元月租的房子。我问他，像这种情况在他这个村一共有多少？他逐个数着，共有 23 个，占总户数的 11%。另有七八个孩子随打工父母一道，举家外出，在当地上学。

山区，尤其是贫困山区，农民竟然如此重视教育、重视知识，这使我一个长期从事农村工作的人，感到极大欣慰。农村贫穷、农村落后，除了许许多多原因，最重要的还是农民受教育机会少，整体文化素质低。物质资源重要，但最重要的是人力资源、智力资源。人的大脑才是最大的财富资源。一位经济学家说过，美国的硅谷，原本是旧金山附近大山谷里的太平洋海滩。“硅”是沙子，江、河、湖、海甚至水井边都会有沙子，多得很，不值什么钱。由于注入了知识，注入了高科技，这个晶体砂成了芯片，才使硅谷成为闻名世界的科学之城，财富之域，引领人类走向了崭新的信息时代。当今世界的竞争，实际上是人才的竞争、科技的竞争。即便是最古老的农业，也要由传统农业走向现代农业。而现代农业的核心，是知识农业、科技农业。老品种、老技艺、老祖宗的耕作方式，必然跟不上时代前进的步伐，为历史所淘汰。科教兴国是唯一的出路！

我从高岭这个贫困而遥远的山村，看到了农村致富的希望、民族振兴的希望、国家强盛的希望。当然，我也希望政府和社会有识之士，能给农村教育以更多支持，毕竟让家家户户都进城“陪读”是不现实的！

希望所在（二）*

最近我有幸参加了在休宁县召开的，一个研究农村劳动力资源问题的会议，东道主带我们参观的按照陶行知教育思想兴办的两所学校，让我大开眼界，欣喜万分。一所是平民学校，在校生 3000 人，主要是家在深山寇林农家的孩子，实行“山里孩子下乡读书，政府和社会买单”。凡是家境困难，主要劳力病残、亡故者，孩子上学一切费用全免，给予食宿补贴，使他们能够享受初中教育的机会。另一所名为“德胜鲁班木工学校”，是一所招收初中毕业生的职业学校。由休宁县政府和苏州工业园德胜洋楼公司联合兴办。每周一、三、五上午学文化知识，其余 7.5 个半天上实训课（即木工专业实际操作课）。走进实训室，首先映入眼帘的是一幅大标语：“我们不认为一个平庸的博士比一个勤劳敬业的木匠对社会更重要。”这 28 个字让我和所有来人注目良久，实在耐人寻味。每人一套做木工活的工具，每两人一个工作台，每四个台子由一个有高级技师头衔的师傅指导，40 个学员正在做木工活。学制 2 年，从做方凳、雕花小椅开始，一直做到能独自制作八仙桌、太师椅、雕花门窗等具有徽派建筑特色的木工活，经过严格评议后方能毕业。凡正式毕业生，一律由同济大学德胜住宅研究院授予“匠士”称号，全部被“德胜”在苏州、北京两地公司录用，其中大多在北京奥运会和上海世博会等建设工地干活。

参观了这两所学校，实在是让我感触良多。作为一个长期从事农村工作的人，一直认为城市普及义务教育没有问题，平原农区也问题不大，最担忧的是深山老林和连家渔船的水上人家。学校不可能办得太密，一所学校只有两三个学生也不像个样子；家、学距离太远，让幼童翻山越水也

* 本文写作于 2007 年 11 月 6 日。

不现实，何况还有很多贫困家庭。休宁办的平民学校，深山下来的孩子全部寄宿，而且还由政府和社会负担，把一切全解决了。而且根据陶行知教育思想办学，学做结合，可堪造就的继续升高中上大学，考不上的也有一定的劳动技能，可以自食其力。德胜鲁班学校更是令人啧啧称赞。一个受过高师指点，能干精细木工活的匠人，肯定大受社会欢迎。随着人民生活水平的提高，对家居装修越来越重视，日益讲究文化品位，木工干的不仅是技术活，更是艺术活。当今消费者常常埋怨有些家具质量低劣，制作粗糙，有的也仅有实用价值，鲜有收藏价值。近年来徽派建筑越来越受青睐，而木雕是徽派建筑重要组成部分。休宁县开办专门培训木工的技师学校，显然恰逢其时。他们的办学理念也极具新意，“平庸博士”与“勤劳敬业木匠”谁更重要？尽管是否应该这样设问还可讨论，但至少已提醒人们要思考这个问题。我认为，一个前进的社会，博士、硕士、学士不可少，但毕竟全体民众不可能都是这“三士”！一如伟大的工程，如果只有创意师、策划师、设计师、工程师……那又由谁去制作（施工）、组装、总成？看来，最后都得靠“匠士”去落实，否则还真的只能是空中楼阁、纸上谈兵！要知道，探月卫星一切的一切都尽如人意，但只要一个螺丝帽没有拧紧，也是上不了天的！

党的十七大再次提出建设社会主义新农村问题，全省各地都正为此努力奋进。会议举办者本来以为主办方会带代表参观这方面的“闪光点”，想不到未带我们参观这方面的典型村，而是看了两所学校。我认为，此举大有独到之处，深为休宁县的务实作风所感动。对于如何建设社会主义新农村，人们一直在多方探讨、反复实践，有的官员很不扎实，老是急于抢风头、显政绩，甚至向企业摊派、向社会募捐，在公路边盖几套漂亮房子，就大肆宣扬那是什么“小康村”“新农村”，带领导视察，组织群众去参观。老百姓可不买这个账，嘲讽那是“驴粪蛋”——驴子拉屎外面光，里面净是烂稻草。多数地方是建立专门机构，组织制定规划，绘制标准化民宅图纸，供群众选择房型，或者统一盖房卖给农民。当然，交通、通信、卫生条件确有改善，农村面貌是有变化。但稍一深入，在那里住上几天，就会发现距离“生产发展、生活富裕、乡风文明、村容整洁、管理民主”的目标，远不合格。我经常想一个问题，我们城市的高楼大厦，工厂企业的设备装备，城市人口的吃喝穿戴，并不比发达国家逊色多少。而生产管理水平，员工总体素质，环境和产品质量及工人的劳动态度、生活方式、行为习惯、言谈举止这些具体、细小的地方，却很有差别。看来，我们要赶上发达国家，实现现代化，可能软件比硬件更重要，下的功夫要更大，花的时间要更长。这只有靠教育，靠训练，靠文明修养水平的提升。教育立国，在农村既要普及基础义务教育，又要普及劳动技能教育，更要抓“做真人”的教育，做人、做事并举，做一个现代社会的文明人、有用之人。只有这样，建设社会主义新农村才有坚实的基础。休宁的实践，大大增添了我的信心。

如此干部素质*

提高党的执政能力，实在是太必要太及时了！中国人民从实践中感悟，真诚拥护中国共产党的领导，但也衷心希望党能与时俱进更新执政理念，提高领导水平，从而使国家更快地富强，给人们带来更多的福祉。

毋庸讳言，确有一些党员，其中包括一些党员负责干部，党性不纯，素质不高，群众反映强烈。有一次，干部持械到农民家中扒粮，造成一死两伤的恶性结果，时任市委书记的某公，居然在有市、县、乡干部参加的电视电话会议上说："你上门扒粮怎么带枪呢？带枪掏出来吓唬一下也就行了，怎么能真的开枪呢？即使真的开枪往腿上打一下，出点血，受点伤也就行了，怎么能一枪把人打死呢？……这让上级咋办？"

有位作家出版了一部纪实文学作品，讲一个县执行党的政策不好，农民耕地被侵占，各种负担太重，有些干部在抓计划生育时，牵牛扒房子，造成群体性上访不断。县委书记公开反驳，说他们县只是有些地方负担重，并不是每个乡、每个村都重，也还有的乡、村不重，你为什么只写重的，不写不重的？上门扒房是事实，但多数只是推倒院墙，掀去屋顶，修补一下还能住，不能称太严重，要作者实事求是，为他们恢复名誉。尤其荒唐的是，说他们做工作都是党委和政府共同进行，问作者为什么只讲县、乡、村书记，不讲县长、乡镇长、村委会主任，这对党的领导是什么态度？

有一次，某水果产区未到收获时节，有关部门就上门收税费，拿不出钱就搬东西，农民开着拖拉机进城找县长对话。本来见面解释几句，交代有关部门待水果成熟售卖后再收，就能解决问题，但那位县太爷竟不知

---

* 本文原载《新安晚报》2004 年 6 月 21 日。

如何是好，他问县办主任，应让谁去接待？答曰：分管农业的副县长。副县长说这里群众上访，应由分管信访的县长处理。县长却说这属政策问题，应由分管农民负担政策的县委副书记管。县委副书记又说财税方面的事历来是“一支笔”批，常务副县长管，他不便过问。该县常务副县长由一位县委副书记兼任，他此时下乡了，不在县城。推三阻四的结果，到了下班时间，他竟然置众多上访和围观群众于不顾，从后门溜之大吉。

当然，上面讲的只是个别现象，是少数负责干部中出现的问题。否则，我们国家不可能有今天的繁荣昌盛，社会也不会如此安乐太平。但对此仍必须引起足够重视，因为一粒老鼠屎会坏了一锅粥。它只会影响党的执政形象，影响经济发展和国家的进步。在强调提高全民族整体素质的今天，窃以为提高党员干部素质更为迫切。不然的话，让上述庸官、昏官去领导，只会把他们的辖区各个方向工作都“领到”低谷！

跟随省委书记出差*

我这个人是当秘书出身的，在这个岗位工作了 25 年，整整 1/4 个世纪。往事萦回，许多事情仍历历在目。每当回想起在领导身边所受的教益，总有一种难忘的激动。这里记述的是 70 年代末，十一届三中全会刚开过不久，我在省委办公厅当秘书时，跟随省委书记出差的三次经历。

一、"先吃饱肚子再说"

1979 年 1 月的一个星期天早晨，本想睡个懒觉，王光宇同志突然打来电话，让我陪同万里同志到合肥周围乡间转转。我立即爬起床，从碗橱内拿个剩馍就去了。

万里车在前，我们随后。每车四人：首长、秘书、警卫员、驾驶员。在五十里小庙一个村庄停下，看了几户农家。大呼隆收成很差，又碰上罕见的大旱，群众生活很困难，见不到准备过年的喜庆气氛，大家心情都很沉闷。车子向山南方向开去，忽见这片丘陵岗地上小麦长得绿油油的，三三两两的农民，有的还带着孩子，冒着凛冽的寒风，给麦子浇水。我和光宇同志正觉得奇怪，这里的麦子怎么长得这样好，哪来的水浇？生产队干活都是几十人一窝蜂，何以这里一家人干一块地？……

我们正疑惑时，前面万里的车停下了。我们一起走向正用粪桶浇水的一对男女，万书记问："你们的麦子怎么有水种的？"妇女先答："自种自吃嘛，连洗脸水，刷锅水都用上了。"面对历史性大旱，1978 年秋种困难，省委决定借集体地给农户种麦，一人 3 分地，不计口粮，不交征购。但那指的是家前屋后的零星散地，怎么这大田也是"自种自吃"？男人看

* 本文写作于 2004 年 8 月 9 日。

出我们的心态，马上纠正妇女的失言：“队里把麦地分给我们管理，管得好有奖，多得多吃，所以积极性高。”

知道农民有顾虑，显然是按某种约定好的口径对外，两位书记就找寻地里有无队干部，但谁也不承认是干部。

一路上我们心里老犯嘀咕：“三级所有，队为基础”，似乎是不可改变的；前些时农委周曰礼报过一个材料，说凤阳县有个叫马湖的地方，搞了包产到组，“三级半所有”，现在山南似乎走得更远。光宇坐在车里也若有所思。回到省委后，万里同志说：“让他们搞吧，……就那么一小块地方，先吃饱肚子再说。”很快，肥西许多地方的农户，喊着要他们的干部向山南书记“汤大胆”学习，分到户。其后，凤阳的小岗，来安的十二里半，不少村庄也秘密搞起包产到户。这个星星之火，终于燃遍了神州大地，给我们伟大祖国迎来了新的曙光。

二、挨骂的六菜一汤

1979 年岁末，张劲夫同志来到合肥。我们刚听到一点小道消息：中央即将召开五中全会，恢复成立书记处，万里荣升，劲夫接位。

1980 年 1 月 10 日，劲夫来皖后第一次出差，光宇陪同。下午 5 时，两部车子开进阜阳地委大院，刘昭诚、陈硕峰两位书记听到喇叭声后下楼迎接，一见面就说：“我们刚刚接到省委办公厅电话，怎么不早些通知？”光宇说：“我们上午出发，中午在淮南吃的饭，是张书记让值班室下午才告诉你们。”

第二天去临泉，县委书记王国真汇报，说临泉灾重，受“758”河南大水、水库溃破的影响，至今没有恢复元气。劲夫要先到灾区看，回来再听汇报。车子开到当年淹没区艾亭公社的一个村庄，许多人家仍住在庵棚里。老百姓看到一下来了 3 部小车（加上县委一部吉普车），都踩着积雪出门。

回到县招待所已是下午 1 时多，食堂里摆上 6 个家常菜和 1 个羊肉火锅，劲夫当着众人面批评王国真：“你这个县委书记怎么当的，在你眼皮底下农民那么苦，还让我们吃这么好的饭菜，你说我能吃得下去吗？”

劲夫在京工作以民主作风好著称，想不到来安徽后头一趟出差，就发这么大脾气。后来还是光宇打了圆场，撤下去一碗红烧鸡，才吃了这餐饭。餐桌上虽有点尴尬，可大家都感到很受教育。

三、发年货

1978 年、1979 年的两个春节，我都是和光宇同志一起在定凤嘉、泗五灵固两个贫困地区度过的，1980 年能否陪老母和妻儿过个团圆年呢？

腊月二十八我们又出发了，先到凤阳县梨园公社检查每人 5 斤面粉、1 斤猪肉的“年货”是否已发到群众手中。光宇沿途告诉基层干部，一定要让群众能在大年初一吃上饺子，否则他们不开心，感到新的一年会不吉利。在小溪河，我们看到下火车的农民特多，在雪地里默默地走着，有不少是拖儿带女的一大家人爬煤车，外出讨饭回家过年。我们心里都很不是滋味。肚子饿了，方想起了看表，已是下午 2 时。走进路边一家粮站，人家已吃过午餐，还有点剩饭。光宇和值班员交谈，安排警卫员小桑烧灶，驾驶员老唐掌勺，我去邻居食品站买来三个鸡蛋，大家吃了蛋炒饭，白开水作汤。

第二天去五河，发现县城河对岸的村庄老百姓家只有面粉，没有肉。一位老奶奶说，今年过年吃不上饺子啰！我们立即赶到县委，食品公司没有鲜肉或冻肉了。光宇让他们再想想办法。县委祝副书记四处电话联系，最后只搞到一点腌肉，当晚赶发给了农户。光宇心里很不安，批评县里不早汇报，现在从外面调也来不及了。

除夕中午我们到了固镇磨盘张公社，见了后来的省公安厅厅长、省人大常委会副主任陈瑞鼎，他那时是公社书记。他说群众过年生活安排落实了，并说当地风俗是中午吃年饭，留我们在他那里过年。下午 3 时，公社食堂做了 4 大盆菜（萝卜烧猪肉、野兔肉、山芋粉条、大包菜烩豆腐），省社干部一起开了两桌，很是热闹，还放了爆竹。我们餐后回合肥，路上光宇深情地说：“什么时候能让农民常年吃上饱饭，我就安心了！”

当晚 9 时我们才回到家，吃第二顿年饭。

田又有得种了*

国庆前夕，内弟从老家打来电话，兴高采烈地说，如今田又有得种了。今年日子过得不赖，要他姐姐和我下乡去玩玩。想想也是，国庆长假，小孙子不上幼儿园不用接送，年轻人时兴乘火车坐飞机长途旅游，我们不去掺和挤，还是去点短程的吧。

想不到这一趟还真值，使我这个退休多年，又干了大半辈子涉农工作的人，增添了许多高兴。前些年这个时候的农村，很难见到年轻人，都外出打工谋生了，家里留守的净是“386170”部队（妇女、儿童和老人），今年却见到不少青年男女。内弟夫妻给我们算账：农业税减了许多，种粮又给补贴，一亩田各种补助有25元，据说还要再给6元。“皇粮国税”加村里提留钱，种一亩地自己只用掏14元，而往年最高时却要交200多元。粮食提价，稻子每斤从0.5元涨到了0.7元还多，收耕一亩地能多收二三百元。他们家今年种了一亩公家提供的新品种——“抗虫棉”，成本下降，一亩净收1500元。种田划得来了，所以外出打工的人少了。“老板们黑心，累一个月工钱只有600元，还不按时发，常常拖欠。老婆孩子都顾不上，不如在家务农。”邻居家一个小伙子这样说，于是他只在农闲时去邻近的合肥城揽点临活，不再劳师远征下沿海大城市了，还能照应孩子念书。我想难怪报刊和电视上都呼喊沿海发达省市闹民工荒，那是活该！

内弟比他姐小3岁，我比他大5岁，但我家邻居见到他，都说是我们哥哥。种田人辛苦，吃得又差，老得快。在公社化那些年，夫妻俩苦做苦累，仍养不活三个孩子，夭折了一个。“文化大革命”期间，两个孩子稍微有点机会，就往我们家跑，为的就是打顿牙祭、捞点旧衣。那年头虽

---

* 本文原载《新安晚报》2004年12月20日。

说我们家也只能吃七八成饱，但毕竟有旱涝保收的粮票，说什么也得从牙缝里挤点给他们。我家两个孩子都上了大学，而他家剩下的两个孩子连初中也没念完，为此我老伴心里一直有块疙瘩。

大包干刚开始那年，内弟一家四口分了 10 亩承包田，当年就收 15000 斤稻，留足口粮、种子、饲料后，卖了 10000 斤，简直是破天荒的事，高兴得不得了，这年春节他挑了一大担进我家，有花生、麻油、大青豆、糯米粉，还有鸡、鸭和一只猪腿。那时城里人还是凭票供应，我家过了个大肥年，成为邻居们羡慕的对象。我结婚 17 年，认识内弟快 20 年了，第一次见他开怀大笑。1982 年我女儿考上大学，母亲又患癌症住院，手头十分紧张。内弟一下子送来 400 元，相当于我夫妻二人 3 个月工资之和，帮我们解决了大问题。第二年，他家盖了新瓦房，大儿子成了亲，日子越来越红火。

1985 年后，城乡情况大变，我们夫妻工资逐渐加多，内弟家却迅速走了下坡路。先是粮食卖不掉，接着又“水费提升，化肥涨价，税费负担无底洞”，种田赔钱了。许多人家把土地撂荒，内弟的两个孩子和媳妇也先后下广东打工了，只有老夫妻俩在家带小孙子，种点口粮糊嘴。回想我们两家的经济关系，走了个“马鞍形”，从补贴到回收到又补贴。

20 世纪 90 年代中期，我还在岗。有次因为农民负担案件，我下乡调查顺道去了内弟家。别看他一生务农，不识几个大字，可讲起话来，有时还有点不简单。在听了我这次下乡的讲述后，他说：“新中国成立后农民有两次日子过得最好，一是 1955 年以前，土改分得了土地，互助组、初级社又促进生产，日子像芝麻开花节节高；二是十一届三中全会以后，改革开放，包产到户，家家吃细粮，盖新房，娶新娘，喜洋洋。后来就不行了，政府要让农民多过几年好日子就好了！”此话对我触动很深，记得我回来写了份调查内参，重点反映农民的“两个怀念”，建议领导要吸取教训，生产关系一定要适合生产力的发展，保持政策的稳定性和连续性。但此后人们关注的仍是城市发展、GDP 增长，反正粮食够吃了，农村问题就引不起重视。直到这几年耕地被大量侵占，粮食安全出现了不祥信号，隔了十多年，才又发农字头一号文件了。

内弟及他周围的农民，齐声称赞今年的中央一号文件好。他们又说，前两次好日子，中间隔了 30 年，这次“回春”，也隔了 20 年，希望今后能一直过上好日子，不要反反复复。我也就按照自己的心愿对他们讲：“时代在前进，现在的中央提出执政为民，以人为本，科学发展观，城乡统筹协调发展。今后不会再折腾了，大家就放心过日子吧！”

大梦谁先觉*

在全省中老年"三农"工作干部乃至中老年农民当中，对钱让能这个名字是较为熟悉的。今年第一期《炎黄春秋》刊载了新华社资深记者陈大斌（原为《瞭望》周刊总编）写的《钱让能为保荐责任田上书毛泽东》一文。

我这人是半路出家搞农经工作的，"文化大革命"的 1969 年 1 月，从省邮电局下放到太湖县农村，接受贫下中农再教育。这年冬天奇冷，大雪下个不停，造反派又不准我们这些"老下"回家过团圆年，我就只好和伙伴们一起，窝在花凉亭水库之滨的一个叫树林冲的山村了。那年头，尽管人人成天口喊"万寿无疆""永远健康"、打倒这打倒那，但农民仍然是那么朴实，轮流接我们去家中吃年饭，虽然没有什么好吃的，却给我们许多欣慰。

从下放地回省城后，我就一直做农村工作了。三中全会时我在省委办公厅当秘书，经历了"大包干发祥地"有关过程，参与了省委为钱让能平反的工作。用省委名义发文件，为一名具体工作人员平反，恐怕是绝无仅有的。

我与钱让能直接接触是 1983 年以后，此时我到省委农村政策研究室工作了，他担任安庆地委农村工作部部长，属于一个系统。此时大包干在全省已成定局，他致力于发展乡镇企业，认为农民只有大量从事工副业，才能增收，这是农村光明灿烂希望之所在。他在工作中紧紧抓住这个重点，并从解放思想入手。他发现最先从事乡镇企业的人，都是一些农村能人，而且几乎都曾被当作"弃农经商""走资本主义道路"而挨批受罚过。于是他大声疾呼，要为这些人"正名"，说他们是跟随我们党进行农村改

---

* 本文原载《新安晚报》2005 年 3 月 11 日。

革的积极分子，是响应党的号召敢于率先致富的带头人。1985年初，地委、行署召开全区乡镇企业先进表彰会，表彰了这些带头人。安庆地区的乡镇企业发展，一直走在全省前列。

年底，中央政研室召集六省市座谈会，拟就中央领导同志关于农村政策讲话内容进行讨论起草。这次通知了发达省份、欠发达省份、不发达省份各两个，其中有安徽，我去参加了。让能几次打电话给我，要我一定要如实汇报农村真实情况，反映农民内心呼声，表达干部的忧虑，千万不能再折腾了。会议原定3天，后来开了4天，不仅甘肃、贵州这样不发达省份与四川、安徽这两个既是欠发达，又是率先搞大包干的省份看法完全一致，更令我想不到的是，浙江的发言与我们观点也完全一样。他们去的人是省委农村政策研究室副主任李云河，晚上我去他房间晤谈时，方知他就是"五风"时期全县搞包产到户的温州地区永嘉县委主管农村工作副书记。由于各省发言都是观点鲜明、内容翔实生动，主持人回良玉（时任中央政研室分工农村政策的副主任）把与会6人都带到中南海勤政殿，向当时主管农村工作的政治局常委宋平直接汇报。以后利用一次全国性大会时机，中央领导人报告明确宣布五个一号文件精神不变，次年党的十三届八中全会又就此专门通过决定，才把全国对农村问题的认识和政策最终统一起来。钱让能当年上书保荐的责任田，终于在全国铁板钉钉，为全国的改革开放，为中华的复兴和腾飞，奠定了坚实的根基。

进入20世纪90年代以后农民负担问题日渐突出，中央明确规定，农民税外负担不得超过上年人均纯收入的5%。有的地方就在收入数额上做文章，以虚报收入来加重农民负担。只有钱让能当主任的安庆市农经委，上报的收入一直偏低，有时我怀疑，所报数字比农民实际收入水平还低。当然这也不好。我了解他对农民一以贯之的态度，理解他对农民一往情深的良苦用心。直到他退休以后，他仍然时常下乡调研，就农民负担问题、山区特殊性问题、贫困农民生计问题、水旱灾害恢复问题、基层民主选举和干部作风问题、保护农民工合法权益问题等，先后写了许多篇调研报告，有的仍以上书形式直接寄给中央和中央领导。那些内容许多都属于

“内参”范围，看的人不一定都高兴，也说不准作者会不会吃苦头。但他一概不管，只因对农民有利，对国家有利。

他是个一直处于觉醒状态的人！

上门看望*

一位相识多年，又有多年未曾交往的农民企业主，突然给我打来电话，说他三年前得知我退休了，就要专程来合肥探望。无奈打听不到我家新的电话号码，又不明具体住址，直至昨天才查到，即日将登门，并要与我一道看望一位省领导。我手持话筒长久无声。在世间走了这么些年，世态炎凉早已顿悟，在岗时即便因公交往，还常常热脸碰冷屁股，所以在退休后决心不再自讨没趣，于是我办完退休手续后，立即更换家庭电话号码，并尽量不示于人。本意并不是从此息交绝游，何况一位老友说过：老人要“有个老窝、老伴，有点老本和几位老友”。我特别对最后那个“友”深为赞同，闲居在家如果没有几个谈得投机的人时常晤面，不仅会寂寞，简直是很孤独。公认与子女间有代沟，总不能成天与老伴讲老话吧？那就既影响生活质量，又影响生存寿命。我只是怕有些似识非识、似友非友的人要我“发挥余热”，为他们引路找在位红人；尤其是怕见老家的农民亲友，他们太老实，进城都认不得路，而如今连看病也得找门子。我既不愿求人淌口水，又不忍心拒绝那些忠厚弱者之所托，只好想了这么个“不知不烦”的主意。

见我久未回声，他似乎察觉出什么，主动说：“我从报上得知，你的顶头上司刚刚卸任，当年他对企业很关心，一直未曾报答，如今他不在位了，应该去看了，别无他求。”我对他的话有点将信将疑，电话上还是答应了。两天后他来到我家，与司机两人拎了几大兜东西进门。我一见就皱眉头，他却乐呵呵地说：“人所共知，背得越重礼越轻。几袋米、几瓶油，是自己厂生产的，豇豆、绿豆更是自家田里出的；就这一盒鸭梨是你宿舍

---

* 本文原载《新安晚报》2005 年 4 月 10 日。

门口水果店买的，绝对称不上行贿。”我俩一起笑了起来。

20世纪90年代初，此人在镇上开了一家粮油加工厂，加工免淘米、色拉油运销闽粤。对乡亲们解决农产品卖出难的问题起了一定作用。中央提出农业要产业化经营，省有关部门规划重点发展8大主导产业，抓10个重点县市，培养50家龙头企业，争创20个名牌农特产品。一位技术专家出身的省领导，可能出于职业习惯，把这冠以“8152”工程。他办的厂由于经营规模和贡献，被列为全省50家龙头企业之一，我曾几次去他那里调研学习。事业蒸蒸日上，麻烦也越来越多。主要是“公家人”吃拿卡要，当地人“吃大户”，弄得他焦头烂额。有次我随同省领导去了这家厂，我们到现场看，又开了群众座谈会，肯定了他的经营方向是正确的，对当地农民脱贫致富有贡献，指示当地政府要支持帮助。这位企业主不愧是个能人，他抓住机会照相、录音，并准备了纸笔要领导题写厂名。记得这位领导当时再三推辞，说自己的字不好，应请书法家写。我起了点“敲边鼓”作用，促成他写了。我了解这些农民企业家的意图，大门上挂着省领导题写的厂牌，办公室挂着厂长与首长握手的照片，谁还敢来捣蛋？这叫“为了打鬼，借助钟馗”。后来果然听说，县乡给了很多关照，生产经营秩序井然多了。我想，这大概就是我国个私经济成长之路的特色之一。当然，这也为某些腐败官员提供了寻租土壤，为有些投机钻营之人提供了暴富的路子。

后来的实践，证明这位企业主是生财有道之人。与那位大领导及其秘书结识，当时既未送礼，尔后也无来往，只是每年年终寄一份“产业化”汇报材料。这些年来，那个县有好几位县官、局长落马，行贿者中涉及不少企业主和个体户，却从无他的名字。据县里熟人告诉我，他即便向银行申请贷款，也只是拿几条烟、几瓶酒“进贡”。难怪农民反映他的企业经营公道，生意却始终没有做大。这次他来看退休多年的我，使我感动，留他在家吃顿便饭，交谈也就更加随便。我这才知他是一位老“堡垒户”的后代，他父亲曾收留一位抗日受伤的新四军副团长养息半年。新中国成立后，这位老战士当了省城某宣传文化单位负责人，曾回故地寻访过他家，未果。然而1959年“反右倾”运动中，这位官至副厅长的人挨批下台，那位老农却在春节时突然上门拜访，双方都激动得老泪纵横。这个故事我在“文化大革命”前就听说过，直到这次才对上了号。他对我说：其父生前多次叮嘱他“做人要堂堂正正，再穷不能穷志气；施恩不求报，知恩要回报；一定要走正道挣钱，自己不违法，也不能害别人犯法”。我这下子才明白，他家一直保持着纯朴的民风、纯正的家风。他既是个企业主，也是个朴实的农民。

我愿意陪他一道去看望那位刚刚卸任的省领导，我在岗时他长期是我的上司。我想，他一定会乐意见这位农民企业主朋友，既不是工作往来，又无利害关系，完全是友情叙话。这才是真正的平民生活。但我对他说：领导宿舍有门卫，进出要联系、登记，我俩总不能像个“跑单帮”的，肩背手提，拎几个包进门吧？他再次笑起来：“我只是带了两刀宣纸给他写字用。”

农民减负防反弹*

猴年腊月初，内弟来电话邀请我到乡下过年，回乡数日，对所见所遇，感慨颇多。

20 世纪 90 年代中期，有一次因为农民负担案件，我下乡搞调查。顺道去了内弟家。内弟虽然一生务农，不识几个大字，可讲起话来，有时还真不简单。他说，新中国成立后农民有两段日子最好。一是 1955 年以前，土改分得了土地，互助组、初级社又促进生产，日子过得像芝麻开花节节高。此后就遭遇“大跃进”引发大灾荒。二是 1979 年到 1985 年，包产到户，家家吃细粮，娶新娘，盖新房，喜洋洋。后来就不行了。就说这农民负担吧，真是无底洞，中央规定不得超过上年农民人均纯收入的 5%，实际上有的时候、有的村子达到 20% 以上，甚至 50% 也不止。花样特别多，有的虚报收入，加大 5% 的份额；有的集资办乡镇企业、集资建程控电话，宣传说是“投入”，有投入才有产出；各个部门、各项工作都搞达标、升级，“这达标，那达标，都是农民掏腰包”；再一个就是劳动积累工和义务工，人均一年 20 个，其实并不让你冬闲时上工，而是统一机械化上施工，劳动力外出打工了，于是都“以资代劳”，一个工出 10—20 元。还有各种名目、谁也说不清的摊派。有的村连 70 岁的老奶奶也要交“不得超生保证金”，真是荒唐透顶。

今年春节回家，内弟及他周围的农民齐声夸中央一号文件好。他们说，前两次好日子中间隔了 30 年；这次“回春”，中间也隔了近 20 年。希望今后能一直过上好日子，不再有间隔了。我也按自己理解的情况和心愿说：时代在前进，现在的中央提出以人为本，执政为民，科学发展观，

---

* 本文原载《质量万里行》2005 年 4 月号。

城乡统筹协调发展，建设和谐社会，不久前又下发了第七个一号文件，今后不会再折腾了，你们就放心过日子吧！

然而，可能由于长期从事涉农职业的影响，我讲上述内容时心里也不十分踏实。“坚持把解决好‘三农’问题作为全党工作重中之重。”这句多次见诸中央文件的话多好啊，但成为全党、全社会上上下下的共识，并落实到底，看来并不那么容易。多少年来的“城市倾斜”积习根深，打破原有利益分配格局绝非易事，公共财政的阳光普照农村，农民真正享受到平等国民待遇，这都绝非一日之功。去年全国人大代表会上、时任总理温家宝庄严宣布，5年内全部取消农业税，全体代表长时间热烈鼓掌，我在电视直播中看到许多人热泪盈眶。但曾几何时，有的部门又传出了另一种声音，说什么免除农业税，并不是不向农民收税了，拟改征“资源税”或“增值税”，又提议恢复农民劳役负担“两工”，以加大农田基础设施建设投入。

我国农业耕地属农民集体所有，亦即现行的村民小组所有。国家有何理由征“资源税”？农民卖的是粮食和棉花，又不是饼干、面包和纱布，从何谈起征收“增值税”？我认为，城乡税制应该统一，对每个具体人来讲，只需一律征有起点的个人所得税，世界上没有哪个国家开征了专门针对农民的税种。历史上就是农民的劳役负担比钱粮负担更厉害，一旦我们再恢复“两工”，农民将会怨声再起，后果不堪设想。村内的修桥铺路、农田水利建设，属于村民自治范围内的事，农民会按收益投资投劳；乡以上范围的公共建设，是政府的事，是公共财政的事，属于“城乡统筹”。

2001年2月16日，温家宝同志在合肥主持召开全国扩大农村税改试点会议，头天晚上听取安徽省委、省政府关于安徽农村税改试点情况汇报时，他深情地说：这次你们率先在全国进行农村税改试点，确实做了大量工作、贯彻中央意见和试点方案非常认真、坚决。我在农村调查，农民比较满意，社会各界反响不错。但是我今天仍然只给你们打60分，刚及格。因为许多事，往往需要较长时间以后，才能看得更清楚。务必要慎言税改成功。接着，他又讲起两年前他在全国人大湖北省代表团会上讲的那段话，我们共产党人一定要、也一定能走出“黄宗羲定律”的怪圈，这次税改减负后，绝不能让农民负担再反弹。但愿我们的人民，我们的干部，都能保持十分清醒的头脑，千万不要在经济受挫时想到农业，形势稍有好转又忘记农民。要知道，繁荣发达的城市，贫穷落后的乡村，这样的两极不是社会主义，更不能构建和谐社会。

要研究“调查研究”*

费孝通教授的博士论文是《江村经济》，此文是奠定他在国际社会学、人类学地位的成名之作。在费老90高龄的时候，他与国内学界名人及其亲属有过一次长谈，其中有这样一段内容：1935年，他因在广西山区调查受伤，又是出国留学前夕，于是回到家乡，住到他姐姐费捷生创办“乡镇企业”的苏南吴县开玄弓村，边养伤边调研，于赴英途中船上成文。50年后的1985年，他发表了《重访江村》，以后每年都再去一次跟踪调研，观其发展变化。当有人问他后来的重访与当初的调研感受有何不同时，他说当初只有他自己在民间访谈，从容细致，有时和姐姐商讨一番再做补充；而其后的每次去都是前呼后拥，各级领导陪同，只能是走马观花。他虽未明确述及其间的优劣利弊，但读者都可以从中看出，如果当初也等同后来的境况，兴许根本出不了这部名世之作。

我有两个熟人，一个给领导当秘书，另一个干的是扶贫与救灾工作。后者曾对我说，他幸亏是改革开放后才接手这个差事，要是早些年就当此职，说不定早就成了什么“分子”。原因是他和那个当秘书的出差回来写的汇报，哪怕是去的同一个乡，内容却大相径庭。一个说那里一派莺歌燕舞，欣欣向荣；一个却说群众生活困难重重，急需救助。我了解其中缘由：跟领导下去，当地都安排看“闪光点”，显示政绩；而访贫找灾的下去，带你看的都是贫困疙瘩困难户，甚至还添油加醋地哭穷，多得实惠。

我们党历来大兴调查研究之风，时下各级官员下基层调研的确实不少，人们时常说下面反映“应该不假”。窃以为，如果调研的风气不正，这种调研非但无益，甚至有害。因为你很难接触到基层群众，很难听到真

---

* 本文写作于2005年6月6日。

实声音，很难了解到实际情况，从而很难得到准确判断。即便是什么巡视组、督察组，甚至专攻问题的特派员，有时也难例外。看来，仍有必要对“调查研究”本身来一番认真研究。

不做对方有准备的调研（当然有些学术性研讨，事先让对象准备翔实资料，具体数据，明晰观点的除外）。现在有些官员下基层，喜欢事先通知一二三，身后跟着一大帮人，弄得惊天动地。下面为使上级满意，精心准备、小心接待，找“秀才”挖空心思拼凑汇报材料，劳民伤财地打扮几个鹤立鸡群的参观点，让你见不到庐山真面目。我以为还是事先不通知为好，必要时，可以调查后与当地领导通通气。如果考虑到高级领导的安全，必须事先打招呼的话，也不要告知具体访谈点。记得林彪外出就惯用声东击西，临时变化路线和停车点，其用意是让“想害他的人来不及实施”。看来这倒也符合做保卫工作的辩证法。

不要只看好典型。下级希望上级看好的，对领导同志来讲，好的典型也确实应该看，既能吸取经验指导面上工作，又能给下级以鼓舞，创造更大成绩。但绝不能只看好的，尤其不要让下级牵着鼻子走。任何地方、任何工作，都有好中差，而且常常是两头小中间大，因此调研要好中差都看。温家宝几次来安徽视察，每次都是既看安排的点，又临时停车随机看看，有时还让自己的车子离开车队转向另外路线，所以谈话对象既有干部，但更多的是普通民众。

不要报喜得喜，报忧得忧。有的同志喜欢听好的，对夸夸其谈者，就表扬他有干劲，是开拓型干部；面对实事求是讲困难与不足，对上级布置任务直抒己见的，就不高兴。这可能是看好的，听好的，可以显示其治下地域成绩卓著，当地光彩，自己也光彩。殊不知这就给投机钻营者以信息，然后投其所好。有些贪官、庸官、昏官就是这样爬上去的。

现在对某些检查、评比、验收反映并不好，常常是只要嘴皮子讲得漂亮，笔下生花汇报材料写得生动，再加上接待得“满意”，就能过关，甚至戴上名不副实的桂冠。许多假先进、假典型、假名牌，甚至还有重大事故，就是由此出来的。既愚弄了领导，又愚弄了社会，群众深恶痛绝，应少搞为妙。

大兴调查研究必先扶正研究风气。首先是调研者要保持共产党员先进性，不要贪图气派，热衷高规格接待，前呼后拥。不要贪图小利，只有事先通知，才能“吃饭不要钱，回来拿补助”，车子后备厢里还能装点土特产，就像人们挖苦的：什么“调查研究”，是“调茶、烟酒”。当然，财政部门也应实事求是地制定出差报销标准，不要把房间费规定得只能睡大通铺，使得调研者不得不先通知，让人家贴钱，安排房间，否则下去的人连个安稳觉也睡不成，从而也就顾不得“调研自主权”了。

温故促新*

改革开放之初，阜阳的“四专两厂”（专业户、专业村、专业片、专业市场和户办、联户办工厂）全国闻名，与“温州模式”并驾齐驱。在阜阳那段最辉煌的日子里，我曾有幸在那里临时工作半年多，深受教益。每当忆起这段往事，心中就有一种难忘的激动。这次是退休多年后重回故里，更是感慨万千。

1982—1986 年，中央连续发布了农村工作方面五个“一号文件”，极大地推动了农村改革，使得我国农村掀起了翻天覆地的变化。本来 1987 年还要发布第六个“一号文件”，并已于 1986 年 12 月 24 日政治局会议讨论通过，定于元旦发出。后因总书记易人，政治内容文件排前，这份农村问题文件才以“五号”发出。

这个“五号文件”同先前的五个“一号文件”一样，对指导我国农村改革有着极其重要的意义。文件提出，在农村“有计划地建立改革试验区”，并且允许突破某些现行政策和体制。根据这个精神，中共中央农村政策研究室在全国设置了 7 个农村改革试验区。我省阜阳因“四专两厂”名气很大，被选定作为乡镇企业制度建设试验区。北京派来的人不仅比其他试验区多，而且规格高，有好几位青年精英，比如王岐山、陈锡文、周其仁、杜鹰等，我作为省里派出的一员，和其他 6 位同志一道，参与了这项工作。

当时阜阳全区面积 1.8 万平方公里，下有 9 县 2 市，1100 万人口，是全国最大一个专区（四川绵阳、山东临沂列第二、第三）。境内没有一座

---

* 本文原为作者在安徽省城乡劳动力资源研究会阜阳现访会上的书面发言，原载《时代传真》2005 年 11 月。

中心城市，刚升格的阜阳、亳州两个县级市，原来都是县的城关镇，只有 15 万人。距离最近的武汉、郑州、徐州、蚌埠等大中城市，都在 200 公里以外。因为没有城市辐射，不临交通要道，又未发现重要地下资源，加之淮河水害频发，所以从新中国成立至 1985 年的 36 年间，国家在此地区的基建投资，按人均只及全国 10.6%。1985 年全国工业普查，全区无一家大型企业，够上中型标准的也只有两家，可见经济基础的薄弱。这样一个传统农区在包产到户解决了农民温饱问题以后，可贵之处在于它并未停顿和满足，人们利用手头有限的一点劳动剩余，从不起眼的、被人看不起的小商品起步，穷地方实行穷办法，个私经济获得了迅速发展。1986 年底，全区有 30 多万个专业户和联合体，形成了 707 个专业村，249 个专业市场，各类不成型企业 17 多万家，有的已有工人 200 人以上。家庭年收入 5000 元以上的农村非农经营户有 12 万多户（当年全省农民人均收入 396 元，阜阳地区为 317 元）。第一次上京汇报，中央机关的许多领导同志、理论工作者、实际工作者，都认为阜阳是我国传统农区的一个典型缩影，把它和苏南、温州等地发展非农产业的途径进行比较，认为阜阳经验在我国北方农村，特别是中西部农村，以及其他不发达地区，具有更大的适应性和易学性，从而给予充分肯定，要求我们下大力办好这个试验区。

作为一个参与者，我深感北京来的同志水平高，改革精神旺，对我教育帮助很大。王岐山（时任北京市市长，之前是中央农研室发展研究所所长）因在单位主持工作，时常往来京阜两地、陈锡文（时任中财办副主任兼中农办主任）、杜鹰（时任国家发改委副主任）、周其仁（时任北大中国经济研究中心主任、教授）在阜阳长住半年，以后多年，常去指导。先后两次进行了 20 个试验项目，涉及企业制度、市场环境、政府职能、要素配置、民间金融、乡村工业园区、产业政策等诸多领域，对促进个私经济为主的乡镇企业发展，进行了多方位探索，提出了许多极具超前性的指导意见。当时的阜阳“四专两厂”更加欣欣向荣。皮条孙尼龙绳市场、利辛筛网市场、倪邱马尾市场、南照集稻米市场、谢桥兔毛市场、光武塑料制品市场等，每天来自全国各地的上万人云集于此，媒体连续报道，高层领导和专家学者视察调研不断，参观学习人群更是络绎不绝。1986 年，我在中央党校学习时，与浙江绍兴市市长、温州体改委主任同在一个支部，他们来阜阳参观时对我说，阜阳的发展很有特色，理论指导性比他们更强，称赞阜阳前景无限。

我们省另一位参与阜阳试验区工作的胡卫星（省社科院当代安徽研究所副所长），在接受《新安晚报》记者采访时说："如今回忆这段历史颇有隔世之感，因为温州已发展成为全国最富有的地区之一，而阜阳则因观念没有跳出束缚……大量乡镇企业在两年内倒闭，长时间重归平淡。"他的感叹也表达了我的心声。

我时常想一个问题：人们经常津津乐道，安徽是大包干发祥地，在全国率先进行农村税费改革，今年 9 月 7 日《人民日报》头版头条又报道，安徽又在全国率先进行农村综合改革。为什么安徽出过那么多经验，有那么多"全国率先"，然而却罕见有什么经济指标在全国排头？相反农民人均收入、职工平均工资水平等数字还属全国倒数呢？记得有次我参加了一个全国性会议，一位安徽官员正在台上发言，台下邻省两位代表交耳嘀咕："我们没有安徽经验多，只是埋头搞效益。"当时听了只觉得脸上火辣辣的。联想到至今仍有人炫耀，全国第一张 VCD 诞生于安徽。我真不知道这是个值得自喜，还是应该自省的旧闻？当年我在省政府常务会议上亲耳听了省经委主任朱熙春汇报，他介绍了民营万燕科技公司的这个创新产品，要求省领导给予重视，给予扶持。后来不知道为什么，这棵在安徽省开花产粉之树，却到外省去结果了。最近，全国人大常委会成思危副委员长来合肥参加"中国非公经济论坛"，刚到的头天晚上就在只有安徽人参加的座谈会上说："有唱功，更要有做功。"我以为，这恐怕是很值得深思的。自古就说，文章不足以果腹。一定不能只出经验，更要出实际效益。如果仅仅满足领导人的表态，出台了许多优惠政策，而不认真抓落实，那么再优美华丽的辞藻，再激动人心的承诺，都只是纸上谈兵，就像老百姓挖苦那样：1 角钱能买 11 个——一分不值。

往事萦回，人们的心情十分凝重。人们都希望过上美好生活，人们也完全能够用自己的双手去创造美好生活。在我们国家（市场经济未完善前，管制型政府向服务型政府转变之前），政府、官员他们的执政理念、执政方式实在太重要了。中央国策既定，当地领导是不是明白人、能人实在太重要了。客观环境、自然资源并不是主要的，也不是唯一的。庸官、昏官、贪官，以及虽然头脑精明但一心只想着保官、升官的人占了位，那只会遭殃。

历史是不会走回头路的，但历史又是一面镜子。温故是为了知新，最近几年，阜阳和安徽的农村经济，自己和自己比，确实有不小的发展，但愿今后有更大、更实在的飞跃。期待着阜阳能像无为一样，能有更多的打工佼佼者，“凤还巢”回家乡创业，为阜阳再创辉煌作贡献。

沉重的话题*

办了手续后，才注意到退休单工龄工资一栏填的是 52 岁，这才想到自己是老了，该休息了。这一生经历还算简单，在基层摸爬 7 年后调入机关，当了 25 年秘书；此后独立干活 20 年，几乎都是与“农民负担”打交道。那些年，这可是个沉重话题，今天这里为此死了人，明天那边又为此发生群体性上访事件，长江路不时被农民拖拉机堵塞，两个省衙也被封门，总之恶案不断，中央连年点名通报批评。我不仅为自己未做好本职工作而愧疚，而且四面得罪人，上下不讨好。熬到退休了，该歇口气了。

2004 年 3 月 3 日，突然接到央视《东方时空》节目组电话，要我次日赶到北京。说是今年全国人大将宣布全国农村进行税费改革，因为我参与主持了 1993 年太和县率先在全国农村进行税费改革的试验，以后又扩展到阜阳全地区，乃至 2000 年中央批准安徽省进行改革试点，由此才有了全国的农村税改。节目组要我参与做档节目，以配合两会的宣传。3 月 5 日上午，我与制片人刘爱民、策划王新宇、主持人张泉灵一起，观看两会现场直播，倾听时任总理温家宝上任后第一次作政府工作报告。不仅我事先不知道，连央视几位消息灵通人士事先也不知道，总理既讲了 2004 年全国进行农村税改，又宣布用 5 年时间完全废止向农民征收农业税。我们看到两会代表、委员长时间热烈鼓掌，有些农民代表热泪盈眶，我自己也忍不住双眼湿润。我那时真的想我的同行朋友，从此肩上担子会轻松许多，农村干群关系会大大改善，社会日益和谐安宁。

记得 2001 年 2 月 16 日，当时还是国务院副总理的温家宝，在合肥主持全国农村“税改”会议，头天晚上听取安徽省委、省政府试点汇报后

---

* 本文写作于 2006 年 4 月 21 日。

说："你们认真按中央批准的方案操作，工作得力，我到实地调研，多方面反映都很好，最主要是农民满意。但我今天仍只能给你们打60分，刚及格。因为有些事，往往要较长一些时间后才能看得更清楚，不要轻言税改成功。"

今天看来，他当时的告诫，实在太重要了。我想，对于许多问题、许多事物的思考，也都应有这样的意识！凡事不要过早下结论，变着新花样捉迷藏的办法多着呢。

关于阜阳试验区的回忆*

一、试验区的缘起

谈起我国的农村改革，人们很自然地就想起1982—1986年连续的五个中央一号文件。其实1987年本也要发农字头的一号文件的，并已于1986年12月24日由政治局会议通过，定于元旦发出。但此时因总书记易人，政治性文件提前，那件农字头的文件才以“五号文件”付印。1986年下半年我在中央党校学习，曾有幸参加了时任中央书记处农村政策研究室理论组组长张云谦主持的这份文件的征求意见座谈会。对文件中的两个提法，我当时印象特别深刻：一是这份文件第一次提出，雇工人数超过一定限度的私人企业“也应当采取允许存在”，这为日后的中国民营经济发展，实行社会主义市场经济释放了第一个信号；二是提出在农村“有计划地建立改革试验区”，并且允许突破某些现行政策和体制。

我当时是安徽省农村经济委员会副主任，这个单位以前是中共安徽省委农村政策研究室，与中央农研室是一个系统。我与他们熟人较多，逐步知道成立农村改革试验区是周其仁最先提出来的。周其仁和陈锡文、杜鹰、孙孔文等人，都是1977年恢复高考后第一批进入中国人民大学经济系的同学，并且都是上山下乡近10年的知识青年。在十一届三中全会之前，他们就与北京大学、清华大学等学校同龄人一起，对安徽、四川、内蒙古、贵州等地农村萌动的改革特感兴趣。在北京大学的陈一咨的率领下，多次进行农村调查，受到了后来被称为“中国农村改革总参谋长”杜

---

* 本文写作于2017年12月18日，作者以此文纪念阜阳试验区成立30周年、农村改革进行40周年。

润生的关注与指点。他们成立了一个组织，名为“中国农村发展问题研究组”，多次参与中央一号文件和其他涉农文件的起草。党内机构中央农研室同时挂第二块牌子“国务院农村发展研究中心”后，“中国农村发展问题研究组”部分成员归入该中心的“发展研究所”。陈锡文任副所长，杜鹰当了科研主任，周其仁是公认的一号科研骨干。周其仁后来在阜阳与我闲聊时还戏称，借用京剧样板戏《杜鹃山》中的一句台词“抢一个共产党领路向前”，把同道不同学的学长王岐山“抢来”当了所长。孙孔文毕业后回到家乡亳县，1986 年已任阜阳地委副秘书长兼办公室主任。

进入 1985 年时，由于包产到户改革已取得全国性成功，粮食已经满足国内低水平的自给，许多产区已出现“卖粮难”。乡镇企业异军突起，民工潮（去沿海打工）开始出现，流通领域问题越来越多，农村改革要向纵深发展了。在这个背景下，中央决定建立改革试验区就成了必然。

二、阜阳是中央五号文件后第一个开启的试验区

阜阳是全国最大的一个地区，当时面积 1.8 万平方公里，人口 1100 万，下辖 9 县和 2 个县级市（山东临沂和四川绵阳列为第二、第三）。阜阳境内没有一座中心城市，只有阜阳、亳州两个刚由县城关镇升格的各有 15 万人口的小市。距离最近的武汉、郑州、蚌埠、淮南等大中城市均在 200 公里以外。新中国成立以来至 1985 年，国家对这一地区的人均基建投资仅有 108 元，是全国平均水平的 1/10。1985 年全国工业普查，全区没有一家大型企业，勉强达上到中型标准也只 6 家。其境内还有一条没有治好的淮河，有 3 个行蓄洪区，自然条件相当恶劣。令人感动的是，这样穷困地区在包产到户使人民得以温饱以后，群众利用手中很少的劳动剩余，从那些不起眼的、被人看不起的小商品起步，穷地方实行穷办法，创造了草、灌、乔三结合的“四专两厂”（专业户、专业村、专业片、专业市场和户办、联户办工厂）的发展乡镇企业路子，引起了全国范围的关注，后来考察、参观、进行商贸活动的人络绎不绝，受到了广泛赞誉。这是主因。

我有个看法，有些事的确与机缘、人脉有关。在北京工作的很多人，

当年来过肥西、凤阳调研，六安、滁县地区农村改革走在前，阜阳地区是随后的，但到了80年代中期，阜阳乡镇企业的“四专两厂”，在全国很有名气，与温州（私企为主）、苏南（集体企业为主）并列为“伟大光明灿烂希望之所在”的乡镇企业三大模式。而六安、滁县那几年为“卖粮难”所困，多种经营也没多少特点，就相形见绌了，阜阳是省内新亮点。加之老同学孙孔文的关系，与发展所联系较多，信息来得快，王岐山又兼任中央农研室刚成立的试验区办公室第一届主任，阜阳就当然地占了先机。杜润生对阜阳这个曾经战斗过的地方印象深，正如他所说：阜阳是中国传统农区的典型缩影，阜阳的乡企发展模式，对我国中西部地区、欠发达地区，包括东部发达地区的后进地带，较之苏南、温州模式可能都更有适应性和易学性。于是，阜阳成为中国乡镇企业制度建设试验区，真的非他莫属了。周其仁认为，包产到户当时解决了农业的经营体制问题，下一步发展农村更应关注的是剩余劳力出路，是乡企，是劳务输出，是多种经营。所以，在“五号文件”后，第一批7个（阜阳、湄潭、平度、无锡、玉林等）试验区中，阜阳的乡镇企业制度建设试验区，在日程上排在最靠前的位置。“五号文件”于1987年1月初发出，阜阳试验区工作班子3月14日前就到位（我和省里6人是13日到达阜阳的），3月15日召开成立大会。这个速度是惊人的。省长王郁昭得知讯息后主动代表省里表示同意，阜阳地委书记陈复东同志更是积极，在北京就把一些事情办妥，由阜阳派出车辆去北京迎接。

三、阜阳是唯一由中央农研室直接领导和直接参与的试验区

中央农村政策研究室成立了试验区办公室，首任主任为王岐山（兼任发展研究所长），一年后由卢迈接任，1989年杜鹰接任，转入农业部后，主任先后为杜鹰、宋宏远、朱守银。阜阳试验区由中央书记处农村政策研究室和中共安徽省委共同领导，杜润生和王郁昭（时任省委副书记、省长）主抓，王郁昭调京后孟富林接任。阜阳试验区成立领导小组组长是陈复东（时任阜阳地委书记），副组长是陈锡文（时任中央农研室农村发展研究所副所长）和吴昭仁（时任安徽省农村经济委员会副主任）、汪文

斌（时任阜阳地委副书记），成员有：杜鹰（时任发展所科研主任）、周其仁、孙孔文（时任阜阳地委副秘书长兼办公室主任）、张远钦（时任安徽省农经委调研处副处长）。工作班子成员有：北京方面王岐山送第一批同志到阜阳，参加第一次领导小组会和成立大会，发表了讲话，并代表杜润生表示祝贺。第一批成员是陈锡文、杜鹰、周其仁、冉明权、邱继成、赵扬（另有三位我记不起名字了）。安徽省也有 7 人：吴昭仁、张远钦、王玉岭（时任省乡镇企业局调研处副处长，原为孟富林同志秘书）、张荣华（时任省农经委主任科员）、张庆军（时任省计委综合处）、胡卫星（时任省社科院）、王浩（时任省农村抽样调查队）。以上人员开办之初在阜阳工作半年多，后各回原单位。陈锡文、杜鹰、吴昭仁约定每三个月在阜阳碰头一次，日常工作由阜阳试验区办公室承担（已确定 4 个正式编制、正县级单位），孙孔文同志负责，另有一位专职副主任，省里的张远钦长驻阜阳协助。北京此后常来的人还有温铁军、李铁、马莉（女）、张文宝、宋宏远、朱守银等。

阜阳不仅是全国第一个由中央农研室直接领导、直接参与的试验区，而且几乎是唯一的，因为其他试验区都是只去个把人，从事联络、观察，从没有去这么多精英人员的，且都是以当地工作人员为主。

开启时，发展所还聘请了几位从京沪来的法学、经济学、统计学方面的青年学者短期协助，并请安徽省农调队帮助从事专项调查和一些数据的提供。

四、阜阳试验区的试验项目

阜阳试验区，特别是陈锡文、杜鹰、周其仁、孙孔文四位同志，做了大量工作，付出了大量心血。先后出台了 20 个试验项目，卓有成效。我保存了当时的全部试验区项目书，周其仁同志向杜润生和安徽省委的口头汇报手稿，杜鹰和周其仁的一些设计和设想，以及中国农村发展问题研究组当年对国民经济新成长阶段的看法的课题研究报告。现我把印象较深的讲几点，供参考。

发展经济很重要的是投资环境。试验区首先就抓清理整顿市场，当时农村市场是“七八顶‘大盖帽’压着一顶‘破草帽’”，公安、工商、税务、市容、质检、卫生、医药等，反正吃公家饭的人，戴着一个“大盖帽”就可以管，就可以收钱，就可以定工商企业的生死。接着抓整顿市场路卡，我们工作人员自己开车 120 公里，碰到 15 家检查站，他们自己都不懂交通法规，红绿旗一把抓，让你不知是放行还是停车，反正都能找到茬子罚款、没收、扣留……而且罚款还有议价的，要发票的罚得多，不要发票的罚得少，不要发票的当场下腰包。这怎么能搞活流通？再一个是规范政府行为，审批是寻租的主渠道，晚上先上府邸送礼、白天再进官邸办批文。为了革除弊病，我们建立合署办公制度，发布审批程序公告，张贴收税收费标准，发行投资指南，让一切都在明处。另外还有兴办工业小区，纠正村村办厂、处处冒烟的弥漫格局。

我 1984 年在桐城县调查，那时他们有 9000 个联合体，而 1985 年再去时，只余下 7000 个，且其中 6000 户是新组合的。发现联合体合得快、散得也快。我们的传统农村是以血缘关系和邻里关系组成的社区，是熟识人社会，办事时，谁都不愿把丑话说在前面，所以常常是患难容易富贵难，往往在事业上升阶段一哄而散。所以企业制度建设上，我对签约章程特别感兴趣。亳州古井镇的合伙企业“老贡酒厂”的章程就特别有意思，弟兄二人各出 9 万元开办，一个厂长、一个为副，一个派人保管酒、一个派人管原料红高粱，一个是会计、一个是出纳，在企业固定资产未达 100 万元前不分红，只拿工资。今后即便合不拢，也不使酒厂关门，而由政府出面，两人抓阄决定去留。（当然要协商归还他应得的部分）其他企业章程，不论是公司制、共享制、分享制、承包制、私人制、集团制、挂靠制、股份合作制等，也都是以促进发展为主体共计制订了 10 个企业示范章程样本。这些对世世代代务农的人转营非农产业，确实是急需的知识，直到今天，我觉得仍有意义。老贡酒厂兄弟二人的父亲，就是今日古井贡酒的原业主，原名汉曹酒厂，相传他家有口古井，当年曹操家人用此井水制酒进贡汉朝皇室。新中国成立后社会主义改造公私合营，最后转化为国营，这就是古井贡酒的由来。当地人有制酒传统工艺，据说这座古井使得当地的地下水系的水质都适合酿酒，于是其周围小酒厂越办越多，形成十里酒乡，形成了古井镇的建制，是个响当当的特色小镇了。这次定为“古井酒业集团”试验项目。想必贵州茅台镇也是如此。我曾访问过的法国香槟酒产地也是如此，其实就是普通的葡萄酒，产于法国南部一个称为香槟的地方。当地人用自己传统工艺制造的葡萄酒，口感为消费者所喜爱，有了名气，于是成了品牌，称之“法国香槟”，行销世界。名气、品牌，包括被吹捧过的名人明星，都是巨大商业资源。

神医华佗也是亳州人，中药材市场这个试验项目做得较好，市场管理规范，药材质量、等级由专人鉴定盖章担责，场内逐日公布全国四大药都（安徽亳州、河北安国、江西樟树、河南禹州）及北京同仁堂、杭州胡庆余堂价格，让进场商人相信这里交易公道，赚取合理合法利润。当地是拥有百万人口的大县，1/3 农户种植中药材，全国各地每天来此买卖中药材的有 3 万人以上，多时超过 4 万人。当时就有几家媒体报道，在亳州就没有你买不到的中药材，也没有你卖不掉的中药材。坊间甚至传言：有些误读“毫县”“毫州”的国人，由于时常听说这个中药材市场的名字，才知道安徽省这个地名的正确读法是“亳州市”。据百度网显示：如今亳州已成为全球最大中药材集散中心和价格形成中心。

当时在太和县城旁和蒙城县双涧镇各办一个工业小区，结果前者比后者发展又快又好，对我启发很大。农民盼进城，起码是进县城。1995 年回良玉省长约我谈农村城镇化之路时，我提要从县城突破，使县城集聚全县 10%—20%的人口，再造几个 3 万人口左右的中心镇；我不赞成建设厅提的“建设星罗棋布的小集镇”的提法，更不能在县以下地域搞什么工业小区、开发区，因为没有吸引力，我以阜阳试验为证。当然，历史文化名镇和特色小镇除外。回良玉支持我的看法。

五、率先进行土地二轮承包和农村税费改革

进入 20 世纪 90 年代，阜阳乡镇企业制度建设试验已基本完成，各个企业生产经营活动日趋规范。此时中央农研室已撤销，经农业部和省委批准，阜阳从单一改革试验，改为农村综合改革试验区，并报国务院备案。在这种情况下，阜阳地区依旧改革不停步，适应群众意愿，运用阜阳

是国家级农村改革试验区这一重要组织资源，开展了两项极有影响、在全国率先的改革试验。

一是完善土地家庭承包，促进自愿、有偿流转。

1982年中央一号文件肯定了包产到户改革，并确定15年不变。安徽省1978年在全国最早搞起来的，即将到期。于是，1993年3月，省政府在合肥召开了市场农业研讨会，邀请全国知名的农村问题专家杜润生、朱厚泽、王郁昭、吴象等同志参会并作学术报告。会后以研讨会名义写出纪要，建议在第二轮承包中，为了避免因这些年的家庭人口变化造成承包地不稳定，明确实行增人不增地、减人不减地的政策。这个纪要向中共中央政策研究室、国务院研究室都报送了。其后不久中共中央发出了1993年十三号文件，规定第二轮承包再延长30年不变，“提倡增人不增地，减人不减地”。阜阳地区非常积极，秦德文书记亲自抓，分管副市长王春奎带队驻点亳州市在全省先行先试，很快在全区铺开。全区统一增人不增地、减人不减地，并提出明晰四权：巩固所有权（归村民小组所有），明确发包权（因村民组没有公章，由村委会发承包证书）、落实承包权（承包户为本村民小组的农户）、放活经营使用权（在双方自愿的情况下，耕地可以有偿转让，转包期可长可短，但最长不超过30年）。当时每个乡镇都建有档案，各种资料妥善保管。这一改革就使得我国农地集体所有、家庭经营的统分结合双层经营体制，稳定而完善了。我们国家实行的是社会主义市场经济体制，而市场经济不仅要有产品市场，而且要有要素市场。土地是一种稀缺而不可再生的资源，但我们坚持土地公有制，不能买卖，而如果土地这个很重要又是主要的生产要素不能进入市场，那么这个市场经济就不完整。现在阜阳的改革试验，使农地的经营使用权可以有偿转让，又不改变土地公有制的性质，就完美地解决了这个问题。

临泉是我省人口最多、耕地也较多的一个大县，包产到户极大地调动了农民生产积极性，劳动生产率大大提高，因而劳动力剩余很多。当时情况是大批劳力外出打工，农忙时又影响农业生产；有些地方出现抛荒现象，而有些外出打工者两头不安心，农忙时回家务农，农闲时才进城找活，很不方便，既影响生产，又增加开支，还减少了收入。所以临泉县在这次土地二轮承包中，重点抓了土地有偿转让，使得一些耕田能手、农业经营能手留在农村扩大经营，而打工者在外又安心从事非农产业，不再当“候鸟”。我举个例子：单桥乡农民韦建华，1994 年从本村农户租地 100 亩，每亩年租金 400 元，种植西瓜和蔬菜，出租耕地农民安心外出打工，在家妇女和不上学的孩子，还有不外出打工的，可以受雇于韦建华进行田间管理，另得工资，平均起来 1 亩地的租金加上工钱在 1600 元，约比自家经营收入增加一倍。而韦建华的年收入达 25 万元，因为他既是耕田能手又擅长经营销售。这样的事例在临泉数以千计，当年还有不少乡镇单位，也采取这种办法让富余人员分流经营农业。全县当年流转 3 万多亩，到 1998 年，通过这种方式已转让土地 20 万亩，占全县耕地总面积的 12%。1994 年底，省政府在临泉县召开现场会推广他们的改革发展经验。由于我在机关分工农村政策研究和农地承包及农民负担监督管理工作，所以省领导指示我做专题发言。我说阜阳和临泉这次改革经验有很重要的理论意义和实践意义，根据我现时的认识，起码有四点值得认真研讨。第一，是在传统农区，二、三产业不发达，农民非农就业门路既少又不稳定，在爱土如金心里牢固的情况下，能够促进土地流转，向经营能手积聚，实现适度规模经营的有效途径。其原因是不侵犯农民财产权，有转让租金（在此之前农民不敢有偿转让，因为政策不明确，怕被说是地租剥削）；且承包期稳定，合同期可长可短，愿意自己经营时可以收回。第二，是在农业劳动者整体素质还不高，农业科技推广很不普及的情况下，农村提高科学种田水平，提高单位产出率的有效途径。敢于租赁经营的大户都是耕田能手，这些人能干又会干，据省农调队资料，普通农户当时亩均年产值千元左右，而这些人高的达到 5000 元。现代世界的经济竞争实际上是科技的竞争，我们国家人多地少，尤其要重视单位土地产出率，重视能人经营。第三，它有利于能人效应的发挥，从而做到大富带小富，先富带后富，最终实现共同富裕。我自己做农村工作 20 多年了，有个深刻印象，认为农村中能够自行面对市场，创造较高效益的，只占农村劳动者的 1/10，绝大多数人是一种依附型素质的“老实头”，看到别人搞什么挣钱就跟着照葫芦画瓢，有的还画不圆；自己闯荡根本没那个能耐。现在把土地使用权转让拿租金，受雇打工等于进了现场培训班，既学生产技术又学经营经验。我来调查时曾问过几个雇工，他们说学到了不少东西，打算自己也包地经营，甚至有的人还准备出县出省去当转包经营大户。第四，这种办法体现了土地的社会保障功能和资源配置效益原则的最佳结合。由于我们的国情关系，土地只能以福利原则按人分包，显然与市场经济的资源配置效益原则相悖，多少年来我们都在找寻二者结合的办法，包括平度试验区的两田制（口粮田人均有份，另一部分责任田即效益田只给能者经营，以保证国计民生需要）试验，最后也以失败告终，因为农民不接受。现在阜阳终于找到了办法。我建议要把这个成功经验在全省推广。会后《人民日报》在 1994 年 12 月 26 日第 2 版头条，用了 2000 字报道了临泉做法《值得探讨的土地租赁经营》,《安徽日报》也以《从两权分离走向三权分离》为题报道了这次会议精神。次年初除西藏自治区、台湾外，各省市区都来人参观考察（结合太和税改一起）。我在合肥接待了上海市农委一位副厅级巡视员率领的上海市 10 个区县共 11 人的考察团，他见面第一句话就说："黄菊书记派我们去阜阳学习土地有偿流转的经验。"

二是试验农村税费收取方法改革。

90 年代初期，农民负担问题非常突出，国务院 92 号令规定，农民每年人均税外负担（即三项提留公积金、公益金、行政管理费，五项乡统筹乡村道路建设、乡村教育附加、民兵训练、计划生育补助、军工烈属优抚）不得超过本村上年农民人均纯收入的 5%，而合肥以北，特别是阜阳地区实际收取在 10% 以上，有的甚至更高。常常发生恶性案件和群体性事件，合肥市长江路常常被农民上访的拖拉机堵塞，两个省衙也被封门，中央几次点名通报批评。1992 年底涡阳县新兴镇第一个吃螃蟹，宣布年人均只准收 30 元，但由于县人大坚决制止而夭折。随后邻居太和县先走一步，事情起因是：太和县县长马明业，1993 年夏末上任刚 1 个月，住在县招待所，一天凌晨被一个戴着手铐的军属老农惊醒，一问才知他因交不起各种杂费，被乡政府铐在一间房内，他利用看守人员熟睡之机，翻窗外逃，沿着铁路夜行 60 里来县，找县长鸣冤诉苦。处理完此事后，没多久又收到我转去的一封信：我的老领导、省委老书记王光宇，战争年代的警卫员，离休后老夫妻俩都已 70 多岁，回家乡太和县农村养老，当地却要他两人各交 80 元“不得超生保证金”；他写信给老首长：“你看我两人还能生孩子吗？”光宇把信交给我处理。我和马县长认识较早，1987 年我兼任阜阳试验区领导小组副组长，在阜阳工作半年多，他当时是界首县常务副县长，主管该县改革试验区工作，我俩接触较多；1989 年他又随我一道出访泰国半个月。由于这层关系，我就把这封信交给他处理了。这两件事对他触动很大，心想这样下去怎么得了？肯定会出大事，我们怎么对得起党、对得起人民？于是和县委书记王心云等领导成员商议后，由县政府办公室牵头，农经委、财政局、粮食局等单位参加，深入基层调研，仔细测算，于这年 10 月提出将该县农民全年应交的各项税费捆在一起，定量征实，统交分管，即每个农户按每承包 1 亩地交 100 斤粮（60 斤小麦、40 斤玉米），除此之外，任何人、任何单位都不得再增加老百姓任何负担，否则法院受理。粮站结算后，属于税的一块给乡财政所，属于费的一块给乡经管站，若有多余，则作为第三块资金，以丰补歉，一定三年不变，水涨船不高。定购任务也包括在这 100 斤粮之内。农民的劳动积累工和义务工，一律在农闲时出工，不得强行“以资代劳”向群众收钱。方案经阜阳市批准后，报到省政府。根据省领导批示，主管部门省农经委召开省政府办公厅、省委政研室、省财政厅、省粮食局、省体改委等部门相关负责人和专家认证会，定名为农业税费收取方法改革，最后由省领导签发的省政府办公厅正式批文，于 1994 年开始实施。当即发生奇效，农民收获后 10 天内完成交售任务，全年无一户上访。省农民负担监管办公室和省纪委执法监察室联合调查 6 次，农业部合作经济指导司长徐国洪率领 6 个省的农民负担监管人员来太和检查，阜阳市农经委、试验区办公室查访，都一致反映农民满意。我在年终时与三位同志一道，未告诉任何人，直接进村，随机走访了 4 个乡镇共 21 户农民家庭，谈及这次改革都是喜笑颜开，一致认为比前些年负担大大减轻。我在给省政府汇报中写道：在我 20 多年农村工作记忆中，农民对某些工作表示如此满意的，除了当年的包产到户，就是这一次了。我总结了六个满意：财政满意，农业税收按时足额入库；粮站满意，主渠道掌握了充足粮源；银行满意，统一结算，减少了现金流量，又不打白条；基层干部满意，不必上门催粮收款，密切了干群关系；党政领导满意，社会治安显著好转；最主要是群众满意，农民负担较前些年减轻近一半。（当然，也有些作风不正的人不满意，因为不能再乱收乱捞多吃喝了，但他们说不出）

1994 年 12 月中旬，中央政治局委员、国务院副总理、中央农村工作领导小组组长姜春云率领国家机关六位部领导从河南省来阜阳地区视察，省委卢书记要我和太和县委书记王心云向中央领导汇报税改情况。我尚未讲完，就有同志就打断，说税权在中央，你们擅自把税和费捆在一起，这会坏了国家税收声誉，再说特产税是据实征收，你们统一包干更是错误的，应该立即纠正。未等我解释，姜副总理即说：你讲的这些是理论，我当过省委书记我知道，有哪个地方特产税是据实征收的？谁能搞清每个农户种了多少亩西瓜，收了多少斤，卖了多少钱，赚了多少钱？真要搞清楚，恐怕税收成本比你收到的税款还要高得多。一席话把这位部长讲得哑口无言。姜春云同志接着明确表态，农民满意，方便监管，又确实能减轻负担，应当支持。1995 年初，中央召开全国农村工作会议，参加会议的安徽省副书记方兆祥被指定作大会发言，介绍了太和试验的做法和效果，大受欢迎，特别是中部农业大省，纷纷表示学习太和经验，进行这样的改革。

省内的涡阳县第二年也照样全县实行了。1996 年阜南县中岗镇发生了一起村干部持械上门扒粮致一死二伤案件，中央严厉批评安徽，省委领导找阜阳市主要负责人谈话，训诫他们不要再给安徽抹黑了，并令我协助阜阳研究全区都推广太和的做法。我以省业务主管部门和阜阳试验区的双重身份，与阜阳市农业副市长王春奎同志及市农经委、市税改办公室（当时专门成立的机构）、市试验区办公室一起，共同研究，因为当时粮价波动较大，由征实改为征货币，北部亳州、涡阳、蒙城、界首、太和经济稍好些，农民人均年交 140 元；南部阜南、临泉、颍上、利辛、颍州、颍泉人均 130 元。1997—1999 年一定三年不变。这个数额虽然比中央规定的 5% 限额略高，但比当时实际收取的 200 元以上要低得多，所以农民满意。也是报经省政府批准实施的，收取办法是粮站收粮时统一代扣。

农业部试验区办公室非常重视安徽的改革试验，杜鹰主任邀集多个中央机关、多个省份、多所农业院校的50多名学者、专家，于1995年4月来到太和现场调研、座谈，予以肯定，提出了许多指导意见，并把太和试验定为全国性的试验课题。

时间到了1998年，这年国务院发布了《粮食购销违法行为处罚办法》，规定粮食购销仍由国家粮食部门主渠道承担，为避免农民将粮食卖给私商，规定各级粮站不准压级压价，一律现款不打白条，特别重要的是收购时不准代扣除农业税以外的任何款项。接着又发布了违背粮食购销条例的处罚条例。各个进行税费改革的地方，显然都与此法规精神相悖。回良玉省长向国务院写报告，说阜阳是国家级农村改革试验区，要求按当时文件精神，作为特例，允许突破，继续由粮站收粮时代扣。因为这两个条例都是时任总理朱镕基提议并签发的，没人敢批。省领导考虑，如果仍由干部进家入户收取，不仅困难重重，尤其担心诱发不测事件。因此派农业副省长带我一道去京当面请示汇报（我们又将阜阳市税改办姜涛、邹新华两位主任也一同约了去）。我俩商议，认为直接向朱总理请示不行，按他的个性不可能同意。我俩都与温家宝同志较为熟悉，想从家宝同志处获得支持。但在与田学斌秘书预约后，一个多星期也无回音，住在安徽驻京办事处非常焦急，我们也理解家宝同志对此有难处。当年长江发生大洪灾，一天下午我们得知家宝同志以中央防汛总指挥长的身份，乘专机视察荆江大堤，经武汉、九江于明天抵达安庆。我们决定立即回到安庆找他。但当时已无合肥的航班，于是乘午夜去南京的飞机，凌晨1时到达，合肥赶到的小车把我们连夜送到安庆宾馆。这天家宝同志下午6时才飞抵安庆，又立即从机场坐车去沿江检查大堤情况，到军群护堤工地慰问，直到九点多钟才到宾馆，吃饭后又开会听取省市领导防汛情况汇报，晚12时后才结束，次晨即飞往南京。我们没有插进去讲话的机会。这时农业副省长想了个办法，找来引路车和首长车的司机，要他们明天从宾馆到海军机场的行进时间，一定要用慢速，按20分钟才能到开行。安排温家宝同志坐中巴二排，省委书记和省长坐三排，他自己坐门口的独位，我和水利厅长蔡其华坐第一排，以便回头就能和温家宝同志讲话，在开车途中请示汇报。当时我只汇报几句话，家宝同志就笑说：昭仁你不要多讲了，你们的意思我知道。允许你们按照原试点方案继续执行。但是，如果向农民多扣一分钱，或者扩大了代扣地域的范围，一定拿你们是问。说后面两句话时，他特意回过头来，面向着卢荣景、回良玉。书记和省长立即表态：坚决遵办。由于是当面请示，口头批准，没有文字依据，粮站仍不敢代扣。于是采取我向省委常委会议和省政府常务会议汇报的办法，阜阳市委、市政府两办以1998年四号文件转发我的汇报原文，作为执行的依据，问题才算解决，改革得以继续。这就是人们常说的，当年有好几个省（如河北、河南、湖南、四川等），县或乡镇推广过太和的税改办法，但都因与国务院《粮食购销违法行为处罚办法》精神相悖而夭折，只有阜阳全区的税改硕果仅存的原因。阜阳是占了国家级农村改革试验区的光！温家宝同志特批的。

写到这里，我想插说一段当时发生的精彩对话，虽说与本文主题无关，但我觉得很有意义。由于车子仍是慢速度，这就有了富余时间。温家宝同志说，他在荆州时看了当地的州志，清朝时期对防汛抗洪非常重视，每次出现洪涝灾害，当地州官、县官、水官都必须守在堤坝上，一旦堤坝溃破，水官当即跳水，州官和县官在安顿好灾民后再处死；乾隆皇帝更严厉，不仅当任水官处死，还要向上追究三任。接着他专门指着水利厅长说：“小蔡，你要知道你肩上的担子的重量。”蔡其华答得很庄重也很得体，她说：“请家宝同志放心，我一定要争取活着去向您汇报：长江大堤安徽段安然无恙。”卢荣景接上就说：省委决定，安庆至宿松这一段江堤由省委副书记方兆祥负责；下游安庆至芜湖这一段，由省委常委、省军区司令员沈善文和副省长张平两人负责。临行前，我对他们说，如果出了事，你们就不要回来了。前两天九江汛情紧张，所以老方昨晚没来听你作指示，他不敢离开岗位。回良玉也跟着就说，我们立了军令状，一定死守死保，长江大堤安徽段绝不出问题，请中央放心。担任省防汛指挥长的副省长也说：蔡其华的前三任，周骏同志已经去世，郭旭升、郝朝德两位老同志，虽然都已年高体弱，但每年汛期仍然参加防汛值班，当顾问、当高参。家宝同志高兴地对同来的马凯副秘书长说：你记住，到南京后尽快接通北京红机子电话，我要立即向总书记、总理报告。（注：这天是 1998 年 7 月 30 日，当年长江防汛胜利之后,《安徽日报》开展了“防汛一日”征文，于 10 月 25 日，我以“铿锵的誓言”为题作了报道。）

阜阳自 1997 年实行税费收取方法改革以后，从此再未发生过恶性案件和群体性事件了。2000 年国家决定安徽和其他两个省一起，试行由财政部长项怀成、农业部长陈耀邦、中农办主任段应碧组成的“三人小组”提出的农村税费改革方案，后来另外两省都不积极，于是只在我们安徽一个省先行先试。2001 年 2 月，温家宝副总理受朱镕基总理委托，率领中央机关 15 位部长、召集 15 个省的省长在合肥开会，研究、推广安徽的试点经验。家宝同志 2003 提担任总理，2004 年 3 月 5 日他第一次在全国人大会上作政府工作报告时，就宣布当年全国全面实行农村税费改革。三年后国家又宣布，自 2007 年起，全国不再向农民征收农业税，取消农民义务工和劳动积累工，村内事务需要农民出钱出力的，由村民自治一事一议自行决定。“一步跨过二千年”，从西汉以来中国农民交了 2000 多年的“皇粮国税”寿终正寝了！

安徽党、安徽人民，1978 年由肥西山南、凤阳小岗在全国率先进行包产到户、大包干，为我国农村改革带了个好头。

这次阜阳地区、临泉县、太和县又在土地第二轮承包、农村税费改革方面带了个好头。

阜阳试验区在农村改革中也做了自己应做的一份工作，尽了自己一份努力，作出了一份贡献！

党的领导与人民意愿的紧密结合
——省委六条和肥西山南包产到户试验的回忆与思考*

安徽全面启动农村改革是从1977年开始，今年已经是40周年了。1977年6月万里同志主政安徽，任省委第一书记。他来后首先处理政治上的问题：头三天欢送来安徽“支左”的十二军同志回到军营，接着清理省地市县革委会的领导班子，开展揭批查，解放了一大批老同志，重新回到领导岗位。在政治形势和社会秩序初步稳定之后，万里同志把大部分工作交由顾卓新和赵守一同志，说安徽是农业大省，他自己主要抓农业。他多次微服私访，不通知任何人，只与秘书、警卫员、司机一车四人，直接进村入户，在田间地头，在打谷场上，在夏日树荫下蹲地吃饭的农民身旁，与互不相识的群众亲切交谈。秋后他与王光宇同志一道对安徽全省进行了一次长时间比较系统的调查研究。这次调研先后持续了20多天，去了近20个县，主要是接触最基层的农村干部群众。当时安徽的农村多数比较贫困，尤其是沿淮的行蓄洪地区和大别山区的水库淹没区，农民生活相当贫困。

原来万里同志与王光宇同志是分乘两辆小轿车，从那以后，他就让王光宇同志坐到他的车上，工作人员坐另一辆车，以便在行路的过程中多听一听王光宇同志向他介绍农村的情况。因为万里同志新中国成立以后主要在北京市工作，做城市工作。光宇同志向他汇报说，我们国家这些年不仅在政治上极“左”，在农村经济政策上同样极“左”。

农民最关心的是工分的计算和口粮的分配。当时工分怎么记呢？一

---

* 本文是作者为迎接我国农村改革40周年而作，写作于2016年。

个生产队几十上百口人吹哨上工，晚上开评工记分会就吵，吵到大半夜也吵不出名堂，最后都一样的，平均主义。男人 10 分工，妇女 8 分工，老人和未成年人 5 分工；这就是大呼隆。

在口粮分配上，农民基本上只能靠杂粮。国家征购任务只收大米和小麦，而淮北平原 2000 万人口地区一年出产主粮就靠小麦，土壤不适宜水稻。小麦因为产量比较少，交了征购任务后，人均口粮小麦一般的只有 25 斤，多的也就 40—50 斤，只够一个月的口粮标准，另外那 11 个月只能吃杂粮，主要是山芋。所以，淮北的农民说，“红芋面、红芋馍，离开了红芋就不能活”。他们说，“红芋是儿子，小麦是女儿，儿子是自己的，女儿是人家的”。这样的情况，人们哪有种麦积极性呢？万里同志说，“种田的人吃不饱肚子，所有的中国人就别想吃饱肚子。不让种麦人吃小麦，城里人就不可能吃到白面”。

所以，万里在这一次调研的途中就打电话给省委办公厅，从现在开始告诉各地，农村一切工作都以生产为中心。安徽暂时停止学大寨，解散省学大寨办公室，暂停各级干部去大寨学习，已经联系好火车的都给我停止。

回到合肥后，万里同志交代王光宇同志，你暂时先把手头的工作放下来，集中研究一下农村究竟有哪些方面在阻碍着农民的积极性，阻碍着农村生产力的发展。你组织一个小班子，专门研究这个问题，再进一步调研，征求基层干群意见，重新制定一些能促进生产力发展，能调动农民积极性的办法。

根据万里同志的指示，王光宇以农委调研处（后称农委政研室）为基础，由周曰礼为头，组织一个小班子共 8 个人，又开始了进一步调研，花了一个多月的时间，意见出来了，送给万里同志看。万里同志看得非常仔细，反复审改，随后决定由他自己和其他三位书记，分别在四个点，带着意见稿与基层同志，最主要是与基层第一线的公社书记、大队书记、生产队长和农民代表讨论，看看是不是这些问题，还有什么建议提出来。这样又讨论了一次，经过了半个月的时间，在 1977 年 11 月中下旬形成了一个文件，文件的名字是《中共安徽省委关于当前农村经济政策几个问题的规定》，简称“省委六条”。

这个文件发布以后，各个地方非常轰动。无论是艳阳高照还是刮风下雨，各个地方向农民传达的时候，都没有一户缺席。听一遍还不过瘾，要听第二遍、第三遍，简直是欢呼雀跃。文件送到中央以后，首先得到邓小平同志的肯定。

大概是11月下旬上报寄出的，邓小平同志年底去四川考察，带了一份，交给了四川省委第一书记。他说，“万里在安徽搞出来的，你们看看”。此后，《人民日报》在头版登载了资深记者、长期在刘少奇同志身边工作的姚立文同志写的长篇通讯报道，题目是《一份省委文件的诞生》。从此，“省委六条”在全国产生了广泛影响。有许多省，估计有十几个省，给安徽发来电报或打来电话，要求我们把这个文件给他们一份参考学习。

这份文件的中心内容就是：农村的一切工作以生产为中心，加强集体经济的经营管理，实行生产责任制，有些农活可以责任到人，这是第一条；尊重生产队的自主权，生产队的事由生产队自己做主；鼓励农民在参加集体劳动的同时，经营家庭副业经营自留地参与集市贸易，增加农民收入；减轻集体和农民负担，落实按劳分配；粮食分配一定要兼顾国家集体个人三者利益；最后一条是，基层各级干部要参加集体劳动。

这些在现在看来是很一般化的，但在当时是非常轰动的。普遍认为它是对多年来农村经济极“左”政策一次比较全面的拨乱反正。它的发布宣告安徽省拉开了进行农村改革的序幕。所以，我们认为安徽的农村改革是从1977年开启的。

1978年，安徽省遭遇了百年不遇的大旱。许多70岁和80岁以上的老人，都说在我这一生当中没见过这么严重的大旱，从谷雨后到处暑全省没有下过一次透雨。秋粮减产，小麦又种不下去，明年不仅春荒，连夏荒也难免。我省农村当时还很贫困，尤其是沿淮行蓄洪地区和大别山区水库淹没区，不少人家都有人外出逃荒要饭，毗邻省市时常来电，说“盲流”扰乱社会治安，要求我省去人接回这些已被收容的人员。

9月初省委召开全省抗旱秋种会议时，六安地委书记徐士奇同志汇报，肥西县到现在还有70万亩稻坂田不能耕翻，连拖拉机都犁不动。沟塘又没有水，麦子无法下种。其他各地市也都汇报相同情况。省委领导同志们都非常着急，于是经王光宇提议，万里同意，省委决定，从集体耕地中借出小部分给农户种“保命麦”，明年夏收以后立即归还集体。万里同志说，这个办法好，不是分田到户，这是短期的抗灾度荒，不会犯原则性错误。

起先一个人借 2 分地，后来万里同志定借 3 分。当时假设，一人借 3 分地，五口之家就是一亩五的，一亩五地搞得好就能收获 100—200 百斤甚至 300 斤。省委发了电报给全省。除了借地种麦，还鼓励开荒种地，都是自种自有，不交征购。

谁收的多，谁吃得多，调动了千家万户的积极性，大家八仙过海各显神通，家家户户男女老少齐上阵，用锹挖，用榔头砸，把洗锅水刷碗水、洗脸洗脚水都用起来，有的还从远地挑水种，各种办法都用上了。

在这样的背景下，肥西县山南公社（当时称山南区柿树公社后合并到山南公社）黄花大队乘机把集体耕地全部都分到户了。区委书记汤茂林和公社书记王立恒同意，对外保密。这个事情省里不是一点不知道。周曰礼的省农委政研室有位同志叫作沈章余，是肥西人，他告诉了周。周曰礼原是曾希圣同志的秘书。1961 年，曾希圣同志搞责任田的时候，就让周曰礼和陆德生（当时是省委办公厅研究室主任，后为省人大常委会秘书长）两个人在合肥大蜀山下一个生产队搞试点。具体在那里研究怎么搞，制订具体办法。他知道包产到户的好处，农民欢迎包产到户，告诉沈章余不要再讲，装着不知道此事。为什么呢？如果说你知道了，不去制止，那就犯错误了；也不能向领导汇报，否则领导为难。不知不罪，让农民搞下去。大家都装糊涂，心照不宣。

12 月下旬中央召开十一届三中全会，万里、王光宇、任质斌、杨永良四位中委去参加。全会讨论了中共中央《关于加快农业发展若干问题的决定》和《农村人民公社工作条例》两个文件。文件总体上是体现解放思想、实事求是精神，加快发展农业生产的，但明确写了“不许包产到户，不许分田单干”两句话。万里在华东大组的发言时表示，“不要写不许包产到户了，就保留一句不许分田单干吧，包产到户与分田单干不是一回事”。万里同志的这个意见登上了十一届三中全会的会议简报，但是文件起草组没有采纳他的意见。1979 年 1 月中旬这个文件发下来，全省组织干部到基层宣讲，贯彻落实。

光宇同志告诉了周曰礼三中全会上的发言情况，周知道了万里同志的态度，于是在他率队下去宣讲时，有意去了肥西山南，并把肥西县委农工部长魏忠、施道周也一同约了去，想乘机把山南包产到户捅开，把偷着干变成正大光明公开干。

2 月 4 日，那天是农历正月初八，在黄花村开干群大会，宣读中央两个农业文件。听众炸开了锅，最经典的是两句话；“早也盼，晚也盼，盼来了两个不许干！”周曰礼连夜赶回合肥，次日上午与王光宇一道向万里汇报。万里思考了一下，说这是大事情，我个人不好做主，通知省委办公厅，明天开常委会，集体讨论。事后光宇告诉我，可能万里同志意识到这次常委会的意见不会很统一，会有争论，所以这次常委会开会的地点定在稻香楼的西苑会议室，不在省委办公厅内。参加会议的人员除了常委，我记得就是省委办公厅主任于廉、长期做常委会议记录的李迈力同志，周曰礼汇报山南的事，另外还有就是 1975 年就跟着万里同志在铁道部搞整顿报道的新华社和《人民日报》记者张广友同志，意在加强保密。

在会上的发言中，有的同志提出，包产到户不能搞呀。在这种情况下万里同志说话了，他说王光宇同志自从 50 年代中期就是省委书记处书记，是老资格的省委农业书记，请他讲讲他的意见。讲到这句话的时候，工作人员推门进来，现在已经 12 点多了，餐厅准备好了午餐，请各位领导到餐厅就餐。万里同志说，先吃饭，吃完饭后再开会，光宇同志第一个发言。

吃饭以后复会，光宇同志发言。他首先回顾了安徽 1961 年搞责任田的情况。他说在三年困难时期，安徽省委和曾希圣同志被迫搞责任田，结果当年就翻身。秋收以后，安徽农民不仅自己吃饱了肚子，而且还有余粮。我们的邻省，苏北和鲁西南，好多与安徽毗邻的县的农民，骑着自行车、牵着小毛驴或者挑着担子到安徽来，购买粮食。好多是以物易物，带着家里的东西来到我们这里换粮食。尤其是河南省，这一年冬天，郑州经常开来闷子车、铁皮车，到我们淮北来收山芋干子。中南局第一书记陶铸同志和河南省委第一书记刘建勋同志联名打电报给安徽省委，感谢安徽的支援，帮助他们渡过了难关。责任田确实能够调动农民生产积极性，责任田确实能够战胜困难，农民非常怀念责任田。现在山南搞包产到户，小麦生长得很好，苗情很旺，丰收有望。在这种情况下，我们不能制止山南这样做，要让他们搞下去。而且我还向省委建议，是否可以在其他贫困的地方，经济不发达生产落后的地方，尤其是边远山区的贫困社队，也允许他们搞一点包产到户。但是一定要经过批准，有组织、有领导地搞，不能撒手不管，否则会出乱子，出现后遗症。

他的话刚落音，万里同志立即说："刚才光宇同志的发言对大家很有启发。"（这句话已印入《万里文选》第 121 页）接着又说，包产到户能够调动农民生产积极性，能够战胜灾荒，农民又强烈要求包产到户，为什么不允许？我认为并不是干部不允许，而是多年来的极"左"政策，批批批、斗斗斗，把人搞怕了，不敢同意。现在不是说实践是检验真理的唯一标准吗？我看十一届三中全会的文件同样要接受实践的检验。

在多年以阶级斗争为纲的情况下，在"两个凡是"还很有影响之下，万里同志讲出十一届三中全会的文件也要接受实践的检验，这句话非常了不起，振聋发聩。他接着说：我提议，把山南作为省委包产到户的试验点。现时不登报、不宣传、不推广，干起来再说。到年底再做总结，好就坚持下去，不好就改回来。各常委纷纷表态，同意万里同志意见。这样就一致通过，形成省委常委决议：批准山南作为包产到户的试验点。

散会以后，他又专门交代光宇和周曰礼，宣讲队就是驻点工作队，继续驻地观察和指导，有问题及时汇报，向省委汇报，向我万里直接汇报。一定要告诉当地党委加强领导，做过细工作，保护好集体财产不受损失，保护好水利设施；如何照顾军烈属、五保户、困难户，把这些问题研究好，解决好，不要授人以柄。

周曰礼连夜回到山南报告大家喜讯。第三天王光宇就去肥西县委传达省委决定和万里指示，去区、社、队与当地同志研究如何具体贯彻落实，安排制订实施细则，签订社员公约，把工作做细。

好事多磨。3 月 15 日《人民日报》头版头条刊登了《三级所有、队为基础应当稳定》的“张浩来信”。说三级所有队为基础是社会主义中国的基本经营制度，安徽搞包产到组，是搞三级半所有制，是直接违背了我们中国农业的基本经营制度，是错误的，应当改变。《人民日报》加了编者按，支持写信者，直接点名要安徽纠正错误做法。

那一天，我和光宇同志出差在定远县，早上我俩在散步的时候，从手提收音机里面听到新闻和首都报纸摘要报道的这条消息，光宇同志马上就回到招待所，赶紧打电话给万里同志。万里同志说他也听到了。他们两个商议，立即让省委办公厅通知各个地方，现在是大忙时节，各种类型的生产责任制，不论是包产到组，还是个别已经责任到户；不论是联系产量还是不联系产量的，一律都不要改变，不要动摇，不受报刊舆论的干扰。万里要光宇继续在北边的县检查指导；他自己去南边来安、全椒等地。光宇同志上午前两个小时对定远县传达了这个指示，我电话通知了凤阳县委书记陈庭元和革委会主任吉诏宏，赶快到定远与凤阳交界的第一个接口地点黄泥公社碰面，光宇在那里见面传达万里同志指示。

凤阳县马湖公社在 1978 年 5 月搞了包干到组，五六户、七八户为一组，因为还顶着个集体，不是到户，所以县委支持，9 月初省委下达抗灾借地种麦指示后，普及全县。张浩来信，矛头直接所指是他们，说这是搞三级半所有制，是错误的。王光宇传达万里指示，叫他们不要理睬，大胆坚持，只要群众拥护，能多打粮食，自己吃饱肚子，又能对国家有贡献，不仅是三级半所有，哪怕是四级所有又有何妨？两位县领导人听这一说，都十分高兴，吃了定心丸，不怕哪些干扰了，一致表示要坚定信心，争取今年大丰收。吉诏宏又乘势说，农民更希望包产到户。陈庭元立即打断他：“只能到组，谁搞到户开除谁党籍。”（我想，这不是他内心话，因为1959 年他作为严重右倾受批判，仍心有余悸，在省委书记面前讲此狠话，是一种政治表态）我们在黄泥公社吃了午饭后，就朝五河、泗县一路去了，过淮河、上淮北。

万里同志 16 日上午到了来安。来安与凤阳一样，全县搞了包产到组，魏郢生产队搞了包产到户，是县委书记王业美批准的点。万里告诉他们不要理睬“张浩来信”，你们该干什么干你们的。有的同志说，邻居江苏拉大横幅“坚决抵制安徽的单干风”，万里不屑一顾地说，不要理他，“他走他的阳光道，我走我的独木桥”。有的同志表示，《人民日报》是中央党报，头版头条我们确实害怕。万里讲，《人民日报》是公共汽车，别人能上，你们也能上。他们能写人民来信，你们也可以写人民来信。他能上头条，你怎么不能上头条?

对这个大波折，周曰礼及时向省委汇报了，《安徽日报》驻六安地区记者汪言海和省政协委员、省政府参事郭崇毅两位同志写了内参，万里都看了，并作了肯定性批示，于8月3日再次召开专题省委常委会进行研处。

省委常委再次统一思想，坚持山南试点不动摇。尽管此时包产到户已扩大到山南全区6个公社共777个生产队，近8万农业人口，比当初的试验点大大增加了，万里仍明确表态“让他们搞，先吃饱肚子再说”。万里同志坚定地支持群众，常委们都共同担当，会议批评肥西县委错误做法，责成收回错误决定。并由王光宇同志亲自去县处理。

万里两次去山南视察指导。第一次是5月21日，主要是看麦子长势、群众情绪，指示区社党委一定要加强领导，处理好相关问题，鼓励汤茂林、王立恒大胆工作，不要怕，省委批准的试验，如有问题省委负责，我万里负责。快年终时，他得知中央即将召开五中全会，他将调京工作，于是又抓紧于12月13日再去山南，要汤茂林详细汇报各项配套规定落实情况，社会各阶层的反映，要有具体事例。汤茂林讲全区今年粮食总产比上年增加近两倍，征购任务超额43%完成任务，军工烈属和五保户、困难户的照顾逐户列了表，有具体粮款数字，农民家家户户喜气洋洋，社会治安从未有此祥和景象。万里同志高兴地说：“这根本不存在毁我长城，穷的穷富的富、哭的哭笑的笑的问题”“外界传的，有的根本不是问题，有些问题也是可以解决的，关键在领导。”他赞扬区社工作扎实。接着他就近走访了几户人家，亲见户户存粮满仓，这下更加放心了。面对闻风而来的农民，他又在一位老奶奶家的堂屋里与群众座谈，当大家都问“明年还能不能再这样干”时，万里同志笑容满面地说：“家家都增产增收的好政策，怎么会变呢？你们放心地干，祝今后的日子越来越好。”回程途中他对秘书许守和说，要把农村的这些新气象、好消息，带回北京，报告中央。

王光宇 2 次到县城，5 次去社队，同样倾注了大量心血。去县参加 2 次常委会，传达省委指示，要他们下级服从上级，这是省委决定的，出了事省委负责。县委有位同志当面说，下级服从上级是党的原则，全党服从中央也是党的原则，中央文件写了不允许包产到户。再说中央是有红头文件的，省委指示只是口头传达。王光宇说，这不是我们偷着干的，省委派周曰礼在国家农委会议上作了汇报，中央几位领导都参会听了。我们讲是做试验，到年底做结论。好就坚持，不好就改回来。而且包产到户并不是走资本主义道路，农民没有土地所有权，社会主义基本原则是生产资料的公有制和按劳分配，包产到户不改变所有制，是实实在在地按劳分配，是生产责任制的一种，绝不是走资本主义道路。不要怕，有问题省委负责，万里同志负责，全体常委负责，我王光宇负责。没有你的责任。又与个别同志谈心，对他的疑问作了耐心解释。在这样的情况下，这位同志表示服从省委决定。县委成员统一了认识，增进了团结，收回成命，终使包产到户在山南在肥西结出了硕果，为全省全国的农村改革带了个好头。

山南、小井庄包产到户在全国这么大的影响，全国各地参观、考察、调研的不断，小平同志给予肯定，社会公认是中国农村包产到户的发源地，我认为是当之无愧的。这里是在党的领导下进行农村改革的成功范例，是党的领导和人民意愿紧密结合搞改革的成功范例。

所以我说，这是党的领导和人民意愿紧密结合的成功范例。如果没有省委的坚强领导，没有汤茂林、王立恒这些基层党组织领导一开始就参与，就支持，做了大量配套工作，那么在后来一系列的不利情况下，也不可能坚持下去，还可能会出现偏差，例如造成互相争好田、肥田，农忙时争抢耕牛农具，造成集体资产损失，军烈属和五保户、困难户问题难以解决，发生伤害群众团结和感情等事情。那就不好了，会使改革失败，这样的教训并不是没有。光是群众自发而无组织领导，肯定是不行的。只有在群众要求的基础上，党的领导加以升华、加以提炼，制订相应配套的共同约定，才能使得改革的政策更加完整，解决矛盾更加周到，发展才会更加顺利。

总之，山南包产到户这段改革试验经历，给我最大的启示是：

党的领导与人民意愿紧密结合是一切事业成功的关键，当年的革命战争是这样，如今的改革、建设同样如此，这一点要牢牢记住；

老一辈革命家，他们的坚定群众观念，对人民的深厚感情，特别是对事业的忠诚、果敢、担当精神，值得我辈后人永远学习传承；

这次带动全国的农村改革，为国家创造了巨大的物质财富，为党的治国理政增添了丰富的实践经验，是安徽人民对中华民族复兴伟业做出的贡献，我们人人都为此感到幸福和荣光。

谨以此文迎接即将到来的我们伟大祖国农村改革40周年！